Literatura e Marginalidade

LITERATURA E MARGINALIDADE

Um estudo sobre
Malagueta, Perus e Bacanaço
de João Antônio
e **Luuanda**
de Luandino Vieira

Vima Lia Martin

 2008

Copyright © 2008 Vima Lia Martin

Edição: Joana Monteleone
Assistente editorial: Guilherme Kroll Domingues
Projeto gráfico e diagramação: Marília Chaves
Revisão: Flávia Yacubian
Capa: Marília Chaves
Imagem da capa: Morro da Geada (Bairro do Jaguaré - São Paulo) onde João Antônio viveu sua infância. Por Vima Lia Martin.

Dados Internacionais de Catalogação na Publicação (CIP)
(Sindicato Nacional dos Editores de Livros, RJ, Brasil)

M347L

Martin, Vima Lia
Literatura, marginalidade e língua portuguesa / Vima Lia Martin.
– São Paulo : Alameda, 2008.
Inclui bibliografia
ISBN 978-85-98325-63-7

1. Antônio, João, 1937-1996. Malagueta, Perus e Bacanaço. 2. Vieira, José Luandino, 1935-. Luuanda. 3. Marginalidade social na literatura. 4. Literatura comparada – Brasileira e angolana. 5. Literatura comparada – Angolana e brasileira. I. Título.
07-4491

CDD: 809
CDU: 82.09

29.11.07   30.11.07   004494

[2008]
Todos os direitos desta edição reservados à
ALAMEDA CASA EDITORIAL
Rua Ministro Ferreira Alves, 108 – Perdizes
CEP 05009-060 – São Paulo - SP
Tel. (11) 3862-0850
www.alamedaeditorial.com.br

Para Ivan
e Beatriz

Índice

Introdução Os sentidos do diálogo	9
Capítulo I Contestar é preciso, viver...	17
João Antônio Melancolia e combatividade	19
Luandino Vieira Lucidez e utopia	25
Capítulo II A tensão entre norma e conduta	33
Capítulo III Modos de contar mundos	43
Os contos de João Antônio	46
As estórias de Luandino Vieira	56
Capítulo IV Marginalidade e desencanto em *Malagueta, Perus e Bacanaço*	67
"Contos gerais" ou a angústia dos otários	72
"Caserna" ou a carência dos soldados	99

"Sinuca" ou   113
a artimanha dos malandros

A tradução do impasse   159
a perspectiva melancólica de João Antônio

Capítulo V   167
A celebração da marginalidade em *Luuanda*

"Vavó Xíxi e seu neto Zeca Santos" ou   172
a fragilidade dos mussequeiros

"Estória do ladrão e do papagaio" ou   192
a solidariedade dos capianguistas

"Estória da galinha e do ovo" ou   219
a sabedoria dos monandengues

A superação do impasse   234
a perspectiva utópica de Luandino Vieira

Conclusão   241
Compromisso ético e resistência

Bibliografia   249

Agradecimentos   259

Introdução

Os sentidos do diálogo

> Quando o descobridor chegou
> e saltou da proa do escaler varado na praia
> (...)
> começou a cumprir-se
> este destino ainda de todos nós.
>
> (Jorge Barbosa)

O ESTUDO COMPARATIVO que propomos visa a aproximar o discurso literário de dois escritores engajados pertencentes ao macrossistema das literaturas de língua portuguesa: o brasileiro João Antônio (1937 – 1996) e o angolano José Luandino Vieira (1935 –). Em nossa perspectiva, o conceito de macrossistema – campo comum de contatos entre os sistemas literários nacionais que compartilham da mesma língua –, desenvolvido por Benjamin Abdala Jr., é decisivo no exercício do comparatismo entre as literaturas produzidas pelos povos de língua oficial portuguesa. Mais do que um modelo operacional, trata-se de uma estratégia política que considera as nações que falam português como interlocutoras num produtivo diálogo cultural.[1] Nas palavras do autor:

> Quando comparamos literaturas de um mesmo sistema lingüístico, modelos semelhantes de articulação literária tendem a ser utilizados com maior freqüência pelas similaridades dos discursos ideológicos e de outras séries culturais. Ao mesmo tempo, a atualização específica de cada país pode facilmente passar para outro, como criações intercambiáveis, se não implicar dependência cultural. Pela proximidade da situação comunicativa, conforme temos desenvolvido, a tendência é africanos lusófonos, brasileiros e portugueses trabalharem literariamente modelos geradores equivalentes, com "estratégias" discursivas igualmente confluentes.[2]

Profundamente contestador, o conjunto da obra ficcional de João Antônio e de Luandino Vieira releva aspectos fundamentais das realidades históricas de seus países e problematiza valores que sustentam ordens sociais injustas e excludentes. Daí que os textos desses escritores operem uma denúncia das contradições subjacentes aos projetos civilizatórios impostos para a maior parte das populações do Brasil e de Angola, desestabilizando, em termos ideológicos, os discursos e as práticas autoritárias difundidas e reiteradas pelas elites dominantes dos dois países ao longo de suas formações históricas.

Este trabalho busca demonstrar de que maneira cada um dos autores perfaz, através de criações literárias específicas, uma severa crítica a esses projetos civilizatórios, agenciados fundamentalmente pela ex-metrópole portuguesa, apontando suas conseqüências para aqueles que são excluí-

---

[1] Sg. ABDALA, Jr. Benjamin. *Literatura, história e política*. São Paulo: Ática, 1989, pp. 16-18.
[2] ABDALA, Jr. Benjamin. "Algumas observações sobre a comparação entre escritores engajados das literaturas de língua portuguesa". In *De vôos e ilhas. Literatura e comunitarismos*. São Paulo: Ateliê Editorial, 2003, p. 131.

dos do exercício pleno da cidadania. À medida que observamos comparativamente duas obras que são fundamentais no percurso de cada escritor e bastante representativas do projeto ficcional concretizado por eles – o livro de contos *Malagueta, Perus e Bacanaço*, publicado em 1963, e o livro de estórias *Luuanda*, publicado em 1964 –, podemos aproximar aspectos importantes de sua elaboração discursiva, instituindo uma via de entendimento de ambos, bem como do diálogo travado com as realidades sociais a que eles se vinculam.

Vale lembrar que os dois escritores se conheceram pessoalmente no final da década de 80, quando participaram de um mesmo júri organizado para uma das edições do prêmio cubano "Casa de las Américas". Nessa altura, passaram a ser leitores recíprocos, manifestando, inclusive, apreço pela obra alheia.[3] Esse dado, contudo, que poderia levar-nos a uma pesquisa de caráter genético, não é determinante para a perspectiva analítica que adotamos, não apenas porque comparamos textos escritos e publicados antes desse contato, mas porque não vemos, de fato, influências mútuas em seus textos posteriores.

Assim, dois argumentos principais justificam a escolha pela aproximação dessas obras. Primeiramente, cumpre ressaltar que elas se destacam no conjunto da produção dos autores, instaurando as bases de uma escritura que será, de certa maneira, seminal em suas trajetórias. *Malagueta, Perus e Bacanaço* é o livro de estréia de João Antônio, inaugurando uma temática – a da marginalidade social – e uma linguagem – profundamente inspirada na dicção popular – que serão recorrentes em seus textos posteriores. Também a organicidade do volume, bem como a alta qualidade estética de seus contos conferem à obra um estatuto privilegiado.

Já *Luuanda* atesta a maturidade de Luandino Vieira como ficcionista, uma vez que o livro marca um redirecionamento de sua escrita

---

[3] Informações divulgadas por Tania Macêdo no ensaio "Malandragens transoceânicas: uma leitura de narrativas de João Antônio e Luandino Vieira". In *Abrindo caminhos* (coord. CANIATO, B. e MINÉ, E.). São Paulo: Área de ECCLP/USP (Coleção Via Atlântica nº 2), 2002, p. 543.

literária, que passa a apresentar uma maior sofisticação no modo de representar a realidade luandense que sempre alimentou a sua prosa.

De fato, se a objetividade e o caráter de exemplaridade das situações narrativas se fazem mais presentes nas primeiras estórias do autor – nos contos de *A cidade e a infância*, de *Vidas novas* e no romance *A vida verdadeira de Domingos Xavier* –, a partir de *Luuanda* a complexidade das relações sociais, culturais e políticas típicas dos espaços marginais urbanos assume maior destaque, condicionando a forma literária, que se torna intensamente oralizada, e rompendo com um registro mais simplificado da realidade.

Portanto, ambos os livros podem ser considerados bastante representativos da produção ficcional de cada escritor. Suas histórias condensam, em alguma medida, não apenas a perspectiva ideológica que sustenta o conjunto da obra de cada um, mas também as principais estratégias narrativas que são características de sua produção e, no caso de Luandino Vieira, serão ainda mais radicalizadas em textos posteriores.

Em segundo lugar, deve-se apontar aquela que talvez seja a mais importante justificativa para o diálogo proposto. Ao compararmos as duas obras, encontramos possibilidades de relacionar aspectos intrínsecos à elaboração dos textos e à organização dos volumes. Como veremos, é possível traçar paralelos bastante fecundos a partir dos dados composicionais dos livros em questão.

Os caminhos trilhados por João Antônio e por Luandino Vieira na ficcionalização das questões sociais que os sensibilizam são únicos e, ao reconhecer as suas singularidades, é que podemos dimensionar o seu valor. Desse modo, ao transitar por um espaço analítico estabelecido à medida que os discursos se aproximam ou se afastam, buscaremos particularizar o modo de construção dos textos, ou seja, a criação de uma linguagem literária específica, a constituição do foco narrativo, a seleção implicada na escolha e na elaboração dos protagonistas e dos espaços e o andamento dos enredos. Tais aspectos são reveladores do posicionamento de cada escritor diante de uma realidade relacionada ao cotidiano do enorme contingente de homens e mulheres pobres que vivem em grandes centros urbanos, nomeadamente São Paulo e Luanda.

Embora escritos há mais de quarenta anos, os dois livros apresentam uma atualidade surpreendente, uma vez que os dois escritores conseguiram fixar literariamente o que poderíamos compreender como o impasse das experiências históricas de seus países. Brasil e Angola, engendrados a partir da dominação colonial portuguesa, são espaços essencialmente conflituosos, em que os esquemas modernos de "viabilidade nacional" colidem sistematicamente com os entraves característicos do subdesenvolvimento. Na formação de ambas as nações, a modernidade aportou quase sempre como imposição, fazendo do progresso um fator de exclusão e da cidadania algo ainda a ser conquistado.

Daí que, ao encenar o drama da marginalidade social, elaborando esteticamente a tensão entre norma e conduta que se presentifica no cotidiano dos protagonistas, as narrativas de *Malagueta, Perus e Bacanaço* e *Luuanda* dêem visibilidade a esse impasse constitutivo das nacionalidades em questão, garantindo a validade e a permanência dos dramas humanos e sociais ali recriados.

Como se sabe, as experiências históricas brasileira e angolana são eminentemente autoritárias. Instituídos como colônias e impelidos a sustentar o império português, Brasil e Angola têm sua formação e sua evolução diretamente relacionadas à sistemática da colonização. A presença portuguesa em terras brasileiras e angolanas foi marcada, desde o início, pela violência, responsável pela morte de milhares de pessoas e também pela desestruturação do modo de vida e dos valores sócio-culturais de muitas das populações nativas. Sobre o choque do primeiro embate entre o colonizador e os povos colonizados, foram-se estabelecendo várias estratégias políticas para garantir a primazia econômica de Portugal e de outros países imperialistas sobre os territórios ocupados.

O trabalho forçado e uma produção material voltada para o fornecimento de produtos ao comércio europeu foram, em linhas gerais, a base das formações sociais brasileira e angolana e estão no cerne da constituição de extensas camadas populares que, através dos séculos, foram – e ainda vêm sendo – socialmente marginalizadas. Necessárias para manter os privilégios dos poderosos, essas pessoas tiveram suas vozes muitas vezes silenciadas por um poder violento e excludente que quase sempre funcionou no sentido de garantir os interesses das classes dominantes. Desse ponto de vista, as elites que conduziram a história do Brasil e a história de Angola não apenas geraram e, de certa forma, legitimaram a existência de tantos marginalizados sociais, mas empenharam-se em reprimir sistematicamente suas aspirações e reivindicações.

No Brasil, a desigualdade foi marca decisiva de nossa formação social e, no século passado, foi atualizada como dado estruturante da "modernização conservadora" – que alia progresso, autoritarismo e exclusão – em curso no país desde os fins do século XIX. Mais recentemente, a adesão governamental aos ditames da globalização neo-liberal tem favorecido poucos avanços no sentido de diminuir as fraturas sociais que nos têm caracterizado desde os primórdios coloniais.

Em Angola, o impasse oriundo da importação de modelos de progresso, que acaba por afirmar a exclusão quase como norma nacional, presentifica-se também de modo dramático, já que o enfrentamento das contradições – sociais e culturais – geradas pela dominação colonial ainda são prementes naquela sociedade. Lembremos que o paulatino recrudescimento do poder português em terras angolanas, desde os fins do século XIX, acirrou o conflito entre colonizadores e colonizados e gerou a necessidade da guerra para banir a dominação metropolitana.

A inevitável Guerra de Libertação, iniciada em 1961, provocou conseqüências desastrosas para a organização do país. E, mesmo depois da conquista da independência, em 1975, uma guerra civil prolongou-se intermitentemente até 2002. Hoje, as fortes marcas deixadas pela exploração colonial contribuem para o enraizamento do fisiologismo e da corrupção nas relações institucionais angolanas e a miséria vai corroendo cada vez mais as camadas pobres da população. Nas palavras de José Luís Cabaço e Rita Chaves:

> Muitos anos depois [das independências africanas], as formas de representação das identidades continuam permeadas por sinais que, presentes

na formação do imaginário, acabam por interferir na condução da vida mesmo após o encerramento do colonialismo como sistema.[4]

Em que medida *Malagueta, Perus e Bacanaço* e *Luuanda* dialogam com as realidades históricas que acabamos de apontar? Em nossa perspectiva, as obras dos dois escritores são capazes não apenas de apreender profundamente a tensão social entre norma e conduta que é característica das experiências históricas brasileira e angolana, como também de delinear determinados movimentos da massa de excluídos que acabam por ser as principais vítimas do descompasso entre a modernidade imposta e o exercício da cidadania.

Na elaboração narrativa das obras que focalizamos, esses movimentos – que traduzem o olhar particularizado de cada escritor envolvido com a dinâmica sócio-cultural da história que se engendrava no momento da escritura das obras – podem ser flagrados principalmente na maneira como são constituídos os protagonistas das histórias e no modo como eles agem ao enfrentar seus dilemas cotidianos. A conduta das personagens em relação à norma imposta acaba por expressar as possibilidades – ou não – de transformação de sua condição social.

Da leitura de *Malagueta, Perus e Bacanaço*, depreendemos que João Antônio enfatiza um Brasil que, politicamente independente desde 1822, tem a sua nacionalidade ancorada no escamoteamento dos problemas que impedem a conquista plena da cidadania por parte dos excluídos. Já Luandino Vieira, ao conceber *Luuanda*, escreve sobre – e, virtualmente, para – uma Angola pré-independente, cuja identidade nacional ainda estava longe de se sedimentar, comportando uma instabilidade política propícia a aspirações de justiça e igualdade social por parte dos muitos homens e mulheres que almejavam a liberdade.

Daí que a ficção de João Antônio e a de Luandino Vieira sejam representativas de perspectivas praticamente antagônicas sobre as possibilidades

---

[4] CABAÇO, J. L. e CHAVES, R. "Frantz Fanon: Colonialismo, violência e identidade cultural". *In* ABDALA JR., B.(org.). *Margens da cultura: mestiçagem, hibridismo & outras misturas.* São Paulo: Boitempo, 2004, p. 78.

de transformação da condição dos marginalizados e, conseqüentemente, da realidade social de seus países. Se ambos constatam um profundo descompasso entre a norma e a conduta na formação histórica do Brasil e de Angola, o modo como cada um ficcionaliza essa tensão é indicativa de uma perspectiva bastante específica sobre o futuro das duas nações. A obra do escritor brasileiro é melancólica, inserindo-se numa determinada tradição mais pessimista de conceber a nossa realidade nacional. Já a obra do escritor angolano, permeada pela utopia de um futuro menos injusto, fortalece a afirmação identitária nacionalista empreendida pela literatura produzida em tempos revolucionários.

Os dois autores, ao arquitetarem literariamente os espaços da periferia e darem visibilidade e voz aos marginalizados que historicamente foram ficando sem lugar nos projetos civilizadores e modernizadores propagados pelas elites, mobilizam um repertório cultural específico, forjando estratégias discursivas que desafiam os discursos oficiais que sustentam as estruturas de poder instituídas. São as similaridades e as singularidades dessas articulações entre elaboração discursiva e repertório cultural/processo histórico que pretendemos comparar, aproximando duas obras significativas dos sistemas literários brasileiro e angolano.

Esses são os sentidos do diálogo que propomos. Um diálogo que visa à comparação de discursos literários contestadores que dão forma e amplificam o grito dos excluídos. Um diálogo descolonizado que, ao aproximar projetos ficcionais engajados, formulados em língua portuguesa, busca não apenas contribuir para nossa percepção de paralelos sociais e culturais mas, principalmente, ampliar nossa capacidade de apreender as experiências alheias como parte constitutiva de nossa própria humanidade.

Capítulo I

Contestar é preciso, viver...

E vejo quão irrisória é a existência do indivíduo. É, no entanto, ela que marca o avanço no tempo.

(Pepetela)

ANTES DE INICIARMOS a leitura dos textos literários, teceremos considerações sobre alguns dados das biografias de João Antônio e de Luandino Vieira. Se a obra de ambos é profundamente contestadora, suas trajetórias pessoais, em alguma medida, também o são. E, para que possamos compreender melhor seus projetos ficcionais, vale dimensionar alguns elementos que dizem respeito às suas histórias de vida.

Como esclarece Dominique Maingueneau, o contexto de uma obra literária não é simplesmente a sociedade genericamente considerada, mas determinados aspectos da sociedade captados pela sensibilidade do olhar do escritor, bem como o lugar social ocupado por esse escritor no exercício institucional da literatura. Desse modo, o escritor alimentaria sua obra com o caráter problemático de sua visão da sociedade e de sua pertinência a ela.[5]

Nesse sentido, se as literaturas de João Antônio e de Luandino Vieira são forjadas a partir de uma clara indignação diante da injusta realidade a que está submetida a maioria dos brasileiros e dos angolanos, também é verdade que a maneira como cada um se posicionou diante do processo de construção da história de seus países é, em certa medida, perceptível na fatura de seus próprios textos.

Não são apenas os momentos históricos vividos pelo Brasil e por Angola em meados do século passado que vão transparecer nos textos de *Malagueta, Perus e Bacanaço* e de *Luuanda*. Mais do que isso, a subjetividade de cada escritor que vivenciou essa história será significativa na constituição de sua obras. A maneira como cada um gere sua inserção social é indicativa da posição diante da realidade que acaba por ser ficcionalizada: é na tensão entre a vida particular e a vida social que se dá a ação e a reflexão de cada autor. Por isso, as narrativas criadas pelos dois escritores traduzem não apenas os contextos históricos em que estiveram envolvidos, mas também o lugar – mais ou menos problemático – que ocuparam no jogo de forças que marcou o momento de sua produção literária.

Inseridos no que se convencionou chamar de vertente realista da ficção – aquela que, enfatizando a caracterização da realidade concreta referida pelo texto artístico, busca "apreender o ritmo da sociedade", na feliz expressão de Roberto Schwarz,[6] – os textos literários escritos por João Antônio e por Luandino Vieira estão impregnados de sua própria vivência social marginal. É possível dizer que as experiências de cada um – principalmente na infância e na adolescência – vão alimentar as produções posteriores, oferecendo uma matéria riquíssima que será recriada e dará origem a narrativas capazes de expressar com grande agudeza a realidade vivida pelas populações urbanas pobres no Brasil e em Angola em meados de século passado.

Longe de pretender esgotar a biografia dos dois autores, comentaremos passagens de alguns de seus depoimentos e cartas que podem, em alguma medida, ilustrar o lugar a partir do qual foram elaborados seus

---

[5] *In O contexto da obra literária*. São Paulo: Martins Fontes, 2001, pp. 30-1.
[6] *In Duas meninas*. São Paulo: Companhia das Letras, 1997, p. 104.

discursos literários, pois trazem informações sobre experiências vividas e explicitam perspectivas sobre a realidade.

João Antônio: melancolia e combatividade

Nascido em São Paulo em 1937, João Antônio Ferreira Filho vive uma infância pobre no bairro operário de Presidente Altino, zona oeste da cidade. Na juventude, trabalha como "office-boy", contador, bancário e depois como redator publicitário e estuda Jornalismo na Faculdade Casper Líbero. É nessa fase que começa simultaneamente a freqüentar bares e sinucas com assiduidade e a produzir literatura. A convivência que ele fazia questão de cultivar com jogadores, prostitutas e boêmios será decisiva na concepção de seus textos.

A oficialização da carreira literária do autor se dá em fins da década de 50, quando participa de diversos concursos literários e é premiado pelos contos "Fujie" (concurso promovido pela extinta revista carioca *A Cigarra*), "Meninão do caixote" (concurso promovido pela *Tribuna da Imprensa*, também do Rio de Janeiro) e "Natal na cafua" (concurso promovido pelo jornal *Última Hora*, de São Paulo). Essas narrativas mais tarde se juntariam a outras e seriam incluídas em seu primeiro livro *Malagueta, Perus e Bacanaço*, que lhe rende quatro prêmios: o prêmio Fábio Prado em 1962, quando os contos estavam reunidos sob outro título – *Aluados e cinzentos* –, dois Jabutis, de autor-revelação e melhor livro de contos, em 1963, e o prêmio Prefeitura Municipal de São Paulo, em 1965.[7]

A trajetória profissional de João Antônio caracteriza-se por um intenso trabalho literário e jornalístico e por declarações explosivas sobre a realidade brasileira e a situação da literatura nacional. Dividindo-se entre São Paulo e Rio de Janeiro, o autor escreve literatura e também reportagens para publicações de grande circulação como o "Jornal do Brasil", as revistas "Realidade" e "Manchete" e o jornal "O Globo".

---

[7] Sg. LACERDA, Rodrigo. "O primeiro amor de João Antônio". In *Malagueta, Perus e Bacanaço*. São Paulo: Cosac Naify, 2004, p.10.

Nos anos da censura, participa do debate jornalístico veiculado pelos semanais "Pasquim", "Opinião", "Movimento", entre outros. Em 1987 e 1988 vive em Berlim, financiado por uma bolsa de estudos cedida pelo governo alemão. No final de 1996, o escritor é encontrado morto no apartamento em que morava no Rio de Janeiro, depois de publicar mais de dez livros de histórias curtas, muitas delas mesclando jornalismo, depoimento e ficção.

Para que se possa compreender a inserção social de João Antônio, vale recuperar algumas de suas palavras, ilustrativas de sua percepção do mundo. Primeiramente, reproduzimos duas cartas enviadas por ele à escritora Ilka Brunhilda Laurito, com quem trocou intensa correspondência de 1959 a 1965.[8] Na primeira, o jovem autor, ainda não reconhecido publicamente, fala da solidão profunda que sente ao completar vinte e cinco anos – ele não tem amigos, nem amores – e sugere uma ligação visceral com a literatura, já que suas personagens ganham vida e compactuam de seus sentimentos:

27 de janeiro de 1962
Noite e um escritor escreve. Entre solidão, cigarros e uma coisa na garganta e outra no peito, o escritor escreve.

Completo hoje vinte e cinco anos e agora, que lhe escrevo, tenho os olhos cheios d'água e não me exagero em nada se lhe digo que estou alegre e triste e humano e bom. Mas, especialmente, estou só.

O dia deu de enfeiar de tal feiúra que até "Malagueta, Perus e Bacanaço" sentiram o vento frio e o tempo mudar ao saírem, tristes e machucados do "Paratodos" no largo Santa Ifigênia e entrarem, acachapados, no velho e sereno viaduto Santa Ifigênia, de beleza rara e vetusta.

Não, Ilka, não bebi. Estou sóbrio, nítido, há muito que não bebo. Estou lúcido e apenas reduzido à minha solidão. Esta, de que preciso para escrever o quanto devo.

---

[8] Agradeço de Rodrigo Lacerda por ter me cedido material ainda inédito sobre a correspondência de João Antônio.

Este é o meu aniversário mais ilhado. Nem no quartel, entre promiscuidade e imundície, eu estive tão solitário. Lá havia movimentos e rumores, eu fanava dentro de uma calça de instrução e de uma gandola. Agora vejo que minha vida anda sem amigos, sem movimentos, sem rumores. E assim, sem livro publicado, sem nome conhecido, sem uma grande profissão, com algum dinheiro e sem amor nenhum entro, lúcido e velho, nos vinte e cinco anos. Se eu dissesse que não tenho água nos olhos mentiria. Entretanto eu me devo uma porção de coisas e se não escrever também não me pago. E escrever e esta renúncia e esta solidão.[9]

A melancolia expressa por essas palavras é contundente. Não é por acaso que a carta se inicia com a palavra "noite": é noite de fato e é noite na subjetividade soturna do escritor. De maneira contraditória, João Antônio diz se sentir "alegre e triste e humano e bom", sendo que o saldo dessa mistura é a experiência da solidão. O isolamento que, em alguma medida, parece ser auto-imposto, associa-se à imobilidade e à inação, já que a vida do jovem "anda sem amigos, sem movimento, sem rumores". Ironicamente enxergando-se como "lúcido e velho", João Antônio acaba por exprimir autopiedade, e uma culpa nebulosa, de caráter existencial ("eu me devo uma porção de coisas") parece se constituir como motor para o ato da escrita literária ("e se não escrever também não me pago"). A literatura, assim, parece ser vista como um sofrimento necessário, relacionada à renúncia do mundo e a uma solidão incontornável.

Os dilemas pessoais vividos por João Antônio são novamente tema de outra carta dirigida a Ilka em 1964:

(...) Não é exagero, não. Porque sou também um complicado, egoísta, maníaco e... nem queira saber. Dias sem falar, cansaço no amor próprio (sei lá o que é amor...) sou um sujeito que só se sente bem escrevendo. Aí, a minha

---

[9] LAURITO, I. B. "João Antônio: o inédito". In Remate de males. Revista do Departamento de Teoria Literária – IEL/ UNICAMP, nº 19, 1999, p. 47.

timidez vai embora e eu mando o mundo às favas. Porque este é o único tipo de amor que conheço completamente, Ilka.[10]

As contradições internas e a baixa auto-estima do autor são compensadas pelo exercício literário. Ao escrever, ele parece purgar seu sofrimento e encontrar motivos para orgulhar-se de si mesmo: " (...) melhor escrever contos do que dizer que a vida não presta. Não? Todos sabem que a vida não presta. Todos saberão escrever contos?"[11]

Ainda em 1964, no mês de julho, uma outra carta escancara a dificuldade do autor em viver de seu trabalho. É o início da consciência que o levou a empreender uma luta feroz pela profissionalização do escritor:

> Malagueta, Perus e Bacanaço, com todas as entrevistas a jornais, rádios e televisão, meu livro de estréia não me deu nem trezentos mil cruzeiros... Não posso, absolutamente, fazer nada com esse dinheiro. Com um mês de trabalho publicitário consigo ganhar mais do que com Malagueta, Perus e Bacanaço no Brasil...
> (...) Tenho contos para escrever. Tenho Jordão. Onde que me sobra tempo? E se eu tivesse tempo, agora, teria condições de tranqüilidade, advindas da situação econômica?
> Um escritor não pode viver assim, Ilka.[12]

A publicação de *Malagueta, Perus e Bacanaço* e a boa recepção da obra certamente não foram suficientes para garantir o sustento do escritor, que tem urgência de escrever outros contos e também *Jordão*, romance que nunca foi levado a cabo. Sem tempo e sem "condições de tranqüilidade", João Antônio reclama da precariedade de suas condições de trabalho. Não podemos esquecer que essa carta foi escrita pouco mais de três meses depois do Golpe Militar. A intranqüilidade a que se refere o escritor não poderia estar relacionada à situação política do país? Nesse caso, para

---

[10] Carta a Ilka Brunhilde Laurito, cedida por Rodrigo Lacerda.
[11] Carta a Ilka Brunhilde Laurito, cedida por Rodrigo Lacerda.
[12] LAURITO, I. B. "João Antônio: o inédito". In *Remate de males, op. cit.*, p. 50.

além das dificuldades financeiras, ele estaria se referindo a incertezas de outra ordem, sem dúvida ainda mais graves.

A visão que o escritor expressava sobre o país, aliás, muitas vezes deixava transparecer grande pessimismo. Anos antes, em 1960, ele já havia afirmado categoricamente: "Brasil não é terra para intelectual ou artista viver. Brasil é para cachorros, exploradores, negocistas. (...) A solução é fugir daqui correndinho. (...)"[13]

O olhar perspicaz que flagra no Brasil um espaço propício para a prevalência de interesses pessoais não parece convencido da viabilidade de uma transformação social. A saída proposta é outra: fugir daquilo que parece imutável...

Essa posição aparentemente pouco combativa, contudo, colide com uma outra face de João Antônio que ele não hesitava em demonstrar. São inúmeras as declarações públicas em que o autor defende a literatura como forma de intervenção social:

> Para mim, o caminho é claro e, também por isso, difícil – sem grandes mistérios e escolas. Um corpo-a-corpo com a vida brasileira. Uma literatura que rale nos fatos e não que rele neles. Nisso, a sua principal missão – ser a estratificação da vida de um povo e participar da melhoria e da modificação desse povo. Corpo-a-corpo. A briga é essa. Ou nenhuma.[14]

Sem dúvida alguma, João Antônio demonstrava convicção sobre a importância de seu trabalho como escritor brasileiro. Aliás, é essa convicção que certamente sustenta as escolhas temáticas e formais do escritor. Mas, se por um lado, ele foi freqüentemente porta-voz de um discurso contestador, por outro, um sentimento derrotista nunca parece tê-lo abandonado. É interessante assinalar que, num texto publicado em 1986, sugestivamente intitulado "Ajuda-me a sofrer", João Antônio de certo modo confirma a perspectiva melancólica – sobre si e sobre o mundo – que havia externado

---
[13] Carta a Ilka Brunhilde Laurito, cedida por Rodrigo Lacerda.
[14] Entrevista publicada como prefácio à edição do conto "Malagueta, Perus e Bacanaço". São Paulo: Ática, 1998, p. 9.

no início de sua carreira. Nesse relato que se situa entre o diário e a ficção, o autor descreve a si mesmo da seguinte maneira:

> É uma figura melancólica, vítima de seu sonho, que num dia de descanso ou tédio ou nojo, nada tem a fazer além de enviar uma carta a um amigo distante, provavelmente parecido com ele, a remexer no baú já velho. Ser reconhecido na rua, para ele, é um milagre. Ele foi editado, citado em jornais e um dia, de algum modo, meteu-se com atividades de seu tempo. O país é ágrafo e o brasileiro tem memória curta. Ninguém o convida para mais coisa nenhuma e nem o visita.
> Ninguém escreve para o escritor. Provavelmente nem se lembrem dele, além dos amigos antigos vivendo no ostracismo igualmente. Não só à margem da sociedade ou fora do mundo. Mas na contramão de tudo.
> E o palco do teatro, de luz negra, é o país. Uns atores principais quase sempre fora de cena. Ou participando feito figurantes reles, inoportunos e dispensáveis.[15]

Ao mesclar a autocomiseração com a consciência aguda das mazelas nacionais, o escritor se vê como "vítima de seu sonho", juntando-se àqueles que, embora sejam "atores principais", não ocupam um lugar de destaque na cena nacional. Note-se que, embora tenha se envolvido "com atividades de seu tempo", o saldo dessa atuação é negativo para João Antônio. Aliás, a passagem do tempo parece apenas ter acentuado a solidão e reafirmado a desilusão que, de algum modo, o jovem já pressentia. A "lucidez" e a "velhice" assumidas precocemente aos vinte e cinco anos mantêm-se como traços característicos do escritor.

Melancolia e combatividade: essas parecem ser as faces complementares da personalidade de João Antônio. E, se por um lado, sua obra pautou-se por uma intensa crítica social, denunciando a exclusão gerada pelo poder instituído, por outro jamais esboçou um projeto claro para o Brasil. Na prática, o escritor brasileiro nunca aderiu a uma ideologia partidária, o que afasta sua experiência daquela vivida por Luandino Vieira. O autor

---

[15] In Dama do Encantado. São Paulo: Nova Alexandria, 1996, pp. 95-6.

angolano, que contribuiu pessoalmente para a construção de um projeto revolucionário para Angola, teve grande parte de sua vida e de sua obra embalada pela luta política e pela esperança.

LUANDINO VIEIRA: LUCIDEZ E UTOPIA

Grande parte da história do angolano Luandino Vieira confunde-se com a história da luta pela independência política de seu país, o que o levou a sofrer profundamente as conseqüências da militância política. Nascido em Portugal, em 1935, José Mateus Vieira da Graça ainda criança mudou-se com os pais para Angola, país que assumiu como seu. Viveu a infância e a adolescência em bairros populares, conhecidos como musseques, como o Braga, o Makulusu e o Quinaxixe. Mais tarde, integrou-se à geração da revista angolana "Cultura" (II), publicada entre 1959 e 1961, e juntamente com Arnaldo Santos, Costa Andrade, Ernesto Lara Filho, Henrique Abranches, Mário Guerra, entre outros, contribuiu decisivamente para a consecução do projeto de nacionalização da literatura angolana. Preso em Lisboa em 1961, acusado de exercer "atividades anticolonialistas", foi libertado somente em 1972, depois de ter cumprido os três primeiros anos de sua pena em Luanda e o tempo restante no campo de concentração de Tarrafal de Santiago, em Cabo Verde.

Luandino, nome que autor escolhe para assinalar sua identificação com a capital angolana, diz muito de sua dedicação à causa da libertação nacional. A maior parte da obra do escritor foi escrita na prisão e sua publicação, quase toda *a posteriori*, não corresponde necessariamente à ordem em que foi escrita. Seu primeiro livro, *A cidade e a infância*, é publicado em Lisboa, pela Casa dos Estudantes do Império, em 1960. Já *Luuanda*, escrito na prisão durante o ano de 1963, foi publicado em Angola em outubro de 64 e obteve, em 1965, o Grande Prêmio de Novelística da Sociedade Portuguesa de Escritores, o que gerou uma violenta reação de setores sociais conservadores e, inclusive, culminou na extinção dessa associação por decisão do governo português.

Notadamente durante os anos 60 e 70, o escritor demonstrou grande convicção no exercício de um poder político que possibilitasse a construção de uma cidadania plena para os angolanos. Sem necessariamente almejar o poder de mando, Luandino Vieira envolveu-se na luta empreendida pelo MPLA (Movimento Popular de Libertação de Angola) pela constituição de um poder novo, capaz de gerir um país também novo, onde efetivamente houvesse menos injustiças sociais.[16]

Logo depois da independência, o autor ocupou cargos de direção no governo revolucionário e trabalhou como presidente da Radiotelevisão Popular de Angola e como secretário-geral da União de Escritores Angolanos.

Depois de ter publicado quatro romances (o último, intitulado *Nosso musseque*, foi publicado em 2003) e cerca de oito livros de estórias, atualmente Luandino Vieira vive discretamente no norte de Portugal.

Em cartas enviadas da prisão ao amigo Carlos Everdosa, intelectual que também fez parte da geração que se organizou em torno da revista "Cultura"(II), Luandino Vieira atesta sua imensa capacidade de resistência e a confiança na transformação política e social do seu país. Antes de ser transferido para o campo de concentração do Tarrafal, ele escreve:

31-7-64

Meu caro:

Faltam poucas horas para embarcar no "Cuanza" rumo a Cabo Verde – ou assim dizem. Li a tua carta e aproveito estes curtos momentos para te enviar umas linhas, talvez as últimas que recebas de mim antes do regresso geral à

---

[16] O MPLA era o movimento de libertação que, no cenário pré-independência, possuía a orientação política mais elaborada e mais definida, ideologicamente próxima do socialismo do "bloco leste". Contava com apoios de etnias bastante diversificadas e era o único movimento que tinha implantação nos centros urbanos e na faixa ocidental, daí o apoio maciço com que contava nas camadas intelectuais e entre grupos significativos de mestiços e brancos. Dois outros movimentos de libertação "concorriam" com o MPLA no contexto revolucionário: a FNLA (Frente Nacional de Libertação de Angola) e a UNITA (União Nacional para a Independência Total de Angola). (Sg. CORREIA, P. P. *Descolonização de Angola*. Lisboa: Editorial Inquérito, 1991, pp. 35-6).

nossa terra, às nossas coisas, ao nosso povo. É muito difícil nesta altura dizer qualquer coisa; mas podes afirmar aos amigos e companheiros que procurarei sempre ser digno da confiança que têm em mim; que, nas minhas possibilidades e dentro do meu particular campo de acção – o estético – ... tudo farei para que a felicidade, a paz e o progresso sejam usufruídos por todos. (...) O meu livro, o livro da Linda afinal, chegar-te-á talvez com mais trabalhos selecionados para a 2ª edição. Se a conseguirem aí em edição de bolso era óptimo para ir a concurso da Sociedade Portuguesa de Escritores. Depois enviem ao Jorge Amado (Brasil) para ver se conseguem uma edição lá. Não é pelo livro, claro, é pelo que ele pode representar como "arma" para a nossa libertação.(...)[17]

Mesmo envolvido por incertezas – o escritor tem dúvidas sobre a possibilidade de continuar se comunicando com os amigos, estando isolado em Cabo Verde –, Luandino Vieira demonstra uma profunda tranqüilidade e uma notável disponibilidade para a relação com o outro: não apenas afirma sua fidelidade aos companheiros, como também se diz empenhado na luta pelo bem comum. Note-se que as reticências, utilizadas depois do termo "estético", podem indicar que o campo de atuação do escritor talvez transcenda o especificamente literário, sugerindo um envolvimento direto com ações revolucionárias.

No parágrafo final, o livro que o autor menciona é *Luuanda*, chamado de "livro da Linda" porque foi ela, sua mulher à época, que conseguiu retirar clandestinamente os manuscritos da prisão, escondidos num saco de fundo duplo, no qual levava as refeições em visitas diárias ao marido.[18] Já o concurso promovido pela Sociedade Portuguesa de Escritores, forte centro de resistência ao fascismo, é justamente aquele que iria premiar a obra no ano seguinte. Vale ainda ressaltar a referência de Luandino Vieira a Jorge Amado, escritor brasileiro que apre-

---

[17] *In* LABAN, Michel *et alli. Luandino. José Luandino Vieira e a sua obra.* Lisboa: Edições 70, 1980, p. 90.
[18] Sg. Carlos Everdosa *in* LABAN, M. *et alli. Luandino. José Luandino Vieira e a sua obra, op. cit.,* p. 89.

sentava posições políticas progressistas e certamente apoiava a luta de libertação angolana. A importância atribuída a uma edição brasileira do livro naquele momento reforça o caráter militante assumido pela literatura, que se torna efetivamente uma arma de combate contra a opressão colonial.

Dois anos depois, já em Cabo Verde, outra carta destinada a Carlos Everdosa reafirma a esperança e o comprometimento do escritor:

Tarrafal, 14-10-66

(...) Meu caro Carlos: só não compreendo como insistes em alcunhas ainda que sinceras como a do "maior ficcionista angolano". Isto para te falar no estares desiludido de ti próprio, como dizes, e de muitos outros. Isso era inevitável, é um constante suceder e é preciso compreendermos que não há outros homens para com eles construir o mundo. É com esses mesmos que se fará – ou nunca se fará. E portanto me regozijo que digas que ainda vai havendo sementeiras para o futuro. Nós somos responsáveis, pouco ou muito não importa, ou o que importa é que o sejamos na medida em que nos foi permitido ou o soubemos ser, por essas sementes. Portanto não se justifica essa desilusão de nós próprios, mas é necessário não cairmos nas mistificações da sementeira que parimos. É só isso que fará a nossa justificação: lucidez. Mas para que não penses que o teu primo é um super-homem e para que se dissolvam ainda mais as idéias feitas, sempre te digo, meu caro irmão, que há dias em que os seguintes versos são possíveis: "é necessário o ódio/ só ele impele/ o vermelho estrebuchar do sangue/ quieto insone/ sob o medo...// só ele sacode/ o cansado sono do pensamento/ puro fraterno/ sob o amor// é necessário o ódio/ só ele liberta/ só ele não cansa!"

Deixo-te com toda a amizade, hoje: o poema é de ontem.[19]

---

[19] *Idem*, p.99.

As palavras de encorajamento de Luandino Vieira dirigidas ao amigo desiludido realmente traduzem a lucidez tão necessária para o enfrentamento da realidade. O pragmatismo demonstrado por ele ("é preciso compreendermos que não há outros homens para com eles construir o mundo"), alia-se à esperança de que as "sementeiras" já plantadas iriam germinar no futuro. Porém, ele alerta: "mas é necessário não cairmos nas mistificações das sementeiras que parimos". Para o autor, utopia não tem nada a ver com ilusão: enquanto a primeira deve considerar as contingências, a segunda é completamente fantasiosa. Nessa perspectiva, o trabalho de disseminação da ideologia libertária, de formação de quadros, de conscientização, enfim, havia sido realizado "na medida em que nos foi permitido ou o soubemos ser". E o resultado dessa tarefa dependia principalmente dos sujeitos que iriam sucedê-los.

Finalmente, o poema escrito por Luandino – para que ele mesmo não esmoreça – fala sobre a necessidade imperativa do ódio para manter a firmeza dos combatentes. "Só o ódio", diz o autor, "impele", "sacode", "liberta", "não cansa". Num contexto revolucionário, o ódio, explicitamente dirigido contra os mecanismos opressores e seus representantes, é o que mantém acesa a chama da luta, driblando o medo e o cansaço: odiar é necessário para que a fraternidade seja conquistada.

Essa carta, escrita depois de cinco anos de confinamento, revela a tenacidade do escritor e sua imensa capacidade de alimentar – com lucidez – a utopia de uma Angola livre. Mais de dez anos depois, em entrevista concedida a Michel Laban em 1977, portanto dois anos depois da conquista da independência, Luandino Vieira faz uma avaliação de sua trajetória pessoal e acaba por validar sua atitude combativa, reafirmando a certeza de que havia sempre agido justificadamente:

> Portanto, pessoalmente, também considero que, suceda o que suceder à República Popular de Angola, nunca, tanto quanto vejo, posso dizer assim: "Bom, meti a minha vida por uma estrada que não tinha qualquer sentido ou fim". Suceda o que suceder, considero sempre que o que andei até hoje estava perfeitamente justificado, quer individualmente – não sou pessoa com

grandes problemas de natureza pessoal, o que não quer dizer que diariamente não reflita sobre a minha atividade – quer coletivamente.[20]

Ao estabelecer uma clara distinção entre o significado da luta pela independência e o futuro de Angola como nação independente, Luandino salienta a importância de ter participado do movimento revolucionário. Afirmando ser uma pessoa sem "grandes problemas de natureza pessoal", o escritor atribui sentido pleno a suas atitudes, reafirmando a convicção de ter feito exatamente o que era possível fazer em cada encruzilhada histórica. Seja no nível individual ou no nível coletivo, a coerência parece ter sido marca decisiva em sua conduta.

Se comparadas, as inserções histórico-sociais de João Antônio e de Luandino Vieira são bastante diferentes. Embora ambos compartilhem de uma mesma reflexão aguda sobre suas realidades nacionais e expressem indignação diante de uma ordem social excludente, o escritor angolano acalenta um ideal político, o que está ausente do horizonte de João Antônio. Também a condição existencial do autor brasileiro parece ser muito mais conflituosa do que a do autor angolano – pelo menos no período em que este consolidou sua produção.

A solidão e a insatisfação de João Antônio parecem traduzir, em certa medida, sua percepção melancólica de que, no Brasil, a exclusão é um dado estruturante da sociedade e, por isso mesmo, dificilmente alterável. Criticando os desmandos do poder instituído, o autor não vislumbra possibilidades concretas de transformação social.

A esse sentimento de cunho determinista contrapõem-se as apostas de Luandino Vieira na efetivação de uma realidade mais justa e inclusiva em Angola. Em tempos revolucionários, o escritor angolano forja um discurso transgressor e utópico que vai reivindicar literariamente – e politicamente – identidade e autonomia para seu país. Na prática, esse desafio ao poder metropolitano tem como conseqüência a privação de sua liberdade.

---

[20] *In* LABAN, Michel. *Angola – Encontro com escritores*. Porto: Fundação Eng. António de Almeida, 1991, p. 40.

Como voltaremos à questão da diferença de perspectiva dos dois escritores, por ora fixemos o dado que primeiramente nos faz aproximar suas escritas e orienta nossa abordagem comparativa: a inscrição de seus discursos literários na contramão do discurso homogeneizador que os Estados oficiais utilizam para forjar a história dos socialmente marginalizados. Ao dialogarem de perto com a realidade daqueles que viveram – e ainda vivem – a experiência da exclusão no Brasil e em Angola, *Malagueta, Perus e Bacanaço* e *Luuanda* flagram a tensão entre norma e conduta típica dessas sociedades e dão visibilidade às injustiças e às desigualdades sociais que, a despeito de um discurso mais ou menos progressista, a prática das elites insiste em naturalizar.

Nesse sentido, as obras dos dois autores acabam por mapear os impasses presentes na constituição das realidades nacionais brasileira e angolana, denunciando o autoritarismo e a violência que fazem parte dessas formações históricas.

CAPÍTULO II

A tensão entre norma e conduta

Dia a dia
o pulso à roda de tudo
se aperta mais e mais...
(Noémia de Souza)

NA ELABORAÇÃO DAS narrativas de *Malagueta, Perus e Bacanaço* e de *Luuanda* presentifica-se um dado significativo das esferas sociais brasileira e angolana: a tensão entre norma e conduta que, se pode ser identificada em todo agrupamento social, é ainda mais aguda na formação histórica dos países mais recentemente constituídos. Desse modo, os discursos e as ações dos protagonistas das histórias que focalizaremos expressam profundamente essa tensão, já que, ocupando um lugar social marginal, voluntariamente ou não, encontram-se apartados da norma.

Discutida em várias obras fundamentais para a compreensão de nossa realidade histórica, como *Raízes do Brasil*, de Sérgio Buarque de Hollanda (1936), e *Formação do Brasil contemporâneo*, de Caio Prado Jr. (1942), a tensão entre norma e conduta na sociedade brasileira foi também abordada por Antonio Candido em seu notório ensaio "Dialética da malandragem", publicado pela primeira vez em 1970.[21] E, pela natureza de nosso trabalho, pensamos que as reflexões de Candido são as que mais diretamente podem nos auxiliar para que pensemos a constituição das obras em questão, principalmente no que diz respeito à atuação das personagens marginais que protagonizam as narrativas.

Segundo afirma o crítico, toda sociedade jovem esforça-se por disciplinar as irregularidades que a distinguem das velhas sociedades que lhe servem como modelo. Na ânsia de equiparar-se aos países europeus, os países recém-independentes desenvolvem mecanismos ideais de contenção, normas rígidas que criam a aparência de uma ordem regular que, na prática, revela-se profundamente inautêntica.

Como não podia deixar de ser, tal esforço disciplinador orquestrou a consolidação da sociedade brasileira no século XIX. E, no campo da literatura, manifestou-se através do gosto acentuado pelos símbolos repressivos tão caros à produção romântica. O sentimento de conspurcação do amor e a repressão mutiladora da personalidade que encontramos em várias personagens de Alencar – Peri, Aurélia ou Lucíola, por exemplo, – seriam a manifestação bem-acabada desse senso moralizante.

Acontece, porém, que essa perspectiva rígida – de pretensão universalizante, mas profundamente provinciana – é logo suplantada por uma visão muito mais perspicaz e fiel daquele que pode ser compreendido como o movimento genuíno da sociedade brasileira. De fato, o estudo de Antonio Candido sobre o romance *Memórias de um sargento de milícias*, escrito por Manuel Antônio de Almeida e publicado em folhetim no *Correio Mercantil* entre 1852 e 1853, permite-nos ver que a obra flagra um mundo ambíguo, formado por um duplo sistema de regras sociais.

---

[21] *In O discurso e a cidade*. São Paulo: Livraria Duas Cidades, 1998, pp. 19-54.

A complexidade de tal universo é ilustrada a partir do comportamento característico de um setor capital da sociedade brasileira: o dos homens livres que, não sendo escravos nem senhores, viviam num espaço social intermediário e anômico, em que não era possível prescindir da ordem nem viver dentro dela. Daí que a transgressão constitua-se como a regra maior desse romance pioneiro que, segundo Candido, revelaria uma perspectiva não–oficial sobre o Brasil:

> Na sua estrutura mais íntima e na sua visão latente das coisas, este livro exprime a vasta acomodação geral que dissolve os extremos, tira o significado da lei e da ordem, manifesta a penetração recíproca dos grupos, das idéias, das atitudes mais díspares, criando uma espécie de terra-de-ninguém moral, onde a transgressão é apenas um matiz na gama que vem da norma e vai ao crime. Tudo isso porque o livro de Manuel Antônio é talvez o único em nossa literatura do século XX que não exprime uma visão de classe dominante.[22]

Mais de cem anos depois da publicação do romance de Manuel Antônio de Almeida, "Dialética da malandragem" lança luz sobre ele e afirma a possibilidade de se interpretar as experiências histórica, social e cultural brasileiras através da relação dinâmica desses homens livres com os hemisférios da ordem e da desordem. Observe-se que tal operação só é possível porque, como bem aponta Roberto Schwarz, diz respeito à transformação de um modo de ser de classe em um modo de ser nacional, "com a particularidade de que não se trata de generalizar a ideologia da classe dominante, como é hábito, mas a de uma classe oprimida."[23]

Para compreendermos o conceito de "dialética de ordem e desordem" formulado por Candido, vale a pena recuperar o paralelo por ele realizado entre a experiência histórica do Brasil e a experiência histórica dos Estados Unidos. O professor observa que, na sociedade estadunidense, houve desde cedo uma presença constritora da lei, religiosa e civil, que

---

[22] *Idem*, p. 51.
[23] "Pressupostos, salvo engano, de Dialética da Malandragem". In *Que horas são?* São Paulo: Companhia das Letras, 1987, p.150.

plasmou os grupos e indivíduos, delimitando os comportamentos graças à força punitiva do castigo exterior e do sentimento interior de pecado.[24]

Daí deriva a consolidação de uma sociedade moral, portadora de grande força de identidade e resistência, mas vazia de humanidade, sobretudo em relação aos indivíduos de outros grupos, que não pertencem à mesma lei. A dureza reinante no romance *A letra escarlate*, de Nathanael Hawthorne, por exemplo, expressaria literariamente esse estado de coisas. Já a realidade cotidiana brasileira, por sua vez, afastaria-se da rigidez norte-americana:

> No Brasil, nunca os grupos ou os indivíduos encontraram efetivamente tais formas [rígidas]; nunca tiveram a obsessão da ordem senão como princípio abstrato, nem de liberdade senão como capricho. As formas espontâneas da sociabilidade atuaram com maior desafogo e por isso abrandaram os choques entre a norma e a conduta, tornando menos dramáticos os conflitos de consciência.[25]

A flexibilidade da sociedade brasileira, que tem como contrapartida a perda da inteireza e da coerência, favorece o surgimento de uma figura que, como Leonardo Pataca, protagonista das *Memórias*, pode ser caracterizada como malandra. Seu comportamento, pautado pelas idas e vindas entre os pólos da ordem e da desordem sociais, seria o próprio princípio formal que organiza o romance e resumiria a regra de vida de um setor intermediário da sociedade. Por ser representativa da totalidade social, a dialética de ordem e desordem constituir-se-ia, assim, num dado estrutural da sociedade brasileira.

Interessante é pensar, com Roberto Schwarz, que a dialética de ordem e desordem, enquanto denominador comum das indicações sociais, torna-se também uma constante cultural:

---

[24] *In* "Dialética da Malandragem", *op.cit.*, p. 50.
[25] *Idem*, p. 51.

A dialética de ordem e desordem é construída inicialmente enquanto experiência e perspectiva de um setor social, num quadro de antagonismo de classes historicamente determinado. Ao passo que noutro momento ela é o *modo de ser* brasileiro, isto é, um traço cultural (...).[26]

A absorção da transgressão social pelo âmbito da cultura explicaria, por exemplo, a presença da figura do malandro no imaginário social brasileiro. Retratado, ao longo de todo o século XX, na literatura e na música popular, notadamente no samba, o malandro expressa a articulação entre factualidade histórica e *ethos* cultural, constituindo-se numa das representações mais contundentes da resistência contra a "ordem e o progresso" institucionalizados.

Ao desenvolver uma interpretação da especificidade histórica brasileira, caracterizada pelo trânsito de mão dupla entre os pólos da ordem e da desordem, Antonio Candido acentua o caráter ambivalente de nossa formação social que, desde o início, esteve comprometida com o acordo, em vez da ruptura; com a conciliação, em vez do conflito. Nunca é demais lembrar que as bases da independência política brasileira se deram nos moldes de uma negociata, obrigando à convivência as formas de vida típicas da opressão colonial e as inovações do progresso burguês:

> É sabido que a Independência brasileira não foi uma revolução: ressalvadas a mudança no relacionamento externo e a reorganização administrativa no topo, a estrutura econômico-social criada pela exploração colonial continuava intacta, agora em benefício das classes dominantes locais. Diante dessa persistência, era inevitável que as formas modernas de civilização, vindas na esteira da emancipação política e implicando liberdade e cidadania, parecessem estrangeiras – ou postiças, antinacionais, emprestadas, despropositadas etc., conforme a preferência dos diferentes críticos.[27]

---
[26] *In* "Pressupostos, salvo engano, de Dialética da Malandragem", *op.cit.*, p. 150.
[27] SCHWARZ, R. "Nacional por subtração". *In Que horas são?* São Paulo: Companhia das Letras, 1987, pp. 42-3.

Desde os primórdios da formação de nossa nacionalidade, passando pela Independência e chegando até os dias de hoje, as conseqüências do descompasso existente entre a norma e a conduta são marcantes. A pouca interiorização da ordem, a manutenção do trabalho forçado ou semiforçado e a falta de direito dos pobres mantêm-se, com algumas modificações, na sociedade brasileira da atualidade. E é justamente esse descompasso que é flagrado pelas narrativas de *Malagueta, Perus e Bacanaço*. Seu projeto estético-ideológico empenha-se em revelar o desacordo existente entre as subjetividades e as ações dos excluídos que protagonizam as histórias e as regras que só fazem legitimar os privilégios das elites.

Já se considerarmos a realidade de Angola, diferenças históricas essenciais em relação ao Brasil marcam as peculiaridades da formação social daquele país e da afirmação de sua literatura nacionalista. Cumpre ressaltar que a independência política conquistada apenas em 1975, depois de catorze anos de conflitos bélicos em que parcelas importantes da população estiveram direta ou indiretamente envolvidas na Guerra de Libertação, confere características singulares ao cenário de consolidação da identidade nacional. E, como frisam diversos estudiosos não apenas da literatura angolana, como também das demais literaturas africanas de língua oficial portuguesa, a produção dos escritores foi – e em grande medida ainda o é – determinante no debate sobre a questão da nacionalidade nos países africanos emergentes :

> (...) o discurso da identidade na literatura africana, no conjunto das nações emergentes, que na sua vertente libertária é apostrófica, afirmativa e reivindicativa, canibaliza os conflitos e pulsões divergentes mobilizando uma retórica que sintetiza as vozes diferentes, "partilha" memórias históricas e sociais e colectiviza angústias e aspirações, gerando uma escrita de contaminação épica, de que a poesia negritudinista se faz paradigmática.[28]

---

[28] MATA, Inocência. "O tema da identidade nas (modernas) literaturas africanas – Memória histórica e identidades reconstruídas". In *Literatura angolana: silêncios e falas de uma voz inquieta*. Lisboa: Mar Além, 2001, p. 60.

A afirmação de projetos nacionalistas através da literatura teve como um de seus pilares a busca pela "africanidade", espelho no qual os africanos puderam se reconhecer como sujeitos livres e portadores de uma cultura própria e singular. Em contextos sociais em que a luta pela autonomia literária se deu no compasso da luta pela autonomia política, a poesia e a ficção ocuparam-se da desalienação dos colonizados, buscando estabelecer uma identidade matriz que, através da dinamização da memória de cada povo e da interpretação do passado histórico em função do presente, reunisse os africanos em função de um ideal comum.

No âmbito deste trabalho, cabe-nos fundamental refletir sobre a configuração da tensão social entre norma e conduta no contexto angolano revolucionário e sobre a apreensão literária da mobilização popular que contribuiu para a intrincada e violenta transição de uma Angola colonial para uma Angola independente.

Sem querer abarcar na íntegra a complexidade histórica, social e cultural da realidade de Angola, vale dizer primeiramente que a permanência do poder colonial português em "território ultramarino" até meados da década de 70 foi responsável pela disseminação de formas de exploração, de segregação e de opressão muito mais dramáticas do que aquelas presentes na história brasileira mais contemporânea.

De acordo com a Constituição portuguesa de 1933, Angola era parte integrante do território português e este era indivisível. Assim, para garantir a estrutura unitária e corporativa de Portugal, a máquina colonial se valia de uma série de instituições políticas e administrativas que funcionavam naquele "território português" situado na África. Duas delas foram nucleares nas práticas coercitivas levadas a cabo pelas autoridades lusitanas: a escola e a prisão. A primeira tinha como objetivo transmitir os valores culturais "civilizados", capazes, na óptica portuguesa, de moldar as consciências nativas de acordo com a ideologia colonial. Já a prisão era reservada para aqueles que, das mais diversas maneiras, ousavam questionar ou contrariar as normas instituídas pelo poder metropolitano:

A Escola e a Prisão foram duas instituições de grande valimento para o regime colonial. Na escola, procurava-se dominar espiritualmente os colonizados pelo apagamento dos seus valores culturais e civilizacionais, pelo banimento da sua língua, pela niilificação da sua história. Impunham-se outros valores, estranhos à África, exigindo-se, duma forma absoluta, a obediência à cultura e à civilização européias que a escola colonial defendia e divulgava. Na prisão, pretendia-se amedrontar, pela violência física, a resistência dos que não aceitavam a opressão colonial e tinham a coragem de dizê-lo.[29]

Os valores autóctones, articuladores de sistemas sociais que poderíamos chamar de endógenos, foram duramente menosprezados pela lógica colonial, e os costumes tradicionais foram, freqüentemente, proibidos. Nas palavras de Rita Chaves, "efetivada em nome do desmedido desejo de lucro, a prática colonialista deixa entre os seus legados mais cruéis a implantação de um código de valores que, por princípio, ignora a ética do povo cuja vida pretende, então, regulamentar."[30]

A regulamentação da "vida do povo", com a imposição de valores ocidentais estranhos às populações nativas, vai se efetivar principalmente nas zonas urbanas, onde se concentra um número maior de pessoas e funcionam os órgãos administrativos. Notadamente a cidade de Luanda, cujo crescimento intensifica-se a partir da década de 40, transforma-se em palco de intensos conflitos, já que por ela circulavam representantes das mais diferentes grupos sociais que compunham a população subjugada pelo poder colonial. Sem infra-estrutura para acolher migrantes de todo o território, Luanda cresce desordenadamente, deslocando os pobres para os espaços periféricos.

Por essa razão, é a capital angolana que vai funcionar literariamente como alegoria do projeto de nação acalentado pelos escritores. Sua diversidade étnica e cultural apresentava-se como palco privilegiado para a afirmação de uma identidade nacional que se pretendia plurirracial. Assim, diferentemente do projeto literário romântico brasileiro, que

---

[29] TRIGO, Salvato. "Escola e prisão na escrita africana lusófona". *In Ensaios de literatura comparada afro-luso-brasileira*. Lisboa: Vega, s/d, p. 148.
[30] *In A formação do romance angolano*. São Paulo: Área de Estudos Comparados de Literaturas de Língua Portuguesa – USP (Coleção Via Atlântica nº1), 1999, p. 33.

consolidou nossa nacionalidade a partir de símbolos idealizados calcados na repressão, que de certo modo aclimatavam uma moral importada da Europa, o projeto literário angolano que configurou a identidade daquele país deu-se em outros moldes, atendendo às expectativas de uma independência conquistada através do embate direto entre colonizados e colonizadores. Ainda nas palavras de Rita Chaves:

(...) sofrendo o impulso da modernidade, a formação do nacional no projeto literário angolano exprime a opção por um sentimento nativista que, na base, difere daquele que subjaz, por exemplo, às nossas obras românticas, produzidas na fase em que nossos escritores mostravam-se mais enfaticamente preocupados com a idéia de fundar a nacionalidade brasileira. O apreço pelo localismo como força moduladora se imprime dinamicamente, apoiando-se não no rincão distante dos efeitos da colonização, mas no burburinho dos lugares, onde marcas do estrangeiro somam-se aos chamados valores de raiz. Em lugar da homenagem às idílicas e/ou misteriosas paisagens da terra, o processo enquadra a turbulenta cidade. As noções de pureza racial, de retorno a uma África imaculada, de regresso a uma cultura original, anterior à invasão, se diluem. À hipotética magia da natureza africana, tão aclamada pelos autores da literatura colonial, sobrepõe-se a importância das gentes que se podem tornar atores da mudança.[31]

Na polarização ideológica que compunha o cenário angolano em meados do século passado, a população excluída – protagonista de tantas narrativas escritas durante o período revolucionário – vai viver em profunda tensão com a norma. Se não são assimilados ou cooptados pelo poder, cumprindo funções burocráticas e até repressivas, os africanos pobres têm basicamente sua conduta pautada pela infração, buscando brechas nas malhas do sistema colonial para a afirmação de valores tradicionais e de práticas políticas contestatórias.

---

[31] "José Luandino Vieira: consciência nacional e desassossego". In Revista de Letras, São Paulo, v. 40, 2000, p. 82.

A resistência torna-se, então, um mecanismo fundamental para a própria sobrevivência dos colonizados. Burlando o poder exercido pelos representantes do governo português, que exigia uma conduta bastante rígida, os angolanos empenham-se no exercício de práticas sócio-culturais autóctones, bem como no exercício da militância política, desafiando corajosamente o autoritarismo metropolitano.

É essa realidade conflituosa, de profunda tensão entre norma e conduta, que é recriada pelas três estórias de *Luuanda*. Protagonizadas por angolanos marginalizados, as narrativas apostam na infração da ordem colonial como possibilidade efetiva de uma transformação qualitativa da sociedade.

CAPÍTULO III

Modos de contar mundos

*A estória não quer ser história.
A estória, em rigor, deve ser contra a História.*

(Guimarães Rosa)

TANTO AS NARRATIVAS de *Malagueta, Perus e Bacanaço* como as de *Luuanda*, embora apresentem características composicionais bastante particulares, podem ser consideradas formalmente como contos. Tal classificação é possível graças à plasticidade do gênero que, em sua feição moderna, tem afirmado, nas palavras de Alfredo Bosi, seu "caráter proteiforme": o conto "ora é o quase-documento folclórico, ora a quase-crônica da vida urbana, ora o quase-drama do cotidiano burguês, ora o quase-poema do imaginário às soltas, ora, enfim, grafia brilhante e preciosa voltada às festas da linguagem."[32]

---
[32] *In O conto brasileiro contemporâneo.* São Paulo: Cultrix, 1997, p. 7.

Como se sabe, a origem do conto está relacionada à prática de contar histórias e localiza-se em tempos remotíssimos, ainda não marcados pela tradição escrita. Persistindo vigorosamente ao longo dos séculos, essa espécie de narrativa adquire novo tipo de respeitabilidade e identidade artísticas na segunda metade do século XIX, graças ao apego à cultura medieval, à pesquisa das raízes populares e folclóricas e à consolidação da imprensa. Escritores como Maupassant, Tchekhov e Edgar Allan Poe, por exemplo, inauguram o chamado "conto moderno".[33]

Em termos temáticos, é possível dizer que o conto moderno recria, com maior ou menor grau de realismo, situações exemplares vividas pelo homem. Ou, em outros termos, opera a representação intensiva de um instante da vida emblemático de toda uma existência do indivíduo.[34] Fixado pelo contista, esse momento, embora relativo a uma trajetória individual, só pode ser compreendido a partir de uma vinculação com o contexto histórico mais amplo:

> Em face da História, rio sem fim que vai arrastando tudo e todos no seu curso, o contista é um pescador de momentos singulares cheios de significação. Inventar, de novo: descobrir o que os outros não souberam ver com tanta clareza, não souberam sentir com tanta força. Literariamente: o contista explora no discurso ficcional uma hora intensa e aguda de percepção. Esta, acicatada pelo demônio da visão, não cessa de perscrutar situações narráveis na massa aparentemente amorfa do real.[35]

A compreensão dos contos como "situações históricas vistas na sua tipicidade extrema", na preciosa formulação de Bosi, interessa-nos de perto, pois permite que se leia, nas composições narrativas de João Antônio e de Luandino Vieira, situações representativas de momentos históricos específicos e, numa alçada mais ampla, a fixação do impasse característico das experiências históricas brasileira e angolana.

---

[33] Sg. GOTLIB, Nádia B. *Teoria do conto*. São Paulo: Ática, 1990, p. 7.
[34] Sg. CARONE, Modesto. "Anotações sobre o conto". In *Boa companhia: contos*. São Paulo: Companhia das Letras, 2003, p. 9.
[35] In BOSI, Alfredo. *O conto brasileiro contemporâneo*, op. cit., p. 9.

Vale dizer que os discursos hegemônicos postos em xeque pelos discursos literários criados por João Antônio e por Luandino Vieira podem ser identificados respectivamente com o discurso burguês – genericamente considerado como aquele que veicula o ideal de indivíduos autônomos, empreendedores e competitivos [36] – e com o discurso colonialista – espécie de "viés imperialista" do discurso burguês calcado nas noções de superioridade e alienação, privilégio e exploração. Em ambos os casos, uma imagem estereotipada daqueles que efetivamente sustentam a sociedade burguesa e a sociedade colonial é propalada pelos detentores do poder instituído. Ao estabelecer um paralelo entre os agentes da luta de classes e os agentes da luta colonial, afirma Albert Memmi:

> Assim como a burguesia propõe uma imagem do proletariado, a existência do colonizador reclama e impõe uma imagem do colonizado. Álibis sem os quais a conduta do colonizador, e a do burguês, suas próprias existências, pareceriam escandalosas.[37]

É no tenso espaço existente entre os papéis sociais impostos aos proletários e aos colonizados e outros papéis sociais passíveis de serem desempenhados por eles que se movem os protagonistas das narrativas *de Malagueta, Perus e Bacanaço* e de *Luuanda*. O drama dessas personagens centrais é apreendido em toda a sua complexidade, contribuindo para a explicitação do universo sócio-cultural dos indivíduos socialmente excluídos.

Da elaboração de discursos ficcionais que buscam dar visibilidade às práticas e aos discursos dos dominados decorrem dois aspectos importantes. No nível da fatura dos textos, verifica-se a instauração de uma polifonia discursiva, já que são trazidas à tona as diferentes falas sociais que traduzem as contradições ideológicas vivenciadas pelas personagens. E, numa esfera mais ampla, é oferecido à sociedade um espelho bastante

---
[36] Sg. KONDER, Leandro. *Os sofrimentos do homem burguês*. São Paulo: SENAC, 2000, p. 11.
[37] In *Retrato do colonizado precedido pelo retrato do colonizador*. Rio de Janeiro: Paz e Terra, 1977, p. 77.

preciso, que nos obriga a olhar-nos por inteiro e a depararmo-nos com a face mais dura da realidade de que fazemos parte.

Cria-se, então, um pacto literário que pressupõe a participação ativa do leitor, num processo consciente de construção dos sentidos suscitados pelo texto. Sem essa conivência que implica, inclusive, a partilha de conhecimentos específicos necessários para a decodificação da própria linguagem praticada por aqueles que compõem o universo marginal ficcionalizado, a leitura não se efetiva por completo e, certamente, o leitor menos empenhado se sentirá frustrado em suas expectativas.

Conhecer os contos de João Antônio e de Luandino Vieira significa, assim, deixar de lado os reflexos pasteurizados produzidos pelo discurso hegemônico, porta-voz da perspectiva oficial, e encarar a complexa rede de relações sociais que estrutura as camadas mais pobres das sociedades brasileira e angolana. Nas narrativas dos dois escritores, os "modos de contar" que põem em cena personagens pertencentes a segmentos sociais marginalizados, privilegiando sua dicção e sua perspectiva, pulverizam ideologias e regimes que, em última instância, promovem uma profunda desumanização dos sujeitos.

Os contos de João Antônio

Antes de nos atermos às especificidades dos contos escritos por João Antônio, convém indagarmo-nos a respeito do lugar ocupado por ele numa certa tradição literária brasileira centrada na ficcionalização da exclusão social. No âmbito do discurso oficial, sabemos que a voz dos excluídos tem sido reiteradamente silenciada e ocultada.[38] E no âmbito da ficção? Que lugar os marginalizados têm ocupado no cenário literário?

Sem a pretensão de rastrear minuciosamente a presença dos marginalizados sociais em nossa tradição ficcional, é possível dizer que parte sig-

---

[38] Sobre a violência e o autoritarismo no processo civilizatório brasileiro, ver FOOT HARDMAN, F. (org.). *Morte e progresso – cultura brasileira como apagamento de rastros*. São Paulo: Fundação Editora da UNESP, 1998.

nificativa da prosa brasileira tem problematizado a questão da exclusão social. Os pobres aparecem de fato como personagens primeiramente nos romances realistas da segunda metade do XIX. Depois da onda de idealização romântica, centrada em dramas essencialmente burgueses, histórias como a de *O cortiço*, de Aluísio de Azevedo, por exemplo, põem em relevo – ainda que tipificadas – figuras marginais, estabelecendo, a partir do pensamento científico e de doutrinas filosóficas e sociais desenvolvidas na Europa, uma crítica reformista à organização social brasileira.

Um pouco mais tarde, escritores como Monteiro Lobato, Euclides da Cunha, João do Rio e Lima Barreto – com destaque para este último, chamado de "mestre" por João Antônio –, ocupam-se em traduzir literariamente o drama de personagens marginalizadas, focando seu olhar em realidades essencialmente brasileiras. De um modo geral, a linguagem utilizada por esses escritores pauta-se pela simplicidade e pela coloquialidade.

Já a chamada "geração de 30" contribui decisivamente para a consolidação de uma tradição brasileira centralizada na problemática dos excluídos. Romances de grande ênfase social, escritos pelos autores "regionalistas", ficcionalizam segmentos sociais oprimidos, buscando expressar, nas palavras de Antonio Candido, a "consciência catastrófica do atraso nacional".[39] Desse período, destacam-se Graciliano Ramos, José Lins do Rego, Jorge Amado.

Mais próxima de nós, merece relevo a obra de Guimarães Rosa, cuja imensa capacidade de traduzir literariamente o drama de personagens excluídas, seja materialmente, seja psicologicamente, dá-se através de um mistura lingüística singular entre formas populares e eruditas, que expressa a imbricação, no sertão mineiro, dos aspectos da tradição e da modernidade, do atraso e do progresso.

Por fim, vale mencionar o trabalho de escritores posteriores a João Antônio. Paulo Lins, Fernando Bonassi e Luiz Ruffato, por exemplo, são autores que já se notabilizaram por ficcionalizar a realidade da exclusão em grandes cidades como o Rio de Janeiro e São Paulo. De modo geral,

---

[39] "Literatura e subdesenvolvimento". In *A educação pela noite e outros ensaios*. São Paulo: Ática, 1989, p. 142.

seus textos apresentam um ritmo alucinante, espécie de montagem cinematográfica da corrosão urbana.

Nesse breve panorama, capaz de atestar a multiplicidade de perspectivas com que os marginalizados foram tratados pela ficção brasileira, a produção de João Antônio – graças à sua originalidade e combatividade – emerge com destaque. A maneira como a realidade marginal é construída em sua obra é, em certa medida, inovadora, já que há uma perspectiva "de dentro" que organiza os fatos narrados e é capaz de expressar a perspectiva dos excluídos não apenas com verossimilhança, mas com um teor de "verdade" impressionante. Apreender o estilo que imprime essa "verdade" aos textos é, de fato, compreender o valor maior da obra de João Antônio.

Nos últimos anos, a crítica sobre a obra do escritor tem se incrementado.[40] A par de uma apreciação mais ingênua e superficial que, principalmente nas décadas de 60 e 70, no calor da publicação de seus primeiros livros, limitou-se a rotular o escritor com expressões como "clássico velhaco", "escritor do submundo", 'globe-trotter' literário, "Guimarães Rosa urbano", "Hemingway brasileiro", "Rabelais da boca do lixo" e até "Dickens que não terminou o mobral",[41] encontramos análises consistentes, que oferecem pistas seguras para a compreensão de seu projeto literário. Ensaios como "Prá lá de Bagdá", de Antônio Hohlfeldt (1985), "Um boêmio entre duas cidades", de Alfredo Bosi (1986), "Na noite enxovalhada", de Antonio Candido (1996), "A prosa de uma consciência", de João Alexandre Barbosa (1996), "Evocação de João Antônio ou do purgatório ao inferno", de Flávio Aguiar (1998), e "João Antônio, cronista dos pesadelos de São Paulo", de Tania Macêdo (1999), são exemplos de boas reflexões sobre a obra do escritor.

---

[40] A revitalização da crítica sobre a obra de João Antônio deve-se principalmente à organização do "Acervo João Antônio", na Faculdade de Ciências e Letras da Universidade Estadual Paulista em Assis, sob a coordenação das professoras Ana Maria Domingues de Oliveira e Tania Macêdo, e a republicação de algumas de suas obras pela editora paulistana CosacNaify, fatos que impulsionaram uma série de estudos acadêmicos, artigos e resenhas sobre o escritor que, de um modo geral, realçam seu valor no panorama da literatura brasileira.

[41] Essas expressões foram levantadas por Jane Christina Pereira em seu "Estudo crítico da bibliografia sobre João Antônio (1963-1976)". Dissertação de mestrado apresentada à FCL da UNESP/Assis em 2001, p. 74.

Um dos caminhos mais trilhados pelos críticos de João Antônio é justamente aquele que relaciona a origem humilde e mestiça do escritor, sua infância pobre vivida na zona oeste de São Paulo e sua convivência juvenil com a boemia paulistana às escolhas temáticas e formais que caracterizam sua produção literária. Já mencionamos a importância da experiência em suas criações artísticas. Retomamos agora esse viés para vincular as opções estéticas do autor ao olhar que ele aprendeu a desenvolver sobre a realidade.

A narrativa memorialística intitulada "Meus tempos de menino", que abre a coletânea *Dama do Encantado* (1996), última publicação do escritor, confirma a importância da experiência pessoal como fonte profícua a partir da qual ele molda a sua perspectiva e flagra as contradições sociais. Ao evocar nostalgicamente uma infância pobre e repleta de dignidade – tempo em que "a miséria não substituíra a pobreza"[42] –, o autor marca sua posição de classe e afirma a solidariedade como um valor autêntico, posto em prática pelas pessoas de então: "Nenhum de nós sabia dizer a palavra solidariedade. Mas, na casa de outro tio, o nosso tio Otacílio, criavam-se até filhos dos outros, e estou certo que o nosso coração era simples, espichado e melhor".[43] Sobre esse texto, afirma João Alexandre Barbosa:

> O texto "Meus tempos de menino", ao mesmo tempo que recupera liricamente um espaço e um tempo de marcada subjetividade, e não poderia ser diferente na medida em que a experiência pessoal da infância é intransferível, serve também como maneira de exibir para o leitor uma espécie de certidão de origens, familiares e de classe social, pela qual João Antônio é, por assim dizer, autorizado a abrir os caminhos pelos quais vai, em seguida, estabelecendo o roteiro de sua existência de escritor de ficção e jornalista.[44]

Escrito pelo menos dez anos antes, "Paulo Melado do Chapéu Mangueira Serralha", presente no livro *Dedo-duro* (1982), é outro texto claramente

---
[42] "Meus tempos de menino". In *Dama do Encantado*, op. cit., p. 22.
[43] Idem, p. 23.
[44] "A prosa de uma consciência". In *Dama do encantado*, op. cit., p. 11.

autobiográfico. Nele, na maturidade de seus quarenta e poucos anos, João Antônio traça seu percurso formativo, resgatando as origens familiares e explicitando sua base ética e literária. Destacamos aqui parte de seu discurso inflamado contra uma língua literária artificial, alheia ao universo das mazelas sociais com que sofre a população pobre. De seu ponto de vista, a literatura deveria sobretudo chocar as expectativas de seus leitores habituais:

> A verdade é que ando cansado desse landuá bem-comportado, asséptico e sem peleja, sem refrega, esporro, escorregão, enquanto a vida mesma é escrota, malhada, safada. Algumas coisas me aborrecem em largo e profundo – o que é diferente e bem. O buraco é um bocado mais embaixo. E o corpo humano tem nove buracos. Estou ainda enfarado do lado estético, que falar do feio com forma bonita é mais farisaísmo. Para que forma feitinha, comportada e empetecada; para que um ismo funcionando como penduricalho para falar as coisas caóticas e desconcertantes? Houvesse, de vez, uma escrita envenenada, escrachada, arreganhada. Nem me venham dizer os sabidos que a vida, aqui fora, fede de outro modo.[45]

Com a mesma irreverência com que habitualmente dava entrevistas ou proferia palestras, João Antônio critica aqui o abismo existente entre o academicismo literário e a dura realidade da vida. Defendendo uma escrita tão caótica e desconcertante como os próprios temas que ela aborda, o escritor confirma seu apreço por uma linguagem crua, afinada com a expressão dos dramas populares. A busca por essa dicção capaz de interpretar os problemas do homem urbano já estava esboçada desde o início da carreira do autor. Em carta de 1962 à amiga Ilka, João Antônio fala de sua ambição como intérprete de São Paulo:

> Tenho feito sondagens e pesquisas, que talvez me levem ao entendimento do "porquê" e "como" não possuímos ainda uma literatura paulistana tão de-

---

[45] "Paulo Melado do Chapéu Mangueira Serralha". In Dedo-duro. São Paulo: Círculo do livro, 1981, p. 84.

finida quanto e como a nordestina. E eu hei de descobrir o "porquê"! Alcancei algumas conclusões parciais e continuáveis – a ausência de uma linguagem paulistana, especialmente, e o desconhecimento por parte dos escritores do homem paulistano – a meu ver muito mais rico humana e espiritualmente, mais sofrido e dramático que quaisquer outros tipos brasileiros – e pelas mesmas razões, muitíssimo mais difícil e arisco e inacessível, literariamente. Homem difícil, fragmentado, prisioneiro de uma cidade de que em geral não gosta. Homem limitadíssimo, mal formado, piorado terrivelmente nesses últimos dez anos. Homem que não é covarde, mas a quem quase sempre falta coragem. Homem de transição e de solidão (repare nos bares cheios), cujo destino é desaparecer, dar lugar a um tipo mais concreto e de algum caráter.

E ele continua, aludindo à reescritura do conto "Malagueta, Perus e Bacanaço", cujos originais haviam sido queimados num incêndio que também destruíra sua casa dois anos antes, em agosto de 1960:

> Vou-lhe confessar que "Malagueta, Perus e Bacanaço", cuja refatura está me consumindo, é uma tentativa de encontrar uma linguagem paulistana de determinado grupo. Acredito, até agora, que se eu partir de um conhecimento verdadeiro do homem que vou trabalhar, das suas formas de comportamento aparente e inaparente, encontrarei a sua linguagem, literariamente. E maliciosamente evitando cacoetes e idiossincrasias típicas nordestinas (aperrear, mangar, vexar, por exemplo) estarei próximo de tal linguagem. E vislumbro, emocionado, que a linguagem paulistana para os problemas de São Paulo levará uma vantagem sobre a linguagem nordestina – problemas mais universais criam uma linguagem mais universal.
> O que você está achando dessas idéias, Ilka? [46]

O interesse de João Antônio pela cidade de São Paulo e por suas personagens desamparadas e solitárias e sua convicção de que ambos ainda não tinham recebido um tratamento à altura mobilizaram o trabalho do

---

[46] Carta a Ilka Brunhilde Laurito, cedida por Rodrigo Lacerda.

jovem escritor e, de algum modo, orientaram todo o seu percurso literário. Mesmo em algumas narrativas posteriores, que têm como cenário a cidade do Rio de Janeiro, percebe-se uma perspectiva e uma linguagem engendradas ainda nessa fase inicial – ou formativa –, que circunscreve a elaboração dos contos que compõem *Malagueta, Perus e Bacanaço* e da narrativa "Paulinho Perna Torta", finalizada em 1964.

Nessas duas obras, que consolidam o estilo do escritor, a preocupação com o "conhecimento verdadeiro do homem" a ser trabalhado ficcionalmente suplanta o que poderia ser apenas um registro superficial de suas atitudes e falas. Nesse sentido, uma interessante experimentação lingüística foi exercitada pelo autor que, através da utilização de recursos como a musicalidade e a incorporação de gírias, conseguiu fixar literariamente a dicção espontânea das ruas.

A identificação ideológica de João Antônio com o submundo da metrópole de certo modo entrava em choque com a sua própria condição de escritor, cuja produção destina-se principalmente a leitores pertencentes à classe média. Pode-se perceber isso em outro fragmento de "Paulo Melado do Chapéu Mangueira Serralha":

> Parece-me que onde se está abrindo com a frase: "Respeitável público!", talvez coubesse esta, assim: "Detestável público!" Afinal, deliberadamente ou não, o escriba é um servo da classe média. Então, não comece com floreio de brilhareco, pois estará entrando exatamente no joguinho que essa classe espera dele.[47]

Ocupando o incômodo lugar de "servo da classe média", sem possibilidades concretas de se comunicar de fato – ao menos literariamente – com os miseráveis que protagonizam os seus textos, o autor paulistano parece sofrer o impasse de sua condição social. Contra isso, o único remédio seria a fidelidade aos temas e à linguagem característica dessa população excluída: essa seria a melhor maneira de não "fazer o jogo" da classe a que ele jocosamente chamava de "mérdea".

---

[47] In *Dedo-duro, op. cit.*, pp. 84-5.

A dolorida consciência das limitações inerentes ao seu lugar social é um dos aspectos que aproxima João Antônio de Lima Barreto, homenageado constantemente nas dedicatórias de seus livros. Sobre essa admiração que o escritor paulistano sentia – e fazia questão de celebrar – pelo escritor carioca, observa João Alexandre Barbosa:

> Nenhum escritor é, talvez, mais adequado para aquilo que João Antônio sente e pensa como modelo de relações entre escritor, sociedade e país. Origens, formação tumultuada, estigma de raça, projetos entortados ou aniquilados pelas necessidades imediatas de sobrevivência, uma linguagem de turbilhão buscando representar o pingente social brasileiro, tudo em Lima Barreto parece responder, para João Antônio, a uma concepção de literatura em que (...) o dominante á a consciência aguda de sofrimento e angústia que a condição de escritor parece implicar.[48]

Vale registrar que, em 1970, João Antônio esteve internado por três meses no Sanatório da Muda, no bairro da Tijuca, Rio de Janeiro, para tratar-se do alcoolismo (Lima Barreto também vivera experiências semelhantes em 1914, 1916 e 1919). Nessa temporada, o escritor paulistano escreve "Casa de loucos" – conto-reportagem sobre o tratamento desumano que era reservado aos doentes mentais na instituição – e recolhe o depoimento de Carlos Alberto da Cunha, então com setenta e dois anos, que na mocidade fora diretor político do *Diário de Notícias* e conhecera de perto Lima Barreto. Esse depoimento vai culminar na obra *Calvário e porres do pingente Afonso Henriques de Lima Barreto* (1977), biografia entrecortada com fragmentos de obras do escritor carioca. Outro texto, intitulado "Romancista com alma de bandido tímido", presente em *Dama do Encantado*, faz uma comovente homenagem ao escritor carioca.

Num interessante ensaio intitulado "Lima Barreto personagem de João Antônio", Antonio Arnoni Prado também sublinha as convergências entre os dois escritores. Chama a atenção para a disponibilidade ideológica de ambos para o conflito, sua aversão pela academia e afirma que Lima Barreto

---

[48] "A prosa de uma consciência". In *Dama do encantado, op. cit.*, pp. 17-8.

inaugura uma incursão estética pela "melancolia da pobreza". Socialmente desajustado, o olhar inovador do escritor carioca reconhecer-se-ia, assim,

> na polifonia daquelas vozes sem nome de onde partem não apenas as sugestões de identidade e representação, mas sobretudo a cumplicidade de um narrador (ele próprio um excluído) que vê na escrita a única forma de acertar o passo consigo mesmo e com suas origens.[49]

Tal observação acerca do trabalho literário de Lima Barreto encontra eco no processo de escritura levado a cabo por João Antônio. Um certo espelhamento estabelecido entre autor-narrador-personagem nas histórias de ambos dá vazão a uma angústia de caráter existencial e expressa a sensibilidade e a ternura características daqueles que optam por aproximar-se dos excluídos.

Por fim, vale recuperar uma passagem do ensaio "Evocação de João Antônio ou do purgatório ao inferno", que dá uma chave importante para entendermos o fato de João Antônio ter se notabilizado como contista e abre possibilidades para perscrutarmos os sentidos assumidos pelo exercício desse gênero. Ao comentar as peculiaridades do estilo do escritor, afirma Flávio Aguiar:

> (...) A frase de João Antônio negaceia, revela e oculta seu sujeito e seu objeto, num jogo de claro-escuro que é a alma de seu estilo e de sua opção pelo conto: João Antônio não poderia ser um romancista, por exemplo. Seu estilo é adequado à forma catastrófica do conto, que conta sem contar, revela pelo que oculta, até o momento final, quando o desenho se completa e o segredo se revela.[50]

Ao optar pela representação literária intensiva – em oposição à representação extensiva que caracteriza o romance – João Antônio acabar por

---

[49] "Lima Barreto personagem de João Antônio". In *Remate de males*, op. cit., p. 154.
[50] "Evocação de João Antônio ou do purgatório ao inferno". In *Remate de males*, op. cit., p. 116.

expressar literariamente a intensidade característica das vivências que se dão à margem, descortinando o deslocamento psíquico e social dos atores da exclusão. Se considerarmos que a catástrofe é, por definição, um "evento que provoca um trauma" e que "trauma" é uma palavra grega que quer dizer "ferimento",[51] a "forma catastrófica do conto", nas palavras de Flávio Aguiar, marcada pelas cisões e contradições da linguagem, traduziria com eficiência as contingências traumáticas da experiência existencial e material dos marginalizados.

Teríamos, assim, uma homologia entre forma/estilo e matéria narrada. O tom dos contos de João Antônio geraria um movimento interno de significação capaz de ecoar o esgarçamento de identidades que, em última instância, são tributárias da injustiça generalizada que marcou nossa formação histórica e está presente nas mais diversas formas de organização social contemporâneas.

Para ampliarmos a noção de "trauma social", recorramos às palavras de Renato Janine Ribeiro, que localizam na desigualdade e na iniqüidade as causas principais da dor e do sofrimento a que os brasileiros – principalmente os brasileiros pobres – estão expostos:

> O Brasil, já o comentei em outro lugar, pode ser dito um país traumatizado. Ele jamais ajustou contas com duas dores terríveis, obscenas, a da colonização e a da escravatura. A condição colonial significou viver na mais franca heteronomia, sem o autogoverno que nas partes inglesas do continente então se praticava, e na mais decidida ignorância, sem o ensino universitário, que nas regiões hispânicas da América se ministrava, e tudo isso como uma terra destinada ao esgotamento de sua natureza vegetal e à exaustão de sua natureza mineral: sofreu, pois, a predação do invasor português. Já a escravatura desdobrou ou completou a obra da colonização: o fisicídio, se assim podemos chamar o assassinato da natureza, e a heteronomia colonial exigiram também que o trabalho fosse praticado sob o modo do esgotamento e da destituição, no caso, do negro africano. Ora, nosso problema não é apenas que cenas

---

[51] In *Catástrofe e representação* (org. NESTROVSKI, A. e SELIGMANN-SILVA, M.). São Paulo: Escuta, 2000, p. 8.

primitivas como estas se tenham produzido, e reiterado, ao longo de nossa história; é que elas nunca tenham sido realmente elaboradas e extirpadas de nosso caráter.[52]

Colonização, escravatura e, acrescentaríamos, modernização conservadora. Não restam dúvidas de que os processos que conformam nossa história fazem do Brasil um país traumatizado, caracterizado pela violência e pela segregação social. E o fato de a instabilidade vivida por aqueles que tentam sobreviver entre os pólos da ordem e da desordem, para frisarmos os termos de Antonio Candido, contaminar o próprio estilo dos textos escritos por João Antônio faz com que seus contos sejam porta-vozes dos dilemas fundamentais que nos caracterizam. Daí que seu discurso ficcional revele com tanta acuidade a dimensão do trauma que constitui a própria experiência histórica brasileira.

AS ESTÓRIAS DE LUANDINO VIEIRA

Para estabelecermos o lugar ocupado pela ficção escrita por Luandino Vieira no panorama da literatura angolana, é importante considerarmos o contexto literário das primeiras décadas do século XX, quando se delineia naquele país uma busca mais sistemática por formas próprias de expressão, capazes de singularizar a literatura produzida em – e sobre – Angola, diferenciando-a daquela perspectivada por um olhar essencialmente colonial.

Paulatinamente, o sentimento nativista que já aflorara em meados do XIX – lembremos, por exemplo, da consciência regional fixada em alguns dos poemas de *Espontaneidades de minh'alma – às senhoras africanas*, publicado por Maia Ferreira em 1849 – vai tomando corpo e, em diálogo com movimentos como o pan-africanismo e a negritude, conformando um sentimento nacionalista. Em termos de ficção romanesca, o início da busca pela angolanidade pode ser fixado em 1934, com a publicação

---

[52] "A dor e a injustiça" (prefácio). *In* COSTA, Jurandir Freire. *Razões públicas, emoções privadas*. Rio de Janeiro: Rocco, 1999, p. 11.

daquele que é considerado o romance inaugural do sistema literário angolano: *O segredo da morta (romance de costumes angolenses)*, escrito por Assis Jr.[53]

O sentido da afirmação identitária angolana – simultaneamente nacional e literária – dá-se em oposição a alguns pressupostos da dominação colonial, pautada em toda uma mitologia forjada com o intuito de justificar sua ação devastadora. Tornada extensão da civilização ocidental, cristã e branca, Angola, assim como outros territórios africanos, foi colonizada a partir da dicotomia civilização *versus* barbárie. Na prática, essa interferência européia gerou uma profunda desestruturação dos valores que sustentavam o universo africano.

Num texto dotado de grande expressividade, o escritor angolano Manuel Rui atesta o fim da harmonia existente entre homem e mundo operado com a invasão portuguesa. Dirigindo-se virtualmente ao agente colonizador, ele diz:

> Quando chegaste mais velhos contavam estórias. Tudo estava no seu lugar. A água. O som. A luz. Na nossa harmonia. O texto oral. E só era texto não apenas pela fala mas porque havia árvores (...). E era texto porque havia gesto. Texto porque havia dança. Texto falado ouvido visto. É certo que podias ter pedido para ouvir e ver as estórias que os mais velhos contavam quando chegaste! Mas não! Preferiste disparar os canhões.[54]

A postura arrogante e violenta do colonizador desqualificou não apenas o modo de vida das populações autóctones, mas o próprio homem que buscava dominar. Impondo uma ordem moralizante, o europeu atribuiu a si mesmo características como a nobreza, a coragem, a sensatez e a dinamicidade, enquanto que ao africano couberam qualidades negativas como a preguiça, a irresponsabilidade e, no extremo, a própria desumanidade. Para livrar-se dos preconceitos difundidos pelos portugueses e constituir-se com autonomia, a literatura nacionalista mobilizou

---

[53] Sg. CHAVES, Rita. *A formação do romance angolano*, op. cit., p. 21.
[54] "Eu e o outro – o invasor". *In Sim, camarada*. Cuba: Ediciones cubanas/UEA, 1985.

grande esforço de seus autores no sentido de desmontar a perversidade do discurso colonialista e de estabelecer uma dicção que, considerando as particularidades do universo oral – a tradição a que está vinculada a experiência cultural das populações africanas –, traduzisse as injustiças e os conflitos vividos pelos colonizados.

Aliás, merece registro o debate relacionado à utilização da língua portuguesa como língua literária nos países africanos colonizados por Portugal. Se, por um lado, seu uso é inevitavelmente relacionado à violência sofrida tão amiúde pelas populações autóctones, por outro, sua eficácia e alcance comunicativos são inegáveis. Esse dilema suscitou longas discussões entre intelectuais, escritores e também entre os estudiosos dessas literaturas.

Entretanto, se atentarmos às vozes de alguns dos escritores africanos mais significativos do universo de língua portuguesa, reconheceremos a legitimidade da apropriação lingüística operada pela literatura. Já é bastante conhecida a declaração de Luandino Vieira que afirmou ser a língua portuguesa um "troféu de guerra", pelo qual milhares de africanos morreram durante a Guerra de Libertação. Também Luís Bernardo Honwana, célebre escritor moçambicano, manifestou-se sobre a questão. Depois de proferir uma palestra numa universidade estadunidense, em 1979, foi provocado com a seguinte pergunta: "Agora que Moçambique é um país independente, por que vocês não abandonam o idioma do colonizador para falar e escrever na sua própria língua? Honwana respondeu, calma e convictamente: "A língua portuguesa é nossa também."[55]

O que parece estar em jogo, na escrita literária, é o nível de consciência na utilização da língua imposta. Os sentidos assumidos pelo português, quando trabalhado numa perspectiva descolonizada, são capazes de subverter os signos da opressão veiculados por tantos séculos. Essa consciência nacionalista se avulta em meados do século XX, com a organização de associações sociais, culturais e desportivas através das quais se engendravam ações políticas emancipatórias.

---

[55] Sg. HAMILTON, Russell. "A literatura dos PALOP e a teoria pós-colonial". In Revista Via Atlântica, n º3. São Paulo: Área de Estudos Comparados de Literaturas de Língua Portuguesa/ USP, 1999, p. 17.

Podem ser considerados como espaços de reflexão e de contestação da ordem colonial, por exemplo, a "Casa dos Estudantes do Império" (CEI), localizada em Lisboa, que nas décadas de 40 e 50 agregou estudantes africanos em Portugal e foi responsável por importantes iniciativas editoriais como o boletim *Mensagem*; a "Associação dos Naturais de Angola" que, em 1951, inicia a publicação da revista *Mensagem – a voz dos naturais de Angola* e a "Sociedade Cultural de Angola" que reinicia, em 1957, a publicação do jornal *Cultura*, que havia sido fundado em 1945.[56]

Dessa tomada crescente de consciência nacionalista – para a qual contribuiu a leitura de obras brasileiras de poetas modernistas e da ficção produzida pelos chamados regionalistas de 30[57] –, participaram fundamentalmente intelectuais e escritores identificados com a causa de libertação nacional. Nesse momento, a consolidação do sistema literário angolano converge, então, para o esboço de um projeto político revolucionário, inscrevendo nas letras a liberdade que se almejava para o país.

No período pré-revolucionário, no período que abarcou a Guerra de Libertação (1961-1975) e nos primeiros anos do pós-independência, ou seja, nas décadas de 50, 60 e 70, o imaginário social veiculado pelos textos literários produzidos pelos escritores engajados buscaram atualizar os valores autóctones e afirmar sobretudo a possibilidade de conscientização de angolanos e angolanas como sujeitos históricos. A literatura elaborou, assim, a partir de elementos da tradição popular, da memória e da vivência pessoal dos autores, um discurso essencialmente comprometido com a transformação, forjado a partir de uma representação idealizada da coletividade que a mobilizava e imprimia sentido a seu devir histórico. É nessa perspectiva que se impõe a compreensão das narrativas – contos e romances – escritas por Luandino Vieira.

---

[56] Sg. EVERDOSA, Carlos. *Roteiro da literatura angolana*. Lisboa: Edições 70, 1979, pp. 91-131.
[57] Inúmeros estudos têm demonstrado a importância da literatura brasileira nos contextos nacionalistas africanos. Dentre eles, destacamos, por seu caráter pioneiro, "A emergência das literaturas africanas de expressão portuguesa e a literatura brasileira" (*In* TRIGO, S. *Ensaios de literatura comparada afro-luso-brasileira, op. cit.*, pp. 35-52) e "Ecos do modernismo brasileiro (entre africanos)" (*In* SANTILLI, M. Ap. *Africanidade*. São Paulo: Ática, 1985, pp. 25-30).

Em relação aos contos, é importante mencionar que eles são propositalmente nomeados como "estórias" pelo autor, já que guardam uma relação profunda com o universo da oralidade. Vale dizer que o termo "estórias", que designa narrativas de cunho tradicional e popular, já havia sido utilizado pelo brasileiro Guimarães Rosa e, posteriormente, também foi escolhido pelo escritor moçambicano Mia Couto para qualificar os seus contos.

Como bem apontaram pesquisadoras como Maria Aparecida Santilli, Tania Macêdo e Carmen Lucia Tindó Secco, os três escritores – Guimarães Rosa, Luandino Vieira e Mia Couto – aproximam-se pelo fato de criarem uma linguagem inovadora, que amalgama aspectos do português padrão a formas espontâneas da oralidade praticada pelas populações marginalizadas enfocadas em seus textos.[58] O resultado dessa mistura é a expressão de uma lógica que revela um modo de ser e de ver o mundo característico de sujeitos que se encontram em profunda tensão com as normas da civilização moderna.

É fato que o repertório e a perspectiva que sustentam a obra de Luandino Vieira estão essencialmente marcados por sua vivência infantil nos musseques, bairros populares luandenses, em fins da década de 30 e início da década de 40. Na percepção do próprio autor, viver na "margem africana" da maior cidade angolana teria sido fundamental para forjar sua consciência política:

> Tudo isso [as contradições sociais, o preconceito, as diferenças culturais entre as tradições africanas e européias], em criança, fui vivendo e mais tarde fui relatando. Isso me deu a riqueza – o que eu penso ser a riqueza – de uma experiência que se prolongou até aos dez, doze anos e que serviu para a aquisição de

---

[58] Cf. SANTILLI, M. Ap. "João Guimarães Rosa e José Luandino Vieira, criadores de linguagens". In Paralelas e tangentes entre literaturas de língua portuguesa. São Paulo: Área de ECCLP/ USP; Editora Arte e Ciência, 2003, pp. 91-108; MACÊDO, T. "Os rios e seus (dis)cursos em Rosa, Luandino e Mia Couto" (pp. 95-105) e "Cantos do sertão e do musseque"(pp. 107-116). In Angola e Brasil: estudos comparados. São Paulo: Área de ECLLP/ USP; Editora Arte e Ciência, 2002; SECCO, C. L. T. "Luandino Vieira e Mia Couto – intertextualidades..." (pp. 44-53) e "O mito da criação em Luandino e Guimarães" (pp. 70-7). In A magia das letras africanas. Rio de Janeiro: ABE Graph Editora; Barroso Produções Editoriais, 2003.

valores culturais africanos, valores populares angolanos, que continuamente a margem africana da cidade estava elaborando, e que, depois, no liceu, quando chegou a idade em que eu comecei a ler outras coisas, fui interpretando de outro modo, e que foram realmente o germe de minha consciência política.[59]

Seja através do exercício do conto ou do romance, a opção de Luandino Vieira por ficcionalizar os desafios vividos pelos marginalizados que habitam a periferia de Luanda permite inseri-lo num conjunto de escritores – no qual se inserem também Antonio Cardoso, Arnaldo Santos, Jofre Rocha, entre outros – responsável pela produção do que Tania Macêdo chamou de "prosa do musseque".[60]

Segundo a autora, durante cerca de quinze anos – do início dos anos 50 até meados dos anos 60 – essa prosa fixaria um modelo espacial – o musseque – de grande importância para a consolidação do sistema literário angolano, transformando-se numa linha de força ainda dinamizadora de parte da produção literária mais contemporânea. Esse período corresponderia a um amadurecimento do projeto revolucionário do MPLA, que vai aprimorando seu discurso e enfrentando, na prática, a luta contra o colonizador.

Termo que em quimbundo significa "areia vermelha", o musseque pode ser compreendido fundamentalmente como "o espaço dos marginalizados que servem de reserva de mão-de-obra barata ao crescimento colonial".[61] Mundo precário, que apresenta escassas condições de habitação e higiene, o musseque agregaria os "deserdados da sociedade, com uma percentagem importante de gente vinda do campo recentemente, desempregados ou vivendo de salários baixíssimos, a maior parte subsistindo graças a biscates ou sub-ocupações do terciário".[62] É justamente nesse espaço que floresce uma intensa vida social, configurando-se num foco cultural de grande importância.

---

[59] LABAN, M. et alli. Luandino. José Luandino Vieira e a sua obra, op. cit., pp. 13-4.
[60] In "Da fronteira do asfalto aos caminhos da liberdade (imagens do musseque na literatura angolana contemporânea)". Tese de doutoramento apresentada ao DLCV da FFLCH-USP em 1990.
[61] PEPETELA. Luandando. Porto: Elf Aquitaine Angola, 1990, p. 103.
[62] Idem, p. 105.

O potencial de resistência dos habitantes dessa periferia mestiça foi vivamente salientado pela ficção de Luandino Vieira. Vale registrar que, afastados do centro, os musseques também funcionavam como guetos que mantinham as populações africanas longe dos brancos mais ricos que habitavam a parte central da cidade, denominada de Baixa. Uma das estórias do escritor, intitulada "A fronteira do asfalto" e publicada em *A cidade e a infância*, trata justamente da acentuada divisão entre periferia e centro, negros e brancos, pobres e ricos na cidade de Luanda. Lembremos que em seu desfecho, Ricardo, o jovem morador do musseque, morre no meio-fio ao tentar falar com Marina, a menina de tranças loiras que habitava o asfalto. A interdição do mundo branco aos africanos e, no limite, a impossibilidade de diálogo entre universos ideologicamente conflitantes são simbolicamente retratadas pela narrativa.

Já dissemos que, no conjunto da produção de Luandino Vieira, *Luuanda* merece ser destacada. De fato, trata-se de uma obra de transição, que estabelece uma ponte entre as primeiras narrativas, de caráter mais simplificado – nas quais as personagens, de inquestionável integridade moral, equivalem a entidades sociais –, e as narrativas da fase mais madura, nas quais as personagens apresentam maior ambigüidade, já que sua dimensão subjetiva é bastante valorizada.

Nessas narrativas da segunda fase, além de haver uma modificação na configuração dos protagonistas, observa-se também uma transformação na perspectiva do narrador que, paulatinamente, abandona a perspectiva da onisciência para abrir maior espaço para que as personagens construam suas falas e suas versões sobre os conteúdos narrados. Desse modo, o narrador renuncia o seu papel de intérprete privilegiado dos fatos enunciados e a polifonia torna-se marca constitutiva das narrativas. Nas palavras de Virgínia Maria Gonçalves, trata-se de um "narrador que aprendeu a interrogar e interrogar-se".[63]

No plano lingüístico, também a partir de *Luuanda* a própria estrutura textual é fortemente impregnada pelas "marcas da terra", que deixam de

---

[63] In "Os arquétipos e a ruptura dos estereótipos na produção literária de Luandino Vieira". Tese de doutoramento apresentada ao DLCV da FFLCH-USP em 1986, p. 150.

ser somente tema para atuarem profundamente na forma das narrativas.[64] Lembremos que, na década de 60, quando grande parte da população angolana não era alfabetizada em português e a dominância das culturas tradicionais, mesmo num centro como Luanda, era muito mais forte do que hoje, era grande a variação do português metropolitano, misturado aos falares característicos das línguas nacionais. Assim, formas do quimbundo – língua falada na região de Luanda e que, juntamente com o umbundo e o quicongo, conforma as três principais línguas nativas – são misturadas a formas do português normativo, modelando uma linguagem híbrida de grande potencial expressivo.

Virtualidades, associações imprevistas, alterações na estrutura da frase, incorporação do léxico quimbundo. A recriação lingüística operada por Luandino Vieira aposta numa leitura essencialmente dinâmica, em que o leitor é também intérprete da matéria narrada, atuando quase como co-autor das estórias. Isso significa fundamentalmente a decodificação da lógica das populações autóctones, já que ela passa a presidir a ação narrativa. Ao apreender a dicção típica das populações marginalizadas, o leitor compartilha da "cartilha do musseque",[65] o que significa conhecer de perto a realidade dos oprimidos e posicionar-se em relação à luta por sua libertação.

Ao justificar o "desvio da norma" em suas estórias, o próprio Luandino afirma:

(...) penso que o primeiro elemento da cultura angolana que interferiu com a escrita, segundo a norma portuguesa, foi a introdução da oralidade luandense no meio do discurso da norma portuguesa... mas depois, quando entramos na luta política pela independência do país, que foi feita em nome das camadas que não tinham voz – e se tivessem não podiam falar, e se falassem não falariam muito tempo... –, foi aí que os escritores angolanos resolveram dar

---

[64] Sg. CHAVES, Rita. "José Luandino Vieira: consciência nacional e desassossego", *op. cit.*, p.79.
[65] Termo utilizado pelo narrador de "Cangundos, verdianos, santomistas, nossa gente", estória de Luandino Vieira publicada em *Macandumba* (Lisboa: Edições 70, 1997, p. 104).

voz àqueles que não tinham voz e, portanto, escrever para que se soubesse o que era o nosso país, se soubesse qual era a situação do país e, desse modo, interferirem de maneira a modificarem essa situação...[66]

Sobre a elaboração de *Luuanda*, o escritor é ainda mais contundente ao relacionar elaboração discursiva e resistência política:

E como estávamos numa fase de alta contestação política – e um dos elementos dessa contestação política do colonialismo era afirmar a nossa diferença cultural, mesmo na língua –, um bichinho qualquer soprou-me a dizer-me: "Por que é que tu não escreves em língua portuguesa de tal maneira que nenhum português perceba!"
Foi desta maneira que escrevi essas três estórias do *Luuanda*, de tal maneira que se um português de Portugal lesse, percebesse todas – ou quase todas – as palavras e dissesse que era português e, depois, dissesse ao mesmo tempo: "Não percebo nada disto!" Foi alguma coisa de deliberado, de provocatório, e por isso, essas três estórias não resistiram ao tempo.[67]

Escrever em língua portuguesa e ao mesmo tempo não ser compreendido por um português: tal foi o desafio proposto por Luandino Vieira ao conceber *Luuanda*. O resultado dessa tarefa, ao contrário do que afirma modestamente o autor, não foi o perecimento da obra, mas a afirmação de sua grandeza. Ao buscar a diferenciação da língua da metrópole, o escritor encontra um caminho expressivo bastante original, realizando uma mescla lingüística que inscreve sua obra entre as grandes obras escritas em língua portuguesa.

O processo de busca por uma dicção angolana realmente autêntica leva Luandino a encontrar parentesco entre o seu trabalho e os textos de Guimarães Rosa. Em diversos depoimentos e entrevistas, o escritor afirma a importância da leitura do autor brasileiro no que tange aos seus

---

[66] *In* "Um escritor confessa-se...". Entrevista de Luandino Vieira publicada no *Jornal de Letras, Artes e Idéias*, de Lisboa, em 9/5/89, p. 10.
[67] *Idem*, p. 10.

próprios processos de criação lingüística. Sobre a apreensão que realiza de *Sagarana*, por volta de 1963, declara:

> E então aquilo foi para mim uma revelação. Eu já sentia que era necessário aproveitar literariamente o instrumento falado dos personagens, que eram aqueles que eu conhecia, que me interessavam, que reflectiam – no meu ponto de vista – os verdadeiros personagens a pôr na literatura angolana. Eu só não tinha ainda encontrado era o caminho. (...) Eu só não tinha percebido ainda, e foi isso que João Guimarães Rosa me ensinou, é que um escritor tem a liberdade de criar uma linguagem que não seja a que os seus personagens utilizam: um homólogo desses personagens, dessa linguagem deles.[68]

A "revelação" de que fala Luandino Vieira talvez deva ser compreendida em termos de "confirmação". Afinal, quando o escritor leu *Sagarana*, ele havia concluído a sua "Estória do ladrão e do papagaio", narrativa central de *Luuanda*, em que já se observa uma recriação lingüística notável.[69] Por isso, em vez de influência, talvez possamos pensar em confluência entre a escrita dos dois autores: ambos, com a intenção de reelaborar a linguagem de sujeitos que se situam à margem das normas sociais impostas, empenham-se em realizar um intenso trabalho de oralização do discurso escrito. Guardadas as diferenças contextuais de produção e as especificidades de cada projeto estético-ideológico, os discursos dos dois escritores convergem na medida em que operam o resgate de culturas locais e marginais através da utilização inventiva da linguagem.

Uma das singularidades da obra produzida por Luandino Vieira repousa justamente na convicção que a sustenta: a de que o texto literário deveria afirmar a grande diferença cultural angolana a partir da qual a autodeterminação e a independência poderiam ser reivindicadas. Nesse sentido, a elaboração discursiva de suas estórias dá-se em função de

---

[68] LABAN, M. *et alli. Luandino. José Luandino Vieira e a sua obra, op. cit.*, p. 27.
[69] Sg. depoimento do próprio autor *in* "Um escritor confessa-se...", *op. cit.*, p. 10.

um projeto político bastante claro. Num período tenso e convulsionado, a luta em curso deixa em aberto novas possibilidades de configuração social. Daí que a marginalidade social ficcionalizada pelas narrativas do autor angolano deva ser vista como conseqüência conjuntural, já que é decorrência de uma situação de opressão tida como transitória.

Diferentemente do que se verifica nos textos de João Antônio, em que a marginalidade social é encenada como aspecto estruturante da realidade brasileira, observa-se na obra de Luandino Vieira a representação de um universo político-social instável, passível de ser transformado através de um posicionamento revolucionário: o fim do colonialismo e a utopia de uma Angola livre, justa e democrática presentificam-se nas estórias de *Luuanda*.

Capítulo IV

Marginalidade e desencanto em *Malagueta, Perus e Bacanaço*

Preso à minha classe e a algumas roupas,
vou de branco pela rua cinzenta.
Melancolias, mercadorias espreitam-me.
Devo seguir até o enjôo?
Posso, sem armas, revoltar-me?
(Carlos Drummond de Andrade)

Os contos de *Malagueta, Perus e Bacanaço*[70] são dedicados a quatro pessoas: ao escritor Afonso Henriques de Lima Barreto, referido como "pioneiro", aos literatos Paulo Rónai e Mário da Silva Brito, espécie de "padrinhos literários" que se empenharam para que os livros de João Antônio fossem publicados, e a Daniel Pedro de Andrade Ferreira, seu único filho, destinatário da dedicatória de vários outros livros do pai.

---

[70] Utilizaremos a quarta edição publicada pela editora carioca Civilização Brasileira em 1976.

Antes de a obra chegar à forma final, publicada em 1963, seu arranjo passou pelo menos por duas versões diferentes, nomeadas também por dois outros títulos: primeiramente "Meninão do caixote" e depois "Aluados e cinzentos", adjetivos que o autor dizia caracterizar bem os malandros Malagueta, Perus e Bacanaço.[71] Observe-se, entretanto, que nas três versões diferentes a organização das partes que compõem o livro mantém a mesma ordem: "Contos gerais", "Caserna" e "Sinuca". Tal fato nos leva a considerar que, desde o início da concepção da obra, João Antônio já tinha decidido de que modo o volume seria constituído.

Assim, na versão definitiva, seus nove contos, que progressivamente vão se tornando mais complexos, apresentam-se divididos em três seções: "Contos gerais", que engloba "Busca", "Afinação da arte de chutar tampinhas" e "Fujie"; "Caserna", com "Retalhos de fome numa tarde de G.C." e "Natal na cafua"; "Sinuca", que nomeia a última parte que contém "Frio", "Visita", "Meninão do caixote" e o próprio "Malagueta, Perus e Bacanaço".

De todo o conjunto, seis contos são narrados em primeira pessoa e apenas três em terceira. Neste último caso, a presença do discurso indireto livre é tão recorrente que pode-se afirmar que em todo o livro a realidade marginal é enfocada praticamente pelos olhos dos próprios marginais e também definida por suas próprias palavras. Nas histórias em que o narrador em terceira pessoa organiza a narrativa – "Retalhos de fome numa tarde de G.C.", "Frio" e "Malagueta, Perus e Bacanaço"–, seu ponto de vista se afina completamente com o dos protagonistas, favorecendo a explicitação dos dilemas vividos por ele.

Há uma forte relação entre os contos de cada uma das três partes e também entre todos os contos do livro. Em termos temáticos, essa unidade é dada, como já se disse, pela recorrência de personagens e situações marginais. Apresentando fatos rigorosamente comuns, os textos revelam o funcionamento de uma formação social em profundo conflito com as normas da civilização contemporânea. Vale enfatizar que os contos refe-

---

[71] As três versões do índice do livro se encontram no "Acervo João Antônio".

rem-se a São Paulo em meados do século passado, em acelerada transformação social e cultural. Nas décadas de 40 e 50, o proletariado – classe social urbana que se consolida nas primeiras décadas do século XX –, aumenta e empobrece. De fato, verifica-se, paralelamente ao inchaço e à "modernização" das cidades, que têm seu auge no governo de Juscelino Kubitschek (1956-1961), um acentuado crescimento na taxa de exploração da força de trabalho e uma conseqüente perda do poder aquisitivo dos trabalhadores urbanos. Como conseqüência, um numeroso "exército de reserva", formado por gente desempregada ou subempregada, acumula-se na periferia das grandes cidades.

Mais uma vez – lembremos da onda de modernização ocorrida na virada do século XX – o "progresso" se dá às custas da marginalização social. Refletindo sobre essa situação, diz Chico de Oliveira que

> nada disso é uma adaptação darwinista às condições rurais e urbanas do processo da expansão capitalista no Brasil, nem "estratégias de sobrevivência", para uma certa antropologia, mas basicamente as formas irresolutas da questão da terra e do estatuto da força de trabalho, a subordinação da nova classe social urbana, o proletariado, ao Estado, e o "transformismo" brasileiro, forma da modernização conservadora, ou de uma revolução produtiva sem revolução burguesa. (...) O subdesenvolvimento viria a ser, portanto, a forma da exceção permanente do sistema capitalista na sua periferia.[72]

Um projeto nacional emancipador, que estivesse ancorado na reforma agrária e na liquidação da alta exploração do trabalho, por exemplo, nunca esteve nos horizontes das elites brasileiras. Ao contrário, "esta voltou as costas à aliança com as classes subordinadas, ela mesma já bastante enfraquecida pela invasão de seu reduto de poder de classe pela crescente internacionalização da propriedade industrial."[73] Desse modo, a consolidação de nossa economia nos termos da "dupla articulação", formulada por

---

[72] "O ornitorrinco". In Crítica à razão dualista / O ornitorrinco. São Paulo: Boitempo, 2003, pp. 130-1.
[73] Idem, p. 132.

Florestan Fernandes, ou seja, da articulação do desenvolvimento desigual interno com a dominação imperialista externa,[74] gerou simultaneamente formas típicas de dominação burguesa e formas típicas de exclusão social. No contexto perverso da modernização conservadora flagrado por João Antônio, os pobres podem assumir um dos dois papéis que são paradigmáticos de uma mesma condição de exclusão: o de otário ou o de malandro. Os otários – termo utilizado no universo da malandragem – são os trabalhadores que se submetem às regras que regulamentam o mundo do trabalho, vivendo de acordo com as normas instituídas, enquanto que os malandros sobrevivem no mundo da "viração", transgredindo essas mesmas normas. Como veremos nos contos, tanto os otários como os malandros, embora tenham uma conduta e uma inserção social completamente diferentes, vivem os impasses inerentes à sua condição marginalizada: diante de uma situação de opressão que engloba a todos, o conflito e a angústia são generalizados.

Voltando à composição de *Malagueta, Perus e Bacanaço*, é possível afirmar que a unidade da obra é dada por um tom geral que perpassa todas as narrativas, marcado pela objetividade e por uma dureza de estilo que confere destaque ao real, representado de maneira profundamente convincente. Outro dado relevante relacionado à organicidade do livro diz respeito a uma espécie de trajetória delineada pelas personagens centrais das histórias. Essa trajetória se inicia com a peregrinação do protagonista em "Busca" – observe-se o sugestivo título do conto – e culmina na última narrativa, que parece (des)coroar o árido caminho percorrido pelos três malandros. Assim, é como se todas as personagens centrais – oprimidas angustiadas, divididas, insatisfeitas, frustradas –, fizessem parte de um mesmo percurso. Vale salientar que não há uma progressão propriamente dita nessa busca por completude: as jornadas das personagens parecem nunca chegar ao fim, renovando-se incessantemente.

Assim, vivendo permanentemente em crise, os protagonistas que figuram nos nove contos não adquirem nenhum conhecimento novo sobre si ou sobre o mundo depois de experienciarem suas buscas. Nesse sentido,

---

[74] Sg. FERNANDES, Florestan. *A revolução burguesa no Brasil. Ensaio de interpretação sociológica.* Rio de Janeiro: Zahar Editores, 1975, p. 300.

podem ser aproximados dos protagonistas típicos dos romances categorizados por Georg Lukács, em *A teoria do romance*, como pertencentes ao "romantismo da desilusão".

Focalizando o indivíduo problemático, em estado de "rebelião", o jovem Lukács discute, em seu célebre estudo sobre as formas da épica, o drama da hegemonia burguesa e da dissolução do sentido na modernidade. Sua perspectiva crítica sobre a decadência da civilização européia permitiu que ele flagrasse, nas personagens do "romantismo da desilusão", "a tendência de esquivar-se de lutas e conflitos externos, e não acolhê-los, a tendência de liquidar na alma tudo quanto se reporta à própria alma."[75]

Evidenciar-se-iam, então, nessa forma romanesca, criaturas cujos estados de ânimo se deparam com um mundo exterior atomizado ou amorfo, vazio de todo o sentido: "é um mundo plenamente regido pela convenção, a verdadeira plenitude do conceito de segunda natureza: uma síntese de leis alheias ao sentido, nas quais não se pode encontrar nenhuma relação com a alma."[76]

Personagens passivas imersas num mundo vazio de significado: essa seria a síntese dos traços que singularizam o "romantismo da desilusão". Trata-se, no fundo, de uma formulação estética para uma postura ética:

> O problema estético, a transformação de estado de ânimo e reflexão, de lirismo e psicologia em autênticos meios de expressão épicos concentra-se, por isso, em torno do problema ético básico, da questão da ação necessária e possível. O tipo humano dessa estrutura anímica é em sua essência mais contemplativo que ativo: sua configuração épica, portanto, depara-se com o problema de como esse recolhimento-em-si ou essa ação hesitante e rapsódica é capaz de converter-se em atos.[77]

Tomadas por um sentimento de fatalidade, as personagens características do "romantismo da desilusão" apresentam um postura "lírico-

---

[75] *In A teoria do romance*. São Paulo: Duas Cidades; Ed. 34, 2000, p. 118.
[76] *Idem*, p. 119.
[77] *Idem*, p. 122.

subjetiva" diante dos acontecimentos. Se, por um lado, são capazes de perceber os desajustes da realidade, por outro – devido a seu estado de ânimo – sentem-se incapazes de nela interferir, vivenciando um sentimento de profundo fracasso:

É o estado de ânimo do romantismo da desilusão que porta e alimenta esse lirismo. Uma sofreguidão excessiva e exorbitante pelo dever-ser em oposição à vida e uma percepção desesperada da inutilidade dessa aspiração; uma utopia que, desde o início, sofre de consciência pesada e tem certeza da derrota.[78]

Embora *Malagueta, Perus e Bacanaço* seja um livro de contos, é possível traçar um paralelo entre as personagens centrais de suas narrativas e as personagens características dos romances do "romantismo da desilusão". A configuração dos protagonistas da obra de João Antônio, ou seja, seus traços psicológicos e suas ações, bem como a relação que eles estabelecem com o mundo concreto, afirmam sua afinidade com os protagonistas dessa tipologia narrativa. Equilibrando-se entre a norma e a infração, eles vivem em profunda desarmonia com as convenções sociais e não conseguem vislumbrar qualquer saída plausível para seus dilemas. São personagens profundamente melancólicas, como verificaremos a seguir.

Para averiguar alguns dos principais sentidos suscitados por cada um dos contos que compõem o livro, bem como pelo seu conjunto, começaremos nossa análise a partir dos "Contos gerais".

"CONTOS GERAIS" OU A ANGÚSTIA DOS OTÁRIOS

As três histórias de "Contos gerais", narradas em primeira pessoa, giram em torno do universo de personagens que podem ser designadas como proletárias. De fato, trata-se de gente simples, que vive com a parca remuneração obtida através da venda de sua força de trabalho. De um modo geral, pode-se dizer que as pessoas que pertencem a esse segmen-

---
[78] Idem, p.122.

to social aspiram ao "aburguesamento", buscando aparentar índices que afirmem sua inserção no universo típico da classe média, e temem a perda de poder aquisitivo, que poderia rapidamente levá-las a um estado de miséria. Não é isso, porém, o que acontece com os protagonistas das narrativas de "Contos gerais".

As personagens que protagonizam os três contos são "otários" que rejeitam os valores burgueses cultivados por seu meio social e sofrem de uma insatisfação profunda advinda de uma certa consciência que possuem acerca das contradições sociais e das limitações inerentes ao lugar social que ocupam. São personagens masculinas que, ao sofrerem a experiência do deslocamento psíquico e ou social, acabam por ser porta-vozes da angústia daqueles que não incorporam a ideologia burguesa, pautada em valores como o trabalho e a família.

Vale dizer que o conto "Fujie", que encerra essa primeira parte, é certamente uma história que, à primeira vista, parece destoar do conjunto do livro. Por centrar-se no tema do adultério, a narrativa não apresenta tão ostensivamente a problemática social que perpassa os outros textos do volume. Assim, é até curioso pensar que há uma coincidência na homofonia existente entre o título, que se refere ao nome próprio de uma personagem de origem japonesa, e a primeira pessoa do pretérito perfeito do verbo fugir – "Fujie" e "fugi" –, sugerindo uma "fuga" ou desvio da narrativa do restante dos contos que compõem a obra. Entretanto, em nossa hipótese de leitura, essa "fuga" empreendida por João Antônio é só aparente, já que, como veremos adiante, um dos principais sentidos desse conto reside justamente – e mais uma vez – na formulação de uma tensão entre norma e conduta.

"Busca"

Conto curto, de pouco mais de cinco páginas, "Busca" é inaugurado com a fala da mãe do narrador-protagonista: "Vicente, olha a galinha na rua!" (p. 11). Logo nas primeiras linhas, sem rodeios, deparamos-nos com as marcas do universo sócio-cultural das personagens – a fala simples, a criação caseira de galinhas, a lavagem de roupa no tanque. E a atitude da mãe, que insiste em trabalhar num domingo à tarde, marca uma divisão social do trabalho que atribui à mulher a manutenção material e emocional do espaço doméstico.

Depois de botar a galinha para dentro do portão e de carregar um balde de água, Vicente, homem solteiro, chefe de solda numa oficina, e em cuja cabeça já começavam a apontar os primeiros cabelos brancos, sai para andar a pé pelas ruas de São Paulo. Perambulando pela cidade, Vicente rememora episódios vividos e quase toda a diegese construir-se-á a partir de sua perspectiva memorialista. Nós, leitores, ao acompanharmos a deambulação do protagonista – pela Lapa, pelo Piqueri – acompanhamos também os seus pensamentos que resgatam passagens da juventude e da vida adulta.

Desse modo, através das lembranças da personagem, ficamos sabendo que, quando jovem, Vicente era boxeador e, numa luta mais violenta, fora atingido no fígado, operado e tivera que parar de lutar:

> Não continuei. Deixei o ringue, larguei uma vontade que trazia desde moleque e que era tudo (...). Minha vida sem aquilo acabaria. Eu estava naquilo desde moleque, não podia deixar. (...)
> Ah, no tempo de rapaz, quando no Nacional! Eu era outra pessoa! (p. 14)

O boxe configura-se, nessa passagem, como possibilidade de ação e de realização pessoal. Como discutiremos mais adiante, as lutas esportivas possuem um significado essencial para os "otários" que protagonizam os primeiros contos do livro, apresentando-se como válvula de escape para eles extravasarem sua agressividade e competitividade.

A "mania de andar" de Vicente, como ele próprio a denomina, está ligada a uma "busca" iniciada desde o falecimento do pai. Vejamos:

> Desde que papai morreu, esta mania. Andar. Quando venho do serviço, num domingo, férias, a vontade aparece. (p. 12)
> Mas por dentro estava era triste, oco, ânsia de encontrar alguma coisa.(p. 15)
> Procurava alguma coisa na tarde. O vento esfriou. Não sabia bem o que, era um vazio tremendo. (p. 15)

Mas o vazio não passaria. Comer alguma coisa, botar o paletó. Andar de novo. (p. 16)

Relacionada à morte paterna, a "mania" de Vicente pode ser compreendida como uma busca por preencher o vazio simbólico causado por sua ausência. Em vez de perpetuar as atitudes do pai e, num certo sentido, assumir o seu lugar social – casar, ter filhos, tornar-se um "chefe de família" –, Vicente parece entregar-se à procura incessante de uma outra identidade. Identidade essa que, de fato, ele não encontra. E, embora reconheça que recomeçar os passeios familiares outrora realizados pudesse alentar seus dias, a opção do homem é simplesmente por perambular pela cidade.

Em sua andança, por duas vezes Vicente depara-se com crianças na rua, demonstrando grande carinho por elas:

> A bola de borracha subia e descia no muro. Um menino veio. O que eu adoro nesses meninos são os cabelos despenteados. Chutei-lhe a bola, que ela corria pra mim. Transpirava, botou a mão no ar agradecendo.
> - Legal!
> Ele disparou, vermelho de sol. (p. 13)

> Uma criança passou-me, deu-me um tapinha no joelho. Achei graça naquilo, tive vontade de brincar com ela. Ficamos nos namorando com os olhos. Ela se chegou, conversamos. Perguntei essas coisas que se perguntam às crianças. Em que ano do grupo está, quantos anos tem, gosta daquilo, disto... O sorveteiro com o carrinho amarelo. Paguei-lhe um sorvete de palito, e ficamos eu e a menina até os aventais muito brancos da empregada surgirem na praça. (p. 15)

A ternura demonstrada por Vicente revela uma dimensão sensível da personagem e, em termos da escrita literária, faz com que o texto adquira maior intensidade lírica. Vale dizer que, significativamente, o protagonista admira nas crianças justamente o traço que aponta para a desordem, a infração: "O que eu adoro nesses meninos são os cabelos despenteados" (p. 13). E, embora as crianças sejam capazes de mobilizar seu lado mais terno, Vicente não aventa a possibilidade de se casar com Lídia, a vizinha "direitinha", pré-escolhida por sua mãe, e ter os seus próprios filhos:

(...) Lídia... Por que diabo essa menina cismou comigo? Vive de olhadelas, risinho, convite para festa de casamento. Pequenina, jeitosa. Mamãe e ela se dão muito. Lá com suas costuras e arrumações caseiras. Eu não quero é nada. (p. 12)

Vicente rejeita, assim, alguns dos valores burgueses hegemônicos que são defendidos e postos em prática pela grande maioria das pessoas que pertencem à sua classe social. Em termos de sua vida pessoal, recusa-se a casar, ter filhos e constituir família. E, em sua vida profissional, despreza os vários funcionários da oficina que dele se aproximam devido a seu posto de chefe, condenando as adulações que não raramente movem as pessoas em seu ambiente de trabalho:

(...) Pensei com raiva nos sujeitos que me bajulam na oficina. Tontos! A prática que tenho, terão também se quiserem. Mas ficam é com amabilidades falsas, favores bobos – "tenha a bondade", "Vicente, só você pode resolver". Murmurei entre os dentes:
– Ora, fossem plantar batatas... (p. 16)

O que parece prevalecer é uma recusa de Vicente em assumir um lugar socialmente instituído, o lugar que fora ocupado pelo pai e que ele não percebe como legítimo para si. Vicente não quer se casar com Lídia, não sonha com os próprios filhos, irrita-se com as atitudes interesses dos colegas de trabalho. Buscar um outro lugar que não o lugar da convenção, o lugar da norma, parece ser o grande desafio da personagem.

Nas últimas linhas do conto, mais um momento de lirismo. O protagonista se encanta com o pôr-do-sol e a lua, "enorme, linda" (p. 16), oferece uma espécie de alento para ele. A mesma sensibilidade que o fez enternecer-se com as crianças agora o faz admirar a natureza, reafirmando, mais uma vez, sua dimensão profundamente sensível.

O último pensamento de Vicente – "Lembrei-me de que precisava passar uma escova no tanque" (p. 16) – retoma seu primeiro pensamento enunciado no início da narrativa – "Aquilo estava era precisando duma escova forte. Começo de limo nas paredes. Sujeira. Quando voltasse daria um jeito no tanque. As manchas verdes sumiriam." (p. 11). A circularidade da história e, portanto, da busca identitária, é atestada. Depois de tanto caminhar, Vicente parece não ter saído do lugar. E a ação prometida – limpar o tanque – não se realiza de fato.

Na verdade, Vicente demonstra saber, de alguma maneira, que em vez de tirar o limo do tanque é preciso é tirar o limo da sua própria vida. Mas o conto não deixa brechas: "o vazio não passaria" (p. 16) e o "limo" – imagem que metaforiza o desconforto e a inação da personagem – parece impregnar definitivamente a sua existência.

"AFINAÇÃO DA ARTE DE CHUTAR TAMPINHAS"

Com cerca de dez páginas, "Afinação da arte de chutar tampinhas" relaciona-se estreitamente com o conto anterior. Novamente temos um narrador de meia idade – "Hoje meio barrigudo" (p. 17) –, que rememora fatos de seu passado, permeando suas lembranças com comentários e impressões. Também percebemos um certo movimento do narrador em tentar explicar o seu modo de ser – sisudo e esquivo –, justificando seus pensamentos e atitudes em diversos momentos da vida.

A história divide-se formalmente em três partes, separadas por espaços em branco no papel. A primeira é toda dedicada aos "restos de memória"(p. 19) do narrador, cujo nome não é revelado, sobre episódios de sua adolescência. Moleque ainda, jogava futebol na UMPA (União dos Moços de Presidente Altino) – lembremos que o próprio João Antônio passou parte de sua infância em Presidente Altino, bairro paulistano da zona oeste – e reunia-se à noite na sede do clube com os companheiros de jogo. Nesses encontros, em que os garotos afirmavam sua virilidade fumando e contando vantagens, fazia-se samba com um cavaquinho, uma frigideira – tocada pelo narrador – e um surdo. A música tornava-se, então, algo que o confortava profundamente:

> Naquelas noites me surgia uma tristeza leve, uma ternura, um não sei quê, como talvez dissesse Noel... Eu estava ali, em grupo, mas por dentro estava era sozinho, me isolava de tudo. Era um sentimento novo que me pegava, me embalava. Eu nunca disse a ninguém, que não me parecia coisa máscula, dura, de homem. Não os costumes que a turma queria. Mas eu moleque gostava, era como se uma pessoa muito boa estivesse comigo, me acarinhando. As letras falavam de dores que eu imaginava, mas deixava-me embalar, sentia. (p. 18)

É nessa mesma época que o menino descobre a beleza das composições de Noel Rosa:

> Por esse tempo, comecei a prestar atenção nas letras dos sambas, e vi, mesmo sem entender, que o tamanho de Noel era outro, diferente, maior, tocante, não sei. Havia uma tristeza, uma coisa que eu ouvia e não duvidava que fosse verdade, que houvesse acontecido. O gosto aumentou, eu fui entendendo as letras, apanhando as delicadezas do ritmo que me envolvia. Hoje, quando a melodia me chega na voz mulata do disco, volta a tristeza de menino e os pêlos pretos do braço se arrepiam. (p. 19)

Para completar as lembranças dessa fase juvenil, o narrador evoca um gol que ele quase teria marcado – "o maior gol decente da vida"(p. 19) – e que não se concretiza porque teria se encabulado ao avistar a menina por quem se interessava: "Eu me envergonhei porque Aldônia estava comendo pipocas do lado de lá do campo. E viu tudo (Aldônia era uma espécie de namoro que eu andava engendrando)." (p. 19)

O interessante é que essa mesma garota que, de certo modo, impediu-o de fazer o gol, vai flagrá-lo depois fumando escondido e vai denunciá-lo à família, fazendo-o levar uma surra do pai:

A diaba contava tudo porque sabia que eu apanhava mesmo. Aquilo já era me fazer de palhaço.
– Não fala mais comigo.
– Engraçado – Aldônia até hoje não presta. (p. 20)

A ironia com que o narrador se refere à quase namorada, constatando e atualizando no presente o seu "desvio de caráter", sugere a sua impossibilidade de concretizar relações amorosas significativas e encerra, de forma desiludida, a primeira parte da narrativa.

A segunda parte tem início com a lembrança dos tempos de quartel. Em poucos parágrafos, o narrador diz que, quando interno, fora impedido de jogar futebol e teve que ensinar o pouco que sabia sobre jiu-jitsu aos dois filhos mimados do comandante, que superestimava a aptidão dos meninos para a luta. E, mais uma vez, o narrador se vale da ironia para expressar sua indignação diante dos caprichos a que tinha que se submeter: "(...) O mal maior do capitão era não reconhecer a verdadeira vocação dos garotos – plantar batatas... na horta do pai, ou onde bem entendessem. Para jiu-jitsu, garanto que não haviam nascido." (p. 20)

Dá-se, então, uma ruptura dessas lembranças mais antigas e o narrador finalmente começa a discorrer sobre sua mania de chutar tampinhas:

> Há algum tempo venho afinando certa mania. Nos começos chutava tudo que achava. A vontade era chutar. Um pedaço de papel, uma ponta de cigarro, outro pedaço de papel. Qualquer mancha na calçada me fazia vir trabalhando o arremesso com os pés. Depois não eram mais papéis, rolhas, caixas de fósforos. Não sei quando começou em mim o gosto sutil. Somente sei que começou. E vou tratando de trabalhá-lo, valorizando a simplicidade dos movimentos, beleza que procuro tirar dos pormenores mais corriqueiros da minha arte se afinando. (p. 21)

Esse parágrafo funciona como uma espécie de introdução a toda uma série de comentários tecidos sobre as especificidades da "arte de chutar tampinhas". Segundo o narrador, com a prática ele tem aprendido a diferenciar as marcas das tampinhas de longe e já sabe qual é a força que deve empregar para que elas subam com beleza no ar. Há também solas de sapato mais ou menos apropriadas para chutar determinados tipos de tampinhas, bem como tampinhas mais ou menos afeitas a determinadas variações do chute. Todas essas "informações", a despeito de seu caráter "técnico", são evocadas com grande lirismo pelo narrador, que faz questão de acentuar a dimensão estética dos seus chutes:

> Só o barulho da borracha no chute e depois o barulho da tampinha aterrissando. E um depois do outro, os dois se procuram, os dois se encontram, se juntam os dois, se prendem, se integram, amorosamente. É preciso sentir a beleza de uma tampinha na noite estirada na calçada. Sem o que, impossível entender meu trabalho. (p. 23)

Sua percepção sobre a cidade e seus habitantes também pontua as observações sobre a "arte de chutar tampinhas", deixando transparecer a grande afetividade que nutre por eles:

> Mas quem se entrega a criar vive descobrindo. Descobri o muito gostoso "plac-plac" dos meus sapatos de saltos de couro, nas tardes e nas madrugadas que varo, zanzando, devagar. Esta minha cidade a que minha vila pertence, guarda homens e mulheres que, à pressa, correm para viver, pra baixo e pra cima, semanas bravas. Sábados à tarde e domingos inteirinhos – cidade se despovoa. Todos correm para os lados, para os longes da cidade. São horas, então, do meu "plac-plac". Fica outra a minha cidade! Não posso falar dos meus sapatos de saltos de couro... Nas minhas andanças é que sei! Só eles constatam, em solidão, que somente há crianças, há pássaros e há árvores pelas tardes de sábados e domingos, nesta minha cidade. (p. 22)

A recorrência do possessivo "minha", utilizado antes de "cidade" e de "vila", revela uma apropriação espacial que se dá fundamentalmente quando o narrador, em suas "andanças", percorre as ruas. Ocorre então uma espécie de identificação entre ele e a cidade, entre ele e os habitantes pobres da cidade, que "correm para viver" "semanas bravas". Nos sábados e domingos, quando a "cidade se despovoa", o narrador – assim como Vicente, na narrativa anterior – sensibiliza-se com a presença das crianças e da natureza que fica, então, mais perceptível.

Há que se observar o sentido profundamente irônico decorrente do fato de a personagem se dedicar à "afinação da arte de chutar tampinhas". Se, num primeiro momento, podemos pensar na relação profunda que esse ato guarda com a prática do futebol, esporte popular que encantava o narrador na infância e na juventude, também é possível derivar outros sentidos desse ato. No universo das relações entre trabalho e capital, em que a especialização é uma marca – ainda que falaciosa – do avanço e do progresso, especializar-se na "arte de chutar tampinhas" é uma afronta aos valores dominantes. Sabemos que no mundo do "time is money", a "arte" e a "beleza" só adquirem valor enquanto mercadorias e, desse ponto de vista, nada pode ser mais ultrajante do que a mania contraproducente do narrador, que parece atender tão somente a uma necessidade subjetiva.

A "arte de chutar tampinhas" também pode simbolizar o deslocamento de um impulso violento, que o narrador acaba por transformar patologicamente em obsessão. Assim, em vez de atacar ou combater objetivamente aquilo que verdadeiramente o incomoda – os valores sociais com que não compactua – o narrador acaba por chutar de maneira obsessiva as tampinhas que encontra pelo caminho, numa atitude solitária que não ecoa no coletivo e nem está comprometida com qualquer transformação social.

Finalizando a segunda parte, há mais memórias dos tempos de quartel. Ao considerar as especificidades das tampinhas de cerveja preta, o narrador se lembra das inacessíveis garrafas dessa bebida que eram destinadas aos sargentos. Um dia, uma das caixas de cerveja não fora contabilizada no relatório e o narrador, que trabalhava no escritório e havia percebido o erro, resolveu pegá-las para si. O interessante é que o sargento percebeu a manobra, mas como tinha consciência de que o narrador sabia que ele também roubava os produtos, tratou de fingir desconhecimento do fato:

(...) Às vezes, sobrava alguma coisa que faltava no relatório... Eu me ria.
– O sargento não é santo.
E quem é santo?
Disputa brava, então. Porque o homem percebia as minhas olhadelas no relatório. Um tapeando o outro, se escondendo. Faca de dois gumes.
– Fulano, você não viu uma lata de marmelada?
– Não senhor. Este mês não veio marmelada.
– Ah...
Agora, com as cervejas pretas foi sopa. (...) (p. 24)

O narrador, que "não era tão trouxa nem tão caxias" (p.22), parece ser impelido a cometer determinadas infrações consentidas, absolutamente naturalizadas na rotina do quartel. Nesse trecho da narrativa, uma mesma fala, cujo enunciador não é explicitado, é referida por duas vezes: "– Você não é praça? Se vira." (p. 24). Essas palavras, que podem ser atribuídas ao senso comum, são respondidas pelo narrador de modo quase idêntico: "Eu me defendia de acordo" (p. 24) e "Eu me defendia" (p. 24). "Defender-se" significa, aqui, resistir, encontrar uma maneira menos dura de sobreviver num meio social hostil, que não oferece oportunidades de uma existência verdadeiramente justa ou digna.

A última lembrança evocada dos tempos de quartel, "memória triste" (p. 25), nas palavras do narrador, diz respeito a um flagrante, em que ele foi pego jogando vinte-e-um na garagem das viaturas. Como naquele dia o comandante estava mal-humorado devido a uma inflamação no dente, o resultado foi a cafua, ou seja, uma punição na prisão. Por uma determinação puramente subjetiva e circunstancial, o castigo fora aplicado injustamente.

A terceira e última parte do conto situa o pensamento do narrador num tempo mais próximo ao presente da enunciação. Logo no início, ele pensa no emprego noturno que havia arrumado recentemente, num escritório de contabilidade perto de sua casa, para "defender uns cobres extras" (p. 25) e conclui que essa atitude tinha mudado sua imagem diante do irmão e das pessoas do bairro. Esse mesmo irmão, que já havia sido mencionado anteriormente ("Meu irmão, tipo sério, responsabilidades.

Ele, a camisa; eu, o avesso. Meio burguês, metido a sensato. Noivo...", p. 21), agora aprova a atitude do narrador. E este continua:

– Cá no bairro minha fama andava péssima. Aluado, farrista, uma porção de coisas que sou e que não sou. Depois que arrumei ocupação à noite, há senhoras mães de família que já me cumprimentam. Às vezes, aparecem nos rostos sorrisos de confiança. Acham, sem dúvida, que estou melhorando.
– Bom rapaz. Bom rapaz.
Como se isto estivesse me interessando... (p. 25)

A cobrança social em relação às atitudes do narrador são explicitadas nesse trecho. E o desdém que ele manifesta diante dela deve ser relativizado, afinal, a própria imagem que ele tem de si e do lugar social que ele ocupa parece ser ambígua. Ao dizer "que é e que não é uma porção de coisas", o narrador modula sua identidade de maneira bastante imprecisa, afirmando e negando os mesmos predicativos. Na prática, suas ações também apontam para um modo de vida ambíguo, já que sua arte de chutar tampinhas – índice de gratuidade e descompromisso – contrapõe-se ao fato de possuir dois empregos, trabalhando durante o dia e à noite. O que podemos inferir – e voltaremos a esta idéia – é que o narrador ocupa um lugar fronteiriço entre valores sociais que claramente se opõem.

Por fim, o conto termina com um longo parágrafo que narra o encontro do narrador com uma vizinha, "professorinha solteira, muito chata" (pp. 25-6), dentro de um ônibus. Essa moça, que "quer casamento, com certeza" (p. 26), puxa conversa por causa de um livro de Huxley que ele estava levando:

Dias desses, no lotação. A tal estava a meu lado querendo prosa. Tentava uma olhadela, nos cantos os olhos se mexendo. Um enorme anel de grau no dedo. Ostentação boba, é moça como qualquer outra. Igualzinha às outras, sem diferença. E eu me casar com um troço daquele?... Parece-me que procurava conversa, por causa de um Huxley que viu repousando nos meus joelhos. Eu, Huxley e tampinhas somos coincidências. Que se encontram e que se dão bem. Perguntou que eu fazia na vida. A pergunta veio com jeito, boas palavras, delicada, talvez não querendo ofender o silêncio em que eu me fechava. Quase respondi...

– Olhe: sou um cara que trabalha muito mal. Assobia sambas de Noel com alguma bossa. Agora, minha especialidade, meu gosto, meu jeito mesmo, é chutar tampinhas da rua. Não conheço chutador mais fino. Mas não sei. A voz mulata no disco me fala de coisas sutis e corriqueiras. De vez em quando um amor que morre sem recado, sem bilhete. Ciúme, queixa. Sutis e corriqueiras. Ou a cadência dos versos que exaltam um céu cinzento, uma luva, um carro de praça... Se ouço um samba de Noel... Muito difícil dizer, por exemplo, o que é mais bonito – o "Feitio de oração" ou as minhas tampinhas. (p. 26)

O término do conto, que pode parecer abrupto num primeiro momento, está em perfeita consonância com o modo de construção de toda a história, muito mais aberta à subjetividade do narrador do que voltada para a objetivação de fatos concretos. Desse modo, a retomada de Noel – referenciado logo nos primeiros parágrafos – e a menção ao seu samba "Feitio de oração" são um primoroso fecho para o texto, contribuindo para a articulação e o estabelecimento de um perfil para o narrador.

Esse perfil se dá a partir da conjugação de três elementos que estão absolutamente relacionados e são indicadores claros de uma maneira específica de o narrador "estar no mundo". Trata-se de sua mania de chutar tampinhas, de seu encantamento por Noel Rosa e de sua predileção pela obra de Huxley.[79] Muito mais do que coincidências, como quer o narrador, pelo menos em relação à obra do escritor inglês e à sua "arte de chutar tampinhas" ("Eu, Huxley e tampinhas somos coincidências"), essas suas inclinações não apenas nos dão a chave para compreender melhor sua dimensão psicológica e o seu lugar social, como também aclaram sentidos que dizem respeito à própria elaboração do conto.

Noel Rosa (1910-1937), que viveu a grande fecundidade musical da década de 30, produziu mais de duzentas composições, dentre elas, clássicos como "Com que roupa?", "Conversa de botequim" e "Fita amarela". Pioneiro na criação de uma música urbana e popular, o "poeta da Vila"

---

[79] Noel Rosa e Lima Barreto eram as duas figuras que João Antônio mais admirava, conforme ele mesmo chegou a declarar diversas vezes. Por isso, homenagens constantes ao sambista carioca pontuam seus textos.

(referência a Vila Isabel, bairro onde nasceu e que imortalizou em seus sambas) sempre escreveu suas letras tendo em perspectiva a ironia, a crítica social e o lirismo. Essas três facetas fundamentais da obra noelina, destacadas pelo próprio João Antônio num estudo crítico sobre o compositor,[80] encontram-se presentes de maneira decisiva também nos textos do autor paulistano. E, se tivermos em perspectiva "Afinação da arte de chutar tampinhas", não será difícil perceber essas marcas modulando as "memórias tristes" do protagonista.

"Feitio de oração", o samba cuja beleza é comparada às tampinhas chutadas pelo narrador, fala da dor provocada pela saudade e pela paixão, consolada, de algum modo, pelo samba, que também "nasce do coração". Vejamos:

Feitio de oração

Quem acha vive se perdendo,
Por isso agora vou me defendendo
Da dor tão cruel de uma saudade
Que, por infelicidade,
Meu próprio peito invade.

Batuque é um privilégio,
Ninguém aprende samba no colégio...
Sambar é chorar de alegria,
É sorrir de nostalgia
Dentro da melodia.

Por isso, agora,
Lá na Penha eu vou mandar
Minha morena, pra cantar
Com satisfação,

---

[80] *In Literatura comentada – Noel Rosa*. São Paulo: Nova cultural, 1981.

> E com harmonia
> Esta triste melodia,
> Que é meu samba
> Em feitio de oração.
>
> O samba, na realidade,
> Não vem do morro nem lá da cidade...
> E quem suportar uma paixão
> Saberá que o samba então
> Nasce do coração.[81]

Segundo a composição de Noel Rosa, o batuque é uma forma de defesa contra o sofrimento inerente às paixões. Por isso, ao evocar esse samba logo depois de mencionar o encontro com a "professorinha que quer casamento", o narrador parece afirmar sua opção pelo lirismo celebrado musicalmente por Noel Rosa, em detrimento do relacionamento com uma mulher "de carne e osso", rejeitando totalmente uma relação amorosa inserida nos padrões burgueses (lembremos que carregava um anel de grau no dedo e queria saber o que o narrador "fazia na vida").

Se considerarmos também a afinidade do narrador com a obra do autor inglês Adouls Huxley (1894 – 1963), mais sentidos são ampliados. O escritor, que se notabilizou pelo romance *Admirável mundo novo* (1931), é considerado pioneiro da literatura antiutópica em língua inglesa. E seu romance *Contraponto*, que supomos ser aquele que o narrador carregava por ocasião do encontro com a vizinha no ônibus, pois ele já havia declarado sua predileção pelo livro ("Li duas vezes o "Contraponto" e leio sempre", p. 25), estabelece um estreito diálogo com "Afinação da arte de chutar tampinhas".

Publicado pela primeira vez em 1928, *Contraponto* esboça um retrato da decadência dos valores que vigoravam na Inglaterra antes da Primeira Guerra e enfoca o relacionamento de vários casais que, embora se amem, vivem divididos entre o desejo de liberdade e a dependência que cresce

---

[81] In *Literatura comentada – Noel Rosa, op. cit.*, pp. 121-2.

num relacionamento a dois. Confusas e inseguras, as personagens não conseguem se comunicar e vivem solitárias em meio a suas vidas movimentadas e febris. Segundo apreciação do romance publicada em edição brasileira, a essência do livro seria "a luta do indivíduo contra as forças massificantes que tentam despersonalizá-lo, anulando as diferenças que fazem dele um ser único".[82]

Ora, o mal-estar sentido pelo narrador do conto de João Antônio e o modo como ele enfoca a questão dos relacionamentos amorosos encontram eco no romance inglês. Afinal, sua aversão ao casamento deve-se a um profundo questionamento dos valores que sustentam as relações socialmente instituídas e, nesse sentido, está em sintonia com a falência das relações amorosas apontada por Huxley. Também a forma do romance, que busca aproximar a literatura da música, já que ele é escrito com base na analogia do contraponto musical, encontra ressonância na forma do conto brasileiro que acaba por reproduzir a cadência melancólica e comovente dos sambas mais sensíveis de Noel Rosa.

Para finalizar, é importante estabelecer um paralelo entre as atitudes do narrador de "Afinação da arte de chutar tampinhas" e as de Vicente, o narrador de "Busca". O "zanzar" de ambos pela cidade, seu desprezo pelos valores dominantes, a sensibilidade de um olhar que valoriza as crianças e a natureza e principalmente a solidão que parece não abandoná-los são traços que os aproximam e que justificam o seu lugar lado a lado nos "Contos gerais". De maneira muito parecida, ambos se deslocam para a margem de uma estrutura social pautada em valores essencialmente burgueses. Sem infringir as normas que regulam nossa sociedade, os dois homens manifestam um profundo mal-estar pelo fato de suas condutas, de certa forma, compactuarem com elas.

"Fujie"

Diferentemente dos dois contos anteriores, cuja condução narrativa é marcada por uma rememoração de caráter mais difuso, "Fujie" apresen-

---
[82] *In Contraponto*. Porto Alegre: Editora Globo, 1993.

ta uma maior objetividade, pois está centrado numa questão pungente, mais clara e concreta. Duas interessantes epígrafes antecipam o assunto que será desenvolvido nesse conto: "Nem tu mulher, ser vegetal, dona do abismo, que queres como as plantas, imovelmente e nunca saciada./ Tu que carregas no meio de ti o vórtice supremo da paixão" ("O dia da criação", de Vinícius de Moraes) e "Alteração na vida. Meus olhos tristes." Como se vê, o tema da sedução feminina e a idéia da tristeza decorrente de uma "alteração na vida" se colocam como elementos centrais, orientando antecipadamente a leitura do texto.

O presente da narrativa situa-se um dia depois da cena de amor – clímax da história – vivida pelo narrador-protagonista, cujo nome não é revelado. Antes dessa cena descrita na parte final do conto, temos a rememoração de alguns episódios que se reportam ao início de sua adolescência e à época em que conheceu e se aproximou de Toshitaro, seu melhor amigo, cinco anos mais velho.

Ainda menino, o narrador começou a lutar judô sob a influência do pai. E na Liberdade, bairro oriental onde se situava a academia, conheceu Toshitaro, que lhe apresentou as belezas da cultura japonesa: "Gostei. Como quem descobre uma maravilha, gostei. Não me arredava daqueles ambientes. Gostei demais. Judô, folclore japonês, depois teatro, fotografia. Aquilo, sim, meu Deus, era um mundo!" (p. 28). Com o passar tempo, a amizade entre os dois foi se estreitando mais e mais. Aos dezesseis anos, ao terminar o ginásio, o narrador, "gente pobre" (p. 29), viu-se impelido a trabalhar. E a solução para o seu futuro adveio rapidamente. O pai de seu amigo Toshi, seu Teikam, era fotógrafo e o garoto passou a trabalhar em seu estúdio.

Há que se notar que, embora o narrador possua um pai relativamente presente e participante de seu desenvolvimento, Toshitaro divide com esse pai biológico aspectos sociais e culturais que em nossa sociedade dizem respeito à função paterna. Como explicita o texto, Toshi, espécie de espelho para o amigo mais novo, introduz o rapazola no universo da cultura japonesa, o que significa uma ampliação qualitativa de seus horizontes culturais. Nesse sentido, Toshi compartilha com o pai do narrador a função que simbolicamente é atribuída ao ente paterno: a introdução do filho no universo da cultura. A função paterna exercida pelo amigo mais velho é sugerida em várias passagens da narrativa. Numa delas, uma digressão do narrador instaura uma espécie de confusão entre a identidade dos dois seres:

> Sujeito espetacular, enorme no tatami e fora dele. Aprendi mais com Toshi do que com os três professores que já tive. *Só me abro mesmo é com meu pai – eu penso que é defeito de criação.* Fico gostando de uma coisa e não digo a ninguém. Assim como quando me encho demasiado com um aborrecimento e a raiva cresce, me tranco num lugar e choro que nem criança. *Pois um dia falávamos.* Uma patrícia de Toshi nos cumprimentou, passando. Grandiosa! Toshitaro ria. Ria.
> – E você já sabe tudo o que é bom... (p. 29) (grifos nossos)

Como se vê, ao afirmar "só me abro mesmo é com meu pai", o narrador faz uma consideração que acaba ficando "solta", pois não se relaciona diretamente com as observações anteriores e nem é retomada posteriormente. Chegamos a pensar, inclusive, por uma questão de coerência, que o verbo falávamos ("Pois um dia falávamos") deve se referir ao narrador e a seu pai e não ao narrador e a Toshi, que é o que de fato acontece. A aparente independência desse enunciado só se justifica com a ambigüidade que nos permite sobrepor a figura do melhor amigo à figura do pai, ambos fundamentalmente importantes na formação pessoal do narrador.

Em outra passagem, a identificação entre o amigo e o pai se dá através de uma interessante construção paralelística:

> Quatro datas coincidentes: a primeira barba, dezoito anos, casamento de Toshi, minha faixa marrom.
> Fizeram lua de mel numa estação de águas.
> *Toshitaro casado. Papai engordando.* Minha barba crescendo, pedindo segunda raspagem. (p. 30) (grifos nossos)

Nesse fragmento, impossível não atentar para "Toshitaro casado. Papai engordando". Como proclama o senso comum, os homens costumam engordar depois do casamento e, por isso, mais uma vez, fica fácil superpor as duas imagens. A continuação do período ("Minha barba crescendo, pedindo segunda raspagem") sugere um espelhamento do narrador na(s) figura(s) anterior(es). A passagem do tempo afeta a todos e, se incide diretamente na(s) vida(s) de Toshi papai, também imprime suas marcas no próprio narrador. Importante ainda é perceber, no início do fragmento, como o casamento de Toshi aparece intercalado aos sinais que atestam o amadurecimento do narrador – sua primeira barba, a maioridade, a troca de faixa no judô. Essa enumeração não é fortuita. Sem dúvida alguma, o sofrimento e o prazer relacionados ao desejo sentido pela mulher de seu melhor amigo, concorrerá, de certo modo, para forjar a maturidade afetiva do narrador.

A segunda metade do conto trata da aproximação entre o narrador e Fujie, a mulher de Toshi. Depois do casamento, a amizade entre os dois homens em nada se alterara mas, como questiona o próprio narrador,

> Por que diabo há de sempre entrar mulher na história?
> Meus olhos tristes. Meus olhos já viajam pouco para ela. E cada vez que se arriscam é um estremecimento, atrapalhação sem jeito. Não fiz nada, eu não pedi nada!
> Eu só queria a camaradagem de Toshi. Será que aquela mulher não entende? (p. 30)

Fujie é caracterizada como uma mulher lasciva, sedutora ("Numa insolência que dá vontade de bater", p. 31) que, ao fazer o amigo do marido apaixonar-se involuntariamente, interpõe-se na sólida amizade dos dois. Mas o narrador em primeira pessoa abre uma brecha e acaba por se declarar, também ele, responsável pelo desejo que sente: "E eu não procurei nada... Está certo que sou maluco por ela. Fujie, ideal de beleza de todas as graças que vejo nas coisas do Japão."(p. 31)

Os dias passam e a paixão entre os dois cresce, fazendo o narrador comportar-se como criança: "Beijei seu retrato que eu havia fotografado e chorei que nem moleque! Primeiro abalo na minha vida. Mas eu não disse nada." (p. 31)

Chega o dia, então, em que o rapaz resolve finalmente se encontrar com Fujie. Depois de vaguear por toda a tarde, uma tarde quente e chuvosa ("Fazia muito calor e chovia", p. 32), ele procura a moça. O enlace amoroso que se anuncia aparece, simbolicamente, representado pelo calor – facilmente associado ao fogo – e pela água relativos ao tempo atmosférico. Juntos, esses elementos apontam claramente para os traços sexuais. Adélia Bezerra de Meneses, ao analisar a presença da água e do fogo na letra de uma canção de Chico Buarque (especificamente, trata-se de verificar os sentidos derivados da utilização da palavra "aguardente", na canção "Terezinha"), afirma:

> Em face da virilidade do fogo, a feminilidade da água é irremediável. (...). Evidentemente, a idéia que subjaz é a do fogo como um símbolo da libido. Trata-se de uma associação extremamente primitiva: "O calor que se irradia do fogo evoca a mesma sensação que acompanha um estado de excitação sexual, e a forma e os movimentos da uma chama sugerem um falo em atividade". No campo de associações recortado por Freud, o homem apaga o seu próprio fogo com sua própria água, a urina (que é a água do corpo). No entanto, podemos derivar dessa sugestão uma interpretação que corre paralela: a água apaga o fogo, isto é, a realização do ato sexual (em que entra o elemento água) extingue o calor da excitação.[83]

Ao percorrer o caminho que o leva até Fujie, o protagonista é qualificado por adjetivos como – "zonzo", "vadio", "lento", "pesado". Também os substantivos utilizados para expressar seu estado de espírito – "lassidão", "angústia", "depressão" – revelam a dificuldade que ele tem que enfrentar para consumar a paixão. Leiamos os parágrafos finais da história:

> Eu a enlacei.
> – Nega, benzinho...

---

[83] In Figuras do feminino na canção de Chico Buarque. São Paulo: Ateliê Editorial; Boitempo, 2000, p.114.

Lá fora, a chuva fazia festa no telhado. No quarto algumas moscas estavam numa agitação irritante. Eu só sabia que estava fazendo uma canalhice. Ia chover mais, ia chover muito. Era chuva que Deus mandava. Eu fazia um esforço para me agarrar à idéia de que não era culpado. Culpada era a avenida, era a noite, era a chuva, era qualquer coisa. Ralhou comigo:
– Eu não sou negra.
– É só carinho que eu estou fazendo.
Chuva lá fora, zoeira de moscas atribuladas. Dentro do quarto, amor. (p. 33)

A ambigüidade é o traço estruturante de toda a cena de amor. Se, por um lado, o narrador tenta minimizar a consciência da culpa que, como as moscas, atormentam-no insistentemente ("Eu só sabia que estava fazendo uma canalhice"), por outro lado a contrapartida dessa "canalhice" pode ser entendida como um ato de carinho ("É só carinho que eu estou fazendo").Vale ressaltar que o modo como ele chama a moça japonesa (lembremos que "nega" é a forma sincopada de "negra"), faz com que ela rejeite o vocativo, que lhe parece impróprio. A utilização de um termo aparentemente tão deslocado para nomear a mulher antes da concretização amorosa parece confirmar a ambigüidade dos papéis ocupados por cada uma das personagens que conforma o triângulo amoroso (narrador-Toshi-Fujie).

Se atentarmos para as características desse triângulo amoroso e as considerarmos à luz de alguns pressupostos psicanalíticos, encontraremos uma chave interessante que nos permite ler esse conto em consonância com os dois primeiros e com o restante das narrativas do livro. Se, como buscamos comprovar, Toshi ocupa simbolicamente a função paterna junto ao narrador, a formação do triângulo amoroso pode ser equiparada a de um triângulo edípico e, nesse caso, o desejo que o narrador sente por Fujie nada mais seria do que a expressão de um desejo incestuoso.

Como postula a teoria freudiana, a criança, nos primeiros estágios de seu desenvolvimento, está empenhada totalmente na busca do prazer, sob a influência do "princípio do prazer". É somente ao superar o complexo de Édipo que ela acaba por se tornar psíquica e socialmente disciplinada. Tal mecanismo repressor, que leva o menino a abandonar seu desejo incestuoso pela mãe devido à ameaça de castração operada pelo pai, faz prevalecer o "princípio da realidade" e define as imagens e práticas sociais identificadas com a "masculinidade". Nas palavras do estudioso da literatura Terry Eagleton:

> O que leva o menino a abandonar seu desejo incestuoso pela mãe é a ameaça de castração pelo pai. Essa ameaça não tem de ser necessariamente manifestada; mas o menino, ao perceber que a menina é "castrada", começa a imaginar que isso é um castigo que poderia recair sobre ele. Assim, reprime seu desejo incestuoso em uma preocupada resignação, ajusta-se ao "princípio da realidade", sujeita-se ao pai, separa-se da mãe e conforta-se com o desejo inconsciente de que embora não possa ter esperanças, agora, de expulsar o pai e possuir a mãe, o pai simboliza um lugar, uma possibilidade, que ele próprio será capaz de assumir e realizar no futuro. Se não é o patriarca, agora, irá sê-lo mais tarde.[84]

Ao identificar a constituição de um triângulo edípico entre as personagens centrais do conto, o que nos interessa de fato é abarcar a dimensão social desse processo. Voltemos ao teórico inglês:

> O complexo de Édipo é a estrutura das relações pelas quais chegamos a ser os homens e mulheres que somos. É o ponto em que somos produzidos e constituídos como sujeitos, e um dos problemas que ele nos cria é o de ser sempre, de alguma forma, um mecanismo parcial e incompleto. (...) Além disso, o complexo de Édipo é para Freud o início da moral, da consciência, do direito e de todas as formas de autoridade social e religiosa. A proibição, real ou imaginária, do incesto pelo pai simboliza toda a autoridade superior que será mais tarde encontrada; e ao "introjetar" (tornar sua) essa lei patriarcal, a criança começa a formar aquilo que Freud chama de superego, a voz pavorosa e punitiva da consciência.[85]

---

[84] In Teoria da literatura: uma introdução. São Paulo: Martins Fontes, 1997, p. 214.
[85] Idem, p. 216.

No conto de João Antônio, a amizade entre Toshi e o narrador não funciona como interdição e a união sexual proibida acaba por se consumar. Numa perspectiva freudiana, essa traição / infração que, como vimos, pode ser simbolicamente considerada como uma ação incestuosa, significaria a negação da lei patriarcal, a rejeição da autoridade e da reprodução da ordem familiar e social. Também sob o viés lacaniano, poderíamos falar em termos da negação da "Lei", responsável pela instauração da "ordem simbólica", ou seja, da ordem sexual e social patriarcal da moderna sociedade de classes. Se considerarmos essas possibilidades de leitura, o narrador-protagonista, ao ultrapassar os limites impostos pelo poder castrador do pai ou pela "Lei", colocar-se-ia num lugar à margem das relações burguesas que constituem a família e a sociedade.

Esse seria o modo pelo qual o conto "Fujie" expressaria a tensão entre norma e conduta. Metaforizada em termos de relações amorosas, essa tensão se presentifica na narrativa e a análise de seu desfecho leva-nos à percepção de que a norma social – obedecida com dificuldade pelos narradores-protagonistas dos dois contos anteriores – é simbolicamente infringida. O lugar do pai, que os dois primeiros protagonistas custam a assumir, é sintomaticamente "ocupado" através da transgressão que qualifica a derradeira atitude do narrador da última história dos "Contos gerais".

A ANGÚSTIA DOS OTÁRIOS

Não é difícil perceber a angústia como um sentimento que atormenta as personagens centrais dos contos que compõem a primeira parte do livro. De fato, os três narradores sofrem com o descompasso entre suas subjetividades e o mundo objetivo com que se deparam.

Com perfis bastante próximos, os narradores-protagonistas dos dois primeiros contos têm "manias" – andar e andar chutando tampinhas – que evocam a atitude entediada e irreverente do *flâneur*. Em seus textos sobre o poeta francês Charles Baudelaire, Walter Benjamin diferencia claramente o transeunte do *flâneur*. O primeiro é aquele que convencionalmente caminha com uma direção definida, enquanto o segundo é caracterizado como um ocioso, que caminha "protestando contra a divisão do trabalho que transforma as pessoas em especialistas".[86] Assim, é possível afirmar que, em termos ideológicos, o *flâneur*, com sua atitude contemplativa, expressa a rejeição sistemática aos valores burgueses do trabalho e do acúmulo de capital:

> A rua se torna moradia para o *flâneur* que, entre as fachadas dos prédios, sente-se em casa tanto quanto o burguês entre suas quatro paredes. Para ele, os letreiros esmaltados e brilhantes das firmas são um adorno de parede tão bom ou melhor que a pintura a óleo no salão do burguês; muros são a escrivaninha onde apóia o bloco de apontamentos; bancas de jornais são suas bibliotecas, e os terraços dos cafés, as sacadas de onde, após o trabalho, observa o ambiente.[87]

Ao perambular pela cidade, o *flâneur* opera uma espécie de "vingança passiva" contra a situação a que está submetido. Recusando os espaços fechados que aglutinam os elementos caracterizadores da vida burguesa, inconscientemente acaba se igualando à mercadoria e entorpecendo-se entre a multidão:

> O *flâneur* é um abandonado na multidão. Com isso, partilha a situação da mercadoria. Não está consciente dessa situação particular, mas nem por isso ela age menos sobre ele. Penetra-o como um narcótico que o indeniza por muitas humilhações. A ebriedade a que se entrega o *flâneur* é a da mercadoria em torno da qual brame a corrente dos fregueses.[88]

Tais considerações, bem se aplicam àqueles que estão em desacordo com a vertiginosa realidade parisiense do Segundo Império, momento

---

[86] *In Obras escolhidas. Charles Baudelaire: um lírico no auge do capitalismo* (vol. 3). São Paulo: Brasiliense, 1989, p. 50.
[87] *Idem*, p. 35.
[88] *Idem*, pp. 51-2.

de consolidação capitalista, podem ser estendidas à situação vivida pelas personagens de João Antônio. Habitantes das periferias e avessas às convenções burguesas, essas personagens sentem-se mais à vontade na rua do que nos espaços domésticos ou de trabalho, pois nestes não apenas são obrigadas a ocupar um lugar pré-estabelecido, muitas vezes anulando suas potencialidades, como também têm que se deparar com os limites da autoridade – exercendo-a e / ou subordinando-se a ela.

Os protagonistas dos dois primeiros contos são, assim, uma espécie de versão dos *flâneurs* baudelaireanos habilmente recriados por João Antônio. Rejeitando a degradação moral que caracteriza tanto as relações da família patriarcal como as relações de trabalho,[89] sentem-se condenados a uma existência cotidiana sufocante numa grande cidade, engendrando uma busca labiríntica por uma identidade que não conseguem vislumbrar. Assim, se essas personagens procuram "o remédio infalível contra o tédio que facilmente prospera sob o olhar de basilisco de um regime reacionário saturado",[90] vale dizer que sua atitude de resistência não se traduz em ações transformadoras. Ao contrário, a carência e a passividade marcam suas existências.

Cabe aqui a evocação de um samba de Noel Rosa, feito em parceria com André Filho, que, por atacar a iniquidade e a hipocrisia, parece-nos traduzir bem o sentimento demonstrado pelos narradores dos dois primeiros contos:

Filosofia
O mundo me condena
E ninguém tem pena,
Falando sempre mal do meu nome.
Deixando de saber
Se eu vou morrer de sede
Ou se eu vou morrer de fome.

---

[89] Ao refletir sobre a questão da "regulamentação social", Caio Prado Jr. destaca a complexidade e a ambiguidade em que se assentam as relações familiares e as relações de trabalho desde a sociedade colonial brasileira. (*In Formação do Brasil contemporâneo: colônia*. São Paulo: Brasiliense; Publifolha, 2000, p. 358.)

[90] *In Charles Baudelaire: um lírico no auge do capitalismo*, op. cit., p. 35.

> Mas a filosofia
> Hoje me auxilia
> A viver indiferente assim.
> Nesta prontidão sem fim
> Vou fingindo que sou rico,
> Pra ninguém zombar de mim.
>
> Não me incomodo
> Que você me diga
> Que a sociedade é minha inimiga,
> Vou vivendo neste mundo
> Sendo escravo do meu samba,
> Muito embora vagabundo.
>
> Quanto a você,
> Que é da aristocracia,
> Que tem dinheiro
> Mas não compra alegria,
> Há de viver eternamente
> Sendo escrava dessa gente
> Que cultiva a hipocrisia.[91]

Nessa letra, há o estabelecimento de uma clara distinção entre o eu-lírico e a sociedade, inimiga de sua liberdade. Para sobreviver a essa situação, o poeta, condenado e malfalado pelos que compactuam com a ordem estabelecida, aprendeu a ser indiferente, chegando inclusive a fingir um *status* que não possui. Como alento, ele se refugia no seu samba vagabundo – índice da espontaneidade popular –, enquanto que o "aristocrata", o endinheirado que é infeliz, vive de maneira hipócrita. A reflexão do poeta (sua "filosofia") consiste justamente em perceber o próprio deslocamento

---

[91] In *Literatura comentada – Noel Rosa*, op. cit., pp. 99-100.

social, diferenciando sua condição (marginal, mas autêntica) da condição daqueles que se enquadram socialmente (integrados, mas dissimulados, interesseiros).

O lugar marginal que o eu-lírico dessa canção de Noel circunscreve para si em muito se assemelha ao lugar ocupado por Vicente e pelo narrador de "Afinação da arte de chutar tampinhas". Socialmente desajustados, os três questionam os valores burgueses, que julgam ser balizados tão somente pela conveniência e, de algum modo, vivem o isolamento típico dos que ideologicamente não compactuam com as normas sociais.

Já o narrador do terceiro conto, que é flagrado na passagem da juventude para a vida adulta sob o estigma da infração da "Lei patriarcal", vive uma experiência que o coloca à margem da autoridade socialmente instituída. Num certo sentido, podemos imaginá-lo como uma espécie de antecessor dos outros dois narradores, muito embora sua história seja, na ordem determinada pelo livro, narrada *a posteriori*. Depois da experiência radical que, simbolicamente, o faz desafiar o "poder do Pai", não é difícil imaginá-lo, vinte anos mais velho, na mesma situação desajustada dos dois primeiros protagonistas, ambos em profundo conflito em relação à ocupação do lugar atribuído à figura paterna.

Por fim, vale ressaltar o papel que parece ser ocupado pela luta esportiva em duas das narrativas. De grande importância para os protagonistas do primeiro e do terceiro conto, as lutas podem ser entendidas como uma espécie de realização possível dos ideais propagados pela lógica capitalista. A postura agressiva, do trabalhador / competidor que deve vencer as adversidades – e os adversários – para consolidar uma posição de destaque no universo profissional encontra vazão na competição esportiva. Vencer no ringue ou no tatame são as únicas possibilidades de vitória para quem se vê obrigado a viver como um "perdedor". O boxe e o judô, esportes praticados com gosto por Vicente e pelo amigo de Toshi, parecem canalizar seu potencial ofensivo, funcionando como uma espécie de "desforra" para quem se encontra à margem das excludentes regras do jogo social.

"Caserna" ou a carência dos soldados

Os dois contos de "Caserna", termo que denomina o alojamento dos soldados dentro do quartel, são antecedidos por uma epígrafe que explicita a perspectiva que irá nortear o cotidiano dos jovens retratados: "Uma definição: soldado é aquilo que fica debaixo da sola do coturno do sargento." Essa frase estabelece com crueza a identidade dos rapazes que, ao prestar o serviço militar obrigatório, são submetidos a um sistema de relações extremamente autoritárias.

Mas embora essa epígrafe sinalize a brutalidade e a subserviência características da vida dos soldados nos quartéis, os contos dessa seção são bastante delicados, adquirindo por vezes uma dimensão profundamente lírica. Narrados em terceira e primeira pessoa, respectivamente, "Retratos de fome numa tarde de G.C." e "Natal na cafua" são histórias que falam da sensível experiência de jovens que, ao se subordinarem à tutela direta do Estado, são duramente atingidos pelo poder burocrático e arbitrário dos comandantes do exército brasileiro.

Antes de procedermos a leitura dos contos, vale registrar algumas informações sobre o papel do exército na vida republicana do país. Como se sabe, ao longo de nossa história, várias foram as intervenções das Forças Armadas na esfera da política. E, se as principais intervenções militares anteriores a 1930 tiveram, a despeito de suas limitações, um sentido mais progressista, depois de 30 e, sobretudo após a Segunda Guerra, elas foram marcadamente reacionárias.

Em 1935, a derrota da insurreição da Aliança Nacional Libertadora, liderada por Luís Carlos Prestes, aprofundou ainda mais a divisão ideológica entre os remanescentes do movimento tenentista e fez com que a ala direita do exército assumisse posições bastante conservadoras. Também a participação da Força Expedicionária Brasileira na Segunda Guerra sob o comando (não formal, mas de fato) de oficiais americanos gerou uma facção militar ostensivamente pró-estadunidense que, em 1949, vinculada à UDN (União Democrática Nacional) encabeçou a criação da Escola Superior de Guerra. Foi nessa Escola que se produziu a doutrina da "segurança e desenvolvimento" que, alinhada com a estratégia global dos norte-americanos, alimentou o setor do exército responsável pelo Golpe de 1964.[92]

Esse quadro facilita a compreensão da imagem do exército como instância autoritária e legalizadora da violência que se desenha nas duas narrativas que compõem "Caserna". Nesses textos, a experiência militar – para o jovem pobre –, longe de constituir-se como possibilidade transformadora, é completamente desidealizada, afirmando-se como sofrimento e opressão.

"Retalhos de fome numa tarde de G.C."

Como o próprio título anuncia, o conto, de cerca de oito páginas narrado em terceira pessoa, retrata o período de uma tarde na vida de Ivo, jovem pobre – e faminto – que está confinado num quartel da Rua Abílio Soares, no bairro paulistano da Vila Mariana. A primeira frase do texto – "Um pardal brincava no fio telegráfico" – já nos dá a medida do olhar atento e sensível do narrador que vai flagrar, nos detalhes, dados significativos para a construção dos sentidos da narrativa. A liberdade evocada com a referência à brincadeira do pardal, por exemplo, contrasta com a dolorosa experiência da clausura vivida por Ivo.

A dez dias apenas de receber baixa, o moço é escalado para fazer parte de um "G.C." ("Grupo de Combate") e tem, então, junto com mais alguns soldados, que ficar de prontidão à espera de algum combate iminente. Note-se que, embora a inserção de Ivo no G.C. tenha sido referida num dos primeiros parágrafos do conto, é só no início da terceira parte que verificamos uma referência mais explícita ao significado desse Grupo de Combate e à sua relação com a situação política do país:

> O quartel de prontidão, barulho no norte, falava-se em revolução, as trincheiras estavam prontas. Jacareacanga... Era um ponto tão longe e todas as companhias estavam detidas, praça não saía, só saíam os motoristas. Dez homens de G.C., esperando o que desse e viesse.

---

[92] "Sob a tutela das armas". In *Retrato do Brasil* (Da Monarquia ao Estado Militar). São Paulo: Política Editora, 1984, v. 1, pp. 133-6.

O segundo cigarro intacto, o pensamento vagabundeando não se fixava.
Coisas, coisas, misturas. (p. 42)

A "revolução" propalada pelo exército tratava-se, de fato, do golpe frustrado de Jacareacanga que, no início de 1956, envolveu dois oficiais da aeronáutica que seqüestraram um avião e o levaram para Jacareacanga, no Pará, numa tentativa de desestabilizar o governo federal. Esse acontecimento é totalmente destituído de sentido para o jovem Ivo, que não tem consciência de seu teor reacionário e nem do significado do Grupo de Combate instituído por sua causa: "... o pensamento vagabundeando não se fixava. Coisas, coisas, misturas".

Mas a instabilidade política do momento, tão bem captada por João Antônio ainda antes de 64, não é abordada diretamente pelo narrador. O que temos em primeiro plano é o drama pessoal de Ivo que, em seu microcosmo, vive toda a desumanização característica de um universo militar autoritário, voltado para a promoção dos interesses dos poderosos e negligente com as necessidades de seus quadros mais humildes. Assim, a despeito de toda a estrutura física do quartel, recém-reformado, Ivo sofre com uma carência básica: a fome. Por não ter conseguido engolir a comida ruim e fria do almoço e por não ter sete cruzeiros para comprar um sanduíche de queijo, o rapaz padece com o vazio no estômago:

> Havia um jeito de preguiça em tudo. Até lá fora, nos autos que comiam o asfalto da Rua Abílio Soares. Duas da tarde, uma sonolência, um sol... Quartel cheio, o bosque cheio. Ivo sentia o vazio na barriga. Não conseguira engolir a bóia, que estava fria. Ainda o azar de cair na terceira turma para o rancho, tudo resto. Mexia o alumínio, mas o feijão não se mexia. Duro, feio, cor de cavalo. Comeu só a banana e parou na colher de arroz; não ia. Pensou nos cobres, um sanduíche de queijo. Alguém da rua traria, um sanduíche de queijo custava sete cruzeiros...
> – Se eu arranjasse mais duas pratas...
> Pela manhã julgou que tinha febre, moleza no corpo, dor nas costas.
> – Deixa de manha!
> O enfermeiro era um cavalo.
> Ivo andando, andando. (pp. 38-9)

O modo brutal como o enfermeiro trata Ivo revela a opressão típica da instituição e expõe a violência característica das relações interpessoais dentro do quartel. A preguiça e a sonolência sentidas pelo jovem, que pareciam inundar todos os espaços, podem ser compreendidas não apenas como conseqüências da debilidade e da fome, mas também como frutos da falta de horizontes do rapaz que, como já sublinhamos, tem muita pouca consciência de seu papel ali e não alcança sequer o sentido de seu escalamento para o G.C.

A segunda parte da narrativa acompanha Ivo em uma andança pelas instalações remodeladas e modernizadas do quartel. Percorrendo esses espaços imponentes, o moço vai se lembrando das pessoas que conhecera ali. Primeiro, do sargento Isaías que, por simpatizar com seu jeito "quieto" e "educado", aconselhava-o a ser submisso: "Praça é praça. A ordem é ficar por baixo, que acaba levando a melhor" (p. 40). Também lembrou-se de Domício, ex-expedicionário "boa praça" que havia sido transferido dali por se envolver com "Tila, a mulatinha que morava bem em frente ao campo de futebol" (p. 41). Essa moça, que já havia ocupado os pensamentos de Ivo anteriormente ("Tila, pensou em Tila, onde andaria?", p. 38), vai se constituir como a segunda personagem mais importante do conto, contracenando com o protagonista em toda a terceira parte.

A história da moça também é uma história de carência e privação pois, sem o apoio da família, grávida e afastada de Domício, Tila é impelida a prostituir-se com os soldados. Essa atitude sensibiliza Ivo que, à epoca, resolve aconselhá-la:

> Tila não tinha pai, não tinha mãe, tinha um tio que lhe batia e não teve solução. Qualquer dinheiro servia, os soldados até abusavam. Ivo não se conformava, aquilo era tocante, ele a achava frágil naquele estado, necessário cuidado, tão frágil. Chamou a moça, tentou um conselho.
> Ela fez uma careta e ainda teve o cinismo de lhe pedir uma banana das que estavam na prateleira. (p. 41)

A resposta "malcriada" de Tila aos apelos cuidadosos de Ivo para que ela não mais se deitasse com os soldados enfureceu o rapaz. Ele pensou que ela estivesse zombando de Domício e dele mesmo. Indignado, xingou e ofendeu a moça que, depois disso, "o procurou, convidando. E passava sempre em frente à cantina para lhe mostrar a língua" (p. 42).

A parte final do conto inicia-se com a imagem de Ivo sentado no chão da garagem, pensando sobre sua nomeação para o Grupo de Combate. Tila, então, chega com o filho nos braços e puxa conversa com ele. Depois de observar que estava magro, começa a falar do filho e o soldado reavalia a imagem que cultivava da jovem:

> E começou a falar do menino. Como estava diferente, mudada! Antes era uma tonta se entregando a qualquer um. Bem, agora também se entregava, mas não era uma tonta. Estava até meio humilde no seu jeitinho de mãe, não tinha aquela afobação de antes. Ivo olhou nos olhos, houve um desejo. Uma vergonha, ela adivinhou, os olhos foram para o chão. Coitada, não merecia aqueles xingamentos da cantina, nem merecia aquela vida. Também... Nem pai, nem mãe, um tio que lhe batia. Mas gostava do menino, era boa, claro que era! (p. 43)

Depois de constatar como a maternidade havia amadurecido Tila e de sentir compaixão e desejo por ela, Ivo diz à moça que sentia fome. A jovem, então, vai até a sua casa buscar comida para ele. Volta sem a criança e com um prato que só trazia feijão e arroz requentados: "Mas era comida de casa, comida escolhida, arroz escolhido, feijão escolhido, não tinha pedra, nem nada" (p. 43). A generosidade de Tila, que possibilita o compartilhamento da comida, traz alegria e conforto para ela mesma. E o pudor que a leva a esconder as pernas, atitude improvável para uma prostituta, é o ato que lhe confere o estatuto de companheira do jovem soldado: "Barulho de comida na boca, Tila sentia uma alegria, uma vontade doida (mas mansa) de se sentar junto a ele, de se aninhar, de se encolher, de ficar quieta. Sentou-se, a mão puxou o vestido surrado escondendo pernas" (p. 44).

É em torno do prato de comida que se dá a comunhão entre ambos. Tocados por suas experiências tão duras, Ivo e Tila se aproximam num momento de profunda ternura. Quando ele acaba de comer, a moça lhe oferece água fresca e o seu cuidado o sensibiliza profundamente. É então que o convite para a união sexual finalmente parte dele, descaracterizando definitivamente a condição de prostituta de Tila e marcando o final da narrativa:

(...) Ficaram quietos, depois um olhou para o outro. Ela arriscou:
– Você é tão loiro...
Ele sorriu. Sorriso íntimo, meio peralta. Coitada, até que era boazinha, lhe dera comida, fora buscar em casa, lá deixara o menino sozinho. E tinha o rosto tão liso, lisinho. Ela pegou o prato.
– Você quer água, quer?
– Deixa, eu bebo no tanque.
– Aquela é quente. Vou buscar em casa.
Então Ivo sentiu que alguma coisa parou. E passou a palma da mão no rosto da mulatinha, bem de leve, deslizando, um carinho.
Vinha devagar para não derramar a água e Ivo foi pegar à entrada da garagem velha. Bebeu duma vez, suspirou, o capacete na mão. Depois limpou a calça no lugar das nádegas, olhou-a:
– Se você quiser, hoje à noite...
Ela se queixou:
– Conversa! – os dois olhos queimavam. – Que nada! Você não vai.
Tila foi saindo, o copo vazio de boca para baixo. Foi até ela, tocou-lhe de leve no braço.
– Boba... pode me esperar.
A mulatinha foi correndo pela alameda de paralelepípedos.
Puxou o segundo cigarro, assobiou, enfiou o capacete, foi arranjar fósforos no campo de bocha. (pp. 44-5)

A imobilidade pressentida por Ivo ("Então Ivo sentiu que alguma coisa parou") fixa o momento de plenitude alcançado com a demonstração de carinho de Tila. Nesse contexto, a união sexual vai se concretizar não como uma satisfação instintiva, o que provavelmente teria ocorrido outrora, mas como um significativo ato de amor. Longe de postular uma visão idealizada do sexo, o que o conto revela é o exercício da solidariedade e do afeto que, ao menos instantaneamente, afasta as carências e amplia a humanidade das personagens.

A corrida da moça mulata e o assobio do soldado loiro atestam a alegria de ambos e, como não se pode deixar de notar, celebram uma união sem preconceitos raciais. A realidade bruta e autoritária vivida por Ivo é momentaneamente suspensa e o soldado se permite finalmente o prazer de fumar o cigarro que guardara durante toda a tarde.

"Natal na cafua"

Com cerca de nove páginas e dividido em duas partes, "Natal na cafua" é narrado e protagonizado por um jovem soldado cujo nome não é explicitado que, às vésperas do Natal, sofre um acidente dirigindo um caminhão a serviço do quartel. Na primeira parte, acompanhamos sua viagem até a Lapa onde, juntamente com o sub-comandante Moraes, iria buscar suprimentos; na segunda, que compreende o dia de Natal, o soldado, ferido, está na cafua, onde cumpre pena por ter provocado o acidente.

Se, no conto anterior, o protagonista era um soldado oprimido pela fome, emblemática das condições miseráveis a que estão submetidos aqueles que prestam o serviço militar, neste conto a opressão personifica-se fundamentalmente na figura do sub Moraes, oficial intransigente que abusa de seu poder. A arbitrariedade de suas atitudes é explicitada logo no começo do conto, quando ele reclama tanto da rapidez como da morosidade com que o protagonista dirige o caminhão até a Lapa. Aliás, vale frisar o quanto essas viagens – o soldado era incumbido de buscar suprimentos diariamente –, embora eventualmente estressantes devido à presença implicante do superior, agradavam o jovem narrador:

> (...) Eu gostava do volante, adorava o volante. E mais, gostava daquelas idas à Lapa, porque me deixavam sozinho, atravessando a cidade e toda, todinha. E bairros, e bairros, lá ia eu. Santa Cecília, Perdizes, Pompéia, ia tão contente no caminhão, que o caminhão parecia meu. (p. 47)

Mais uma vez, temos em cena um homem que gosta de percorrer os bairros paulistanos. Motorizado, o protagonista parece se apropriar dos espaços públicos que se configuram como espaços de liberdade em oposição ao espaço de confinamento do quartel. Interessante notar o sentimento de posse demonstrado pelo moço também em relação ao caminhão, veículo que possibilita seu afastamento dos "xingamentos da caserna" (p. 48). Mas, especialmente na viagem retratada, o sub está presente. Chama o soldado de "lambão", sinônimo de palerma ou estúpido, espezinhando-o arrogantemente:

> (...) Ele estava ali, velhote e meio surdo, fumando, berrando, xingando, com o braço passeando do lado de fora da janela. (...)
> E eu aturando aquele homem nas viagens diárias, boçalidades, xingamentos. Aturando um homem que nem os sargentos conseguiam aturar. Metia-se a entender de tudo – motor, tração, explosão, desnorteava a mecânica, a garagem, tudo. E fosse alguém responder, argumentar... Era cadeia. (p. 48)

A rabugice e a intolerância do sub Moraes contrastam com a beleza que o narrador observa na garoa fria que molha a cidade mesmo no mês de dezembro: "Garoa fria que insistia, que caía nos paralelepípedos e nos asfalto, primeiro salpicando, depois molhando tudo. Uma beleza" (p. 48). Porém, o encantamento provocado pela paisagem não vai combinar-se com a alegria, mas com a tristeza que emana daqueles que emprestam seus corpos friorentos para encenar um Natal melancólico:

> Nas ruas da cidade, os preparos de Natal, repetiam aqui, ali, além, numa fachada de loja, numa entrada de cinema, cores vibrantes da manhã. Mas não era alegre, era tristeza da manhã de corpos agitados, de pressa, de frio bravo.
> Um ou outro Papai Noel de propaganda sustentando cartazes nos braços. Sujeitos magros, desajeitados, alguns eram negros fantasiados de Papai Noel, se arrastavam ridículos, as botas imundas de lama.
> Um, especialmente um, era triste. Lá em cima duma perua, sentado numa poltrona ordinária, descascada nos braços e amarrada à capota do carro. O

homem fazendo propaganda de pasta de dentes. O vento lhe batia na cara e fustigava a barba postiça, sua roupa muito larga, descorada, apalhaçada. Sentado, parado, parecia pensar e deveria sentir frio. Lá embaixo, crianças morenas riam dele, zombavam, corriam atrás da perua. Ficava uma zoeira de música de Natal, mais os gritos das crianças. Tristeza um homem ganhar a vida daquele jeito. Como me pareciam detestáveis aquelas crianças morenas! (p. 49)

O olhar cheio de compaixão do narrador vai deter-se nas pessoas pobres que, subempregadas, submetem-se às piores condições para ganhar a vida. E o Natal, momento de maior consumo no mundo capitalista, vinculado pela mídia à fartura e à opulência, é perspectivado pelo desencanto e pela desidealização. Note-se que as crianças, sempre simpáticas aos protagonistas dos primeiros contos do livro, desta vez são desprezadas, já que sua atitude zombeteira só acentua o drama vivido pelo Papai Noel triste.

Tornando a situação ainda mais patética e comovente, eis que, para desviar de um "Chevrolet" que vinha na contramão, o caminhão dirigido pelo soldado choca-se contra a perua que levava o Papai Noel: "E eu fui contra a perua do Papai Noel, o pára-choque enterrou-se inteiro na lataria. O Papai Noel estava ajoelhado na poltrona, abobalhado" (p. 49). A trágica ironia dessa passagem evidencia ainda mais a precariedade da condição do pobre homem fantasiado de Papai Noel e, como podemos imaginar, deve ter contribuído para aumentar o mal-estar do soldado diante de uma situação que já o incomodava. O resultado do acidente, podemos prever: "O sub botou o braço na tipóia e eu fui parar no xadrez." (p. 50).

Antes de ser preso por uma semana, porém, o soldado passa por uma dolorosa experiência ao realizar curativos no rosto e nas mãos: "Um me segurava o braço, o enfermeiro espetava os dois ferros que cortavam mais que o vidro, eu fechava os olhos e urrava. O enfermeiro, às vezes, também fechava os olhos" (p. 50)

Inicia-se, então, a segunda parte do conto. É dia de Natal e o protagonista, sofrendo de dores terríveis, lembra-se da família. Imagina que todos – pai, mãe, amigos e Isaura, a namorada – estariam tristes com a sua ausência. Em seguida, numa percepção quase pueril, opõe o opressivo espaço da cafua, que ocupa com mais quatro companheiros, ao espaço exterior, cheio de vida: "Aqui é frio, escuro, há fartum de dejetos, mas lá fora há sol, barulho de automóveis, certamente crianças estarão estreando brinquedos de Natal." (p. 51). O interessante é que, em meio a tantas adversidades, os sentimentos do soldado são – estupidamente – de calma e serenidade:

> (...) Sinto uma fraqueza, perece-me que vou dormir: às vezes, uma modorra gostosa, uma sonolência, quase um desmaio... Mas estou calmo, sereno, estupidamente.
> No primeiro dia, as emanações da latrina, nojentas, enchiam o ar e enchiam toda a cadeia. Eu sentia enjôo e dor de cabeça. Já hoje não estranho, estou calmo, nem triste da vida, nem tão saudoso de Isaura, de casa. Acredito que vou me acostumando, crio casca, traquejando, ganhando cheiro de macaco. (p. 52)

A acomodação do protagonista à situação é tamanha que, logo a seguir, é reiterada:

> Na cafua a vista se ajeita à escuridão, se acomoda, se habitua. Assim como o corpo se ajeita à imundície e à seminudez das camisetas e dos calções ordinários. Por isso, quando saímos à luz, o sol nos parece uma coisa muito boa, que vibra, uma coisa quase nova, que nos aquece e nos encanta, quase nos assusta...
> Nós respiramos fundo. Nós olhamos para o alto, para o céu, nós olhamos. Assim os homens saúdam o sol. (p. 52)

A imagem dos olhos e do corpo "habituando-se" às condições subumanas de vida parece traduzir a passividade do soldado. É como se ele tivesse interiorizado as injustas normas militares, chegando a confundir valores humanos inalienáveis e privilégios, direitos e deveres. Assim, por exemplo, o sol é visto como uma espécie de presente e, pateticamente, saudado de maneira organizada por todo o grupo, quase como se devesse receber continência.

Como era dia de Natal, os presos recebem permissão para sair da cafua e comer no rancho, "como se estivessem em liberdade" (p. 52). A esperança de que haveria uma comida melhor anima o protagonista e todos vão "marchando, contentes, seguindo. É um sol, um ar, um dia tão leve..." (p. 53). A surpresa de encontrar batata frita no cardápio ("Meu Deus, batata frita!", p. 53) faz com que os jovens sorriam uns para os outros e em pouco tempo um clima de camaradagem envolve a todos.

Após o almoço, o sargento Magalhães, de plantão no dia, permite que eles fiquem no campo em vez de voltar para o xadrez. E, no quartel praticamente vazio, os presos podem se estender no gramado: "Uma tarde inteira de liberdade, como os outros, exatamente como os outros" (p. 53). Note-se que, se por um lado, o fato de o protagonista e de os outros presos alegrarem-se com a "comida caprichada" e a "liberdade" vigiada, aponta para uma relativização de parâmetros, típica dos que têm que viver com muito pouco ou com quase nada, por outro lado, se pensarmos no sentido mais geral da narrativa, podemos compreender esse "contentamento" como falta de combatividade, como um sentimento conformista em relação à realidade imposta.

Para tornar mais clara a percepção desse conformismo, podemos contrapô-lo à atitude revolucionária empreendida por outro soldado, desta vez pertencente às páginas do romance português *Levantado do chão*, de José Saramago. Na saga dos trabalhadores rurais alentejanos, encontramos uma situação mais ou menos análoga à vivida pelo protagonista do conto brasileiro. O jovem António Mau-Tempo, ao servir ao exército em plena ditadura salazarista, lidera uma greve de fome justamente porque a comida servida no quartel era muito ruim. Os superiores, sentindo-se ultrajados, ameaçam os insurrectos com metralhadoras, mas os soldados mantêm a firmeza e se recusam a comer, numa tocante demonstração de coragem e união. A lição que António tira do episódio é exemplar:

> (...) estou que não iriam fazer fogo contra nós, mas se o fizessem, sei que tínhamos ficado ali todos, e essa é que foi a nossa vitória, não foi ter melhorado o rancho, que às vezes a gente começa a lutar por uma coisa e acaba por ganhar outra. Fez António Mau-Tempo uma pausa e depois acrescentou, muito mais sábio do que a idade que tinha, mas para ganhar a segunda, tem de se começar por lutar pela primeira.[93]

---
[93] *In Levantado do chão*. Rio de Janeiro: Bertrand Brasil, 1993, p. 227.

A consciência política e a capacidade de ação demonstradas pelo soldado português, concebido pela perspectiva utópica de Saramago, estão fora do horizonte de possibilidades da personagem criada por João Antônio. Na narrativa brasileira, o jovem soldado se atém aos estreitos limites do presente e não se permite sonhar com tempos mais justos. O que o conforta são pequenos gestos, como o do sargento Magalhães, que lhe oferece cigarros numa atitude de camaradagem. No inferno do confinamento, em pleno dia de Natal, o "presente" do sargento causa no soldado uma alegria envergonhada, como se ele não merecesse tamanha consideração:

> (...) Mas nunca, nada me sensibilizou como agora o maço de cigarros estirado pelo sargento Magalhães, naquela fala camarada. Nunca recebi nada tão bom. Arrisco uma liberdade. Falo humilde, falo baixo, os músculos da cara parados, um medo de botar tudo a perder.
> – Mas é preciso me botar na boca.
> O homem me põe o cigarro na boca.
> Ando, ando à toa. As mãos coçam, coçam muito.
> Às vezes, é um arrepio fino, que vai até a vontade de urinar. Mas não tem importância, ando. (p. 54)

O favor recebido pelo narrador o enternece profundamente. Ele pensa, sem raiva, no sub Moraes, pensa com carinho na própria família e até revê seu juízo sobre as crianças, antes detestáveis ("Como são lindas as crianças morenas!", p. 55). Esses sentimentos doces e, aparentemente, apaziguadores entram em choque com o andar fortuito e quase obsessivo do soldado que, como já vimos anteriormente, pode ser compreendido como indicador de uma busca angustiada. Assim, como bicho enjaulado, o moço circula sem rumo certo ("à toa") e suas mãos que "coçam, coçam muito" sugerem a própria impotência do soldado, sua aflição por não saber como agir para modificar a própria situação.

O final da história acena com o fim da liberdade provisória do narrador e com a sua volta ao interior da prisão: "Vou andando, andando, vou juntar-me aos outros, até que a tarde acabe e o sargento nos recolha à cafua". (p. 55). Depois de experimentar a humilhação e a dor, uma tarde de pequenos contentamentos parece momentaneamente revitalizar o jovem soldado. Mas a narrativa não deixa dúvidas: trata-se de um breve intervalo antes que a violência e a opressão se instalem novamente.

A CARÊNCIA DOS SOLDADOS

Depois da leitura dos dois contos que compõem "Caserna", é possível afirmar que a carência – que chega ao limite da fome e da dor física – é uma marca constituinte do cotidiano dos jovens soldados que prestam o serviço militar obrigatório. E, se estendermos a injusta organização que preside a realidade dos quartéis à organização do próprio Estado brasileiro, fica evidente que as estruturas de poder a que são submetidos os seus cidadãos são incapazes de suprir necessidades básicas e promover o bem-estar dos "filhos da pátria."

O autoritarismo e a violência presentes no cotidiano dos quartéis brasileiros são emblemáticos de uma configuração social também ela autoritária e violenta: daí que a exclusão seja tão aguda em nosso país. Nos espaços militares recriados por João Antônio, onde a brutalidade das relações é bastante contundente, a possibilidade de reivindicação é mínima, quase inexistente. Sem consciência política, as personagens parecem mergulhadas num "estado de torpor", já que a inação e o conformismo marcam suas existências.

Por outro lado, talvez por estarem mais próximas das esferas do poder, os soldados demonstram vontade de participar do modelo social instituído, de serem absorvidos pelo "pólo positivo", para retomarmos o termo utilizado por Antonio Candido. Isso pode ser comprovado se pensarmos na satisfação de Ivo que, ao cair nas graças do sargento Isaías, foi promovido a escriturário e no esforço empreendido pelo protagonista de "Natal na cafua" para se adequar às normas que regem a vida no quartel. Sobre o empenho dessa última personagem, vejamos:

> Tenho sofrido muito nestes meses de quartel, ouvi muito xingamento, muito deboche e muita ofensa. E tenho me desdobrado tentando acertar,

bestamente. Perco aulas no colégio, me prejudico. Tenho aturado, agüentado, perdi injustamente meu curso para cabo, sou o melhor motorista da companhia e dei com o lombo na cadeia duas vezes.

(...)

Também tenho recebido favores, dispensas e já ganhei dois elogios no boletim, porque eu sei o que faço no volante. (p. 54)

Aturdido entre xingamentos e favores, punições e privilégios, o narrador admite que tem se "desdobrado tentando acertar, bestamente". Mas, apesar de sentir-se idiotizado, ele persegue o ideal de ser um bom soldado, condição que lhe garantiria algum reconhecimento e conforto.

Nesse contexto, em que prevalece a arbitrariedade, pequenos gestos de solidariedade, como o realizado por Tila, no primeiro conto, ou mesmo pelo sargento Magalhães, no segundo, alentam os protagonistas. Mas depois desses instantes fugazes de plenitude, em que os jovens exercitam toda a sua humanidade, a dura realidade se impõe, com sua inequívoca carga de brutalidade.

Depois de ler essas duas narrativas, é difícil não pensar em *Triste fim de Policarpo Quaresma* (1911), de Lima Barreto. Nesse romance, tanto as figuras mesquinhas dos militares reformados que bocejam com enfado nos serões dos subúrbios, como o trágico episódio em que o ingênuo Major se desilude com o Marechal Floriano Peixoto e os seus soldados caracterizam o exército brasileiro, já em nossa primeira República, como uma instituição medíocre, burocrática e sobretudo injusta. Nesse sentido, o fuzilamento de Policarpo, que defendeu vigorosamente a ordem republicana ameaçada, é a imagem mais bem acabada da arbitrariedade de uma organização militar violenta e autoritária que, se já está presente nas páginas do "pioneiro" Lima Barreto, atualiza-se nas páginas escritas por João Antônio.

Ao focalizar a realidade massacrante dos quartéis, o que o escritor paulistano parece fazer é colocar uma lente de aumento nas contradições que estruturam a sociedade brasileira. De fato, é como se ele nos mostrasse que, num país que cresce a partir dos interesses das elites, não há saída legalista para a superação da iniquidade que acaba por atingir fundamentalmente os mais pobres.

"Sinuca" ou a artimanha dos malandros

Os quatro contos de "Sinuca" são antecedidos por uma epígrafe e uma dedicatória que inserem o leitor diretamente no universo da sinuca, jogo que é determinante na elaboração narrativa principalmente das três últimas histórias do livro. As palavras da epígrafe são atribuídas a um jogador real, cuja alcunha era "Bola livre", que teria circulado pelos bares do bairro paulistano da Lapa:

> Uma definição: a mesa é triste, dolorida como uma branca que cai.
> (Palavras ouvidas de Bola Livre, um vagabundo da Lapa-de-Baixo).

Como se vê, a prática da sinuca é, já de saída, perspectivada de maneira melancólica. Comparada à tristeza e à dor sentidas pela perda da bola branca, essencial na conquista dos pontos no jogo, a sinuca adquire uma conotação sombria, que nos leva a pensar na expressão figurada "sinuca de bico", utilizada para nomear uma situação embaraçosa, de difícil resolução. Se atentarmos para o próprio estado psicológico e social das personagens que protagonizam os contos desta seção, veremos que a sua condição corresponde – e muito – a uma "sinuca de bico", a um verdadeiro impasse, a uma situação cujas dificuldades parecem ser insolúveis.

Já a dedicatória rende homenagens a Carne Frita, outro jogador real que fez fama nas mesas de jogo da região central da cidade de São Paulo, perambulando principalmente pelas ruas do Brás:

> Dedicatória: À picardia, à lealdade e em especial à beleza de estilo de jogo do muito considerado mestre Carne Frita, professor de encabulação e desacato e cobra de maior taco dos últimos anos, consagro com a devida humildade estas histórias curtas.

As qualidades atribuídas por João Antônio a Carne Frita – picardia, lealdade, estilo, encabulação e desacato – dão bem a medida das características necessárias para o sucesso na sinuca. Agregando valores aparentemente contraditórios, como a picardia (se tomada no sentido de "logro") e a lealdade, a encabulação (acanhamento) e o desacato, o "mestre" reúne os atributos fundamentais para se afirmar como um bom jogador, já que pode variar suas facetas em conformidade com as situações que tem que enfrentar.

Porém, dentre as qualidades associadas a Carne Frita, uma se sobressai como "especial": "a beleza do estilo de jogo". Isso nos leva a pensar que a um modo de ser tão característico corresponde uma estética que, de certo modo, o traduz. Assim, o modo "belo" como Carne Frita joga a sinuca revelaria as regras morais que sustentam a sua conduta. Se considerarmos ainda que o termo "picardia", além de "logro", pode significar também "elegância", a dualidade ética / estética se apresenta já no primeiro adjetivo vinculado ao jogador: sua capacidade de enganar os adversários é exercida com gentileza e distinção.

Essa maneira ambígua de lidar com a realidade, simultaneamente "mostrando e escondendo", "dizendo e ocultando", é típica do universo da malandragem. Como verificaremos a partir de agora, os quatro contos que compõem "Sinuca" versam exatamente sobre o modo de ser do malandro, aclarando as especificidades dessa condição marginal.

"Frio"

"Frio" é um conto de cerca de dez páginas, conduzido por um narrador onisciente que acompanha a trajetória de um menino negro de dez anos pelas ruas de São Paulo, durante uma noite fria. Encarregado pelo malandro Paraná, seu amigo e protetor, de levar um pequeno embrulho, certamente de alguma droga ilícita, da Rua João Teodoro, na região central da cidade, até um ferro-velho situado no bairro de Perdizes, para entregá-lo ao próprio Paraná que lá se encontraria com ele, o garoto percorre a pé os espaços paulistanos – estação da Sorocabana, Avenida Duque de Caxias, Avenida São João, Avenida Marechal Deodoro, Largo Padre Péricles, Avenida Água Branca – num tempo de mais ou menos duas horas.

Durante o percurso, o narrador adentra os pensamentos do menino e podemos então conhecer um pouco de seu cotidiano, de suas carências e de suas fantasias. Morador de um porão no fim da Rua João Teodoro, junto com Paraná, jogador de sinuca que o acolhe e garante que ele, mesmo precariamente, tenha casa e comida, o menino sobrevive na "viração", engraxando sapatos e, mais recentemente, ganhando gorjetas por levar recados e maços de cigarro a pedido de uns novos conhecidos de Paraná.

Assim, de forma sutil, sem nomear diretamente os fatos, o conto revela o envolvimento de Paraná com o tráfico de drogas e a utilização do garoto como "avião", isto é, como intermediário na compra e venda do produto:

> Só por último é que andava com fulanos bem vestidos, pastas bonitas debaixo do braço. Mãos finas, anéis, sapatos brilhando. Provavelmente seriam sujeitos importantes, cobras de outros cantos. O menino nunca se metera a perguntar quem fossem, porque davam-lhe grojas muito grandes, à toa, à toa. Era só levar um recado, buscar um maço de cigarros... Os homens escorregavam uma de cinco, uma de dez. Uma sopa. Ademais, Paraná não gostava de curioso. Mas eram diferentes de Paraná, e o menino não os topava muito. (p. 63)

Note-se a ambigüidade do papel que Paraná ocupa junto do menino. Ao mesmo tempo que enxergamos com clareza a exploração que media a relação entre os dois, também observamos os cuidados e o carinho com que o mais velho trata o menino. Quando pede a ele que leve o embrulho, por exemplo, forra o seu tênis com pedaços de jornal para impedir a passagem da umidade pela sola furada e ordena: "Se arranca. Se vira de acordo, tá? Olho vivo no embrulho!" (p. 61). "Olho vivo!", alerta sempre presente no pensamento do garoto, é a atitude vigilante imprescindível para a sobrevivência nas ruas. Desse modo, cotidianamente, Paraná vai transmitindo a sua sabedoria ao moleque:

> Pequeno, feio, preto, magrelo. Mas Paraná havia-lhe ensinado todas as virações de um moleque. Por isso ele o adorava. Pena que não saísse da sinuca e da casa daquela Nora, lá na Barra Funda. Tirante o que, Paraná era branco, ensinara-lhe engraxar, tomar conta de carro, lavar carro, se virar vendendo canudo e coisas dentro da cesta de taquara. E até ver horas. (pp. 61-2)

A função paterna é, assim, cumprida pelo malandro que ensina ao menino como enfrentar a vida, orientando-o e aconselhando-o inclusive a partir de sua própria história. Quando Paraná ganhava dinheiro na sinuca, por exemplo, impedia o seu protegido de engraxar e os dois celebravam a vitória juntos, estreitando sua amizade:

> Compravam "pizza" e ficavam os dois. Paraná bebia muita cerveja e falava, falava. No quarto. Falava. O menino se ajeitava no caixãozinho de sabão e gostava de ouvir. Coisas saíam da boca do homem: perdi tanto, ganhei, eu saí de casa moleque, briguei, perdi tanto, meu pai era assim, eu tinha um irmão, bote fé, hoje na sinuca eu sou um cobra. Horas, horas. O menino ouvia, depois tirava a roupa de Paraná. Cada um na sua cama. Luz acesa. Um falava, outro ouvia. Já tarde, com muita cerveja na cabeça, é que Paraná se alterava:
> – Se algum te põe a mão... se abre! Qu'eu ajusto ele.
> Paraná às vezes mostrava mesmo a tipos bestas o que era a vida.
> O menino sabia que Paraná topava o jeito dele. E que nunca lhe havia tirado dinheiro. (p. 62)

Exploração e proteção, dureza e afeto misturam-se na relação do malandro com seu aprendiz. Mas se o adulto impele a criança à malandragem, abreviando-lhe a infância, a menina Lúcia, também moradora da rua, estabelece o contraponto da aridez que caracteriza o universo marginal. O lado lúdico e inocente do universo infantil potencializa-se na relação que o menino mantém com a garota:

> Lúcia era menor que ele e brincava o dia todo de velocípede pela calçada. Quando alguma coisa engraçada acontecia, eles riam juntos. Depois, conversavam. Ela se chegava à caixa de engraxate. O menino gostava de conversar com ela, porque Lúcia lhe fazia imaginar uma porção de coisas suas desconhecidas: a casa dos bichos, o navio e a moça que fazia ginástica em cima duma balança – que o pai dela chamava de trapézio. (p. 64)

Lúcia contava que navios apitavam mais sonoros que chaminés. Enormes. Gente e mais gente dentro deles. Iam e vinham no mar. O mar... ele não sabia. Seria, sem dúvida, também uma coisa bonita. (p. 65)

A fantasia e a imaginação do menino são exercitadas no contato com a amiga. Na conversa de ambos, a curiosidade, o encantamento e a beleza são ingredientes que devolvem a ele a possibilidade de sonhar. Desse modo, transitando entre o mundo adulto e o mundo infantil, entre a realidade e o sonho, entre a fantasia e o risco, o garoto perfaz sua travessia. Pelas beiradas ("Ele ia pelas beiradas", p. 59), na instabilidade de um percurso cumprido às custas de carências essenciais como o frio, a fome, a sede e a vontade de urinar, a criança vai adquirindo na prática a experiência da marginalidade.

Toda a fragilidade física e emocional do protagonista é sublinhada através do uso recorrente dos diminutivos que servem para qualificá-lo: "o seu coraçãozinho se apertava" (p. 59), "pousou-lhe as mãos ombrinhos" (p. 60), "As perninhas pretas começavam a doer" (p. 65), "O pezinho direito subia e descia na calçada" (p. 65), "Um pressentimento desusado passou-lhe pela cabecinha preta." (p. 66). "Uma dor fina apertou o seu coração pequeno" (p. 67). A cumplicidade do narrador com a situação de extrema carência vivida pela personagem infantil fica ainda mais evidenciada nessas passagens que salientam a sua debilidade.

Note-se ainda que, nesse conto, a questão racial adquire relevância. O menino é negro e o fato de Paraná e de Lúcia serem brancos é significativo em seu imaginário, o que denota o quanto ele é atingido pelo preconceito racial. Na imagem que faz de si, a enumeração de características de teor pejorativo incluem a cor da pele – "pequeno, feio, preto magrelo" –, o que atesta a construção de uma auto-estima negativa construída também a partir do dado racial. Tal percepção contrasta com a visão "positiva" que ele tem da amiga – lembremos que a raiz etimológica de Lúcia é "luz" –, cujas características exteriores são a brancura, a beleza e a limpeza: "Lúcia, branca e muito bonita, sempre limpinha" (p. 68).

Desse modo, o conto acaba por revelar uma discriminação introjetada, completamente verossímil na construção de uma personagem marginalizada e alienada como o protagonista. Através do acesso que temos à sua visão de si e do outro percebemos que sua identidade é forjada a partir do preconceito. E o fato de o menino ter apenas dez anos torna ainda mais dramática a denúncia dos mecanismos sociais que afirmam a exclusão também a partir da cor da pele.

Na parte final do conto, a realidade se impõe com uma dureza implacável. O garoto, depois de caminhar obstinadamente como havia determinado Paraná, chega ao ferro-velho cansado e com muito sono. Seu desejo, então, é apenas dormir e sonhar. Mas entre entregar-se à fantasia ou atender as demandas imediatas, o menino é obrigado à segunda possibilidade, como se o universo da imaginação estivesse interditado para ele:

> Que bom se sonhasse com cavalos patoludos, ou com a moça que fazia ginástica! Contudo, não aguentava mais a vontade. Abriu o casacão.
> Então, o menino foi para junto do muro e urinou. (p. 68)

No limite da resistência física, a necessidade de urinar faz-se imperativa. Observe-se o uso da conjunção adversativa ("contudo") implicando a contrariedade do desejo acalentado pela criança. A finalização do conto com um ato tão trivial como urinar – espécie de anti-clímax afirmando um desfecho completamente prosaico – opera um corte abrupto na narrativa e atesta a dimensão ordinária da história do menino que se constrói toda em "tom menor", acentuando o sofrimento e a dor da marginalidade infantil.

A aparente simplicidade do título do conto tem, assim, seus significados ampliados no decorrer da leitura. O frio cortante sentido pelo menino é causado não apenas pela baixa temperatura que o faz tremer, mas também pela solidão e pelo medo que nunca o abandonam. O senso de responsabilidade que o impede de desistir da jornada ou de desviar do caminho concorre com as vontades mais singelas, como a de tomar um copo de leite quente para aplacar o frio e a fome ("Que bom se tomasse um copo de leite quente! Leite quente, como era bom!", p. 64) ou fitar um cachorro atropelado ("Ficou com pena do cachorro. Deveria estar duro, a dor no desastre teria sido muito forte. Não o olhou muito, que talvez Paraná estivesse no ferro-velho. Seguiu.", p. 67). Cumprir com sucesso a missão de levar o pacote ao seu destino é fundamental para a sobrevivência no mundo da malandragem.

O que tornam essa narrativa de João Antônio especialmente sensível são dois aspectos interligados e complementares: a visão da realidade apreendida através da óptica do menino e a condução da narrativa por um narrador que demonstra sentir compaixão por sua situação. Nesse sentido, o conto – sem jamais ser apelativo – arrebata completamente o leitor, que se vê imerso na terrível – e fria – realidade vivida pela criança.

Cabe aqui uma aproximação entre "Frio" e um conto de Luandino Vieira chamado "À espera do luar" (escrito em 1962 e publicado em *Vidas Novas*, 1975). Na estória angolana, conduzida por um narrador onisciente, um jovem pescador chamado João Matias Kangatu também precisa levar um pacote clandestino, que supomos tratar-se de propaganda política contra o governo colonial, através da noite. Ao compararmos as duas narrativas, verificamos que os elementos fundamentais que compõem o enredo de cada uma delas podem ser identificados: as personagens marginalizadas socialmente são jovens e têm que cumprir uma missão parecida: transportar um embrulho até o seu destino sem serem interceptadas pela polícia. Em contrapartida, a caracterização dos protagonistas e do espaço e os sentidos evocados pelos desfechos das histórias encontram-se em pólos praticamente opostos.

Diferentemente da fragilidade aparentada pelo menino, a força caracteriza o rapaz angolano, que tem "peito largo de pescador" e "pés largos".[94] Já o frio cortante que atormenta a personagem de João Antônio cede lugar a uma noite morna, com a lua grande furando o negro do céu numa praia luandense. Desse modo, enquanto a dureza da cidade contribui para o sofrimento e a solidão do menino brasileiro, a paisagem marinha encanta e conforta João Matias.

É assim que, sentado na areia, admirando imprudentemente as estrelas, num misto de alegria e medo pelo serviço que ia fazer – entregar o pacote a um companheiro dentro de um barco atracado ali perto – João Matias é atingido por um tiro, disparado por um casal branco que tencionava namorar na praia. Mesmo ferido, o pescador encontra forças para correr e esconder o pacote no fundo da canoa. Depois de ter cumprido a sua missão, o moço deixa-se morrer, descendo até o fundo do mar.

---
[94] *In Vidas novas*. Lisboa: Edições 70, 1997, p. 23.

O final do conto, embora marcado pela morte, destaca a atitude exemplar do rapaz que contribui para a derrocada do poder instituído. Trata-se, assim, de uma narrativa que valoriza a práxis revolucionária, sustentada pela utopia de uma transformação social. As duas histórias – "Frio" e "À espera do luar" – são emblemáticas dos projetos literários levados a cabo por João Antônio e por Luandino Vieira. Cada um dos escritores elabora soluções ficcionais distintas para expressar suas posturas ideológicas diante de realidades histórico-sociais que podem ser aproximadas.

"Visita"

Narrado em primeira pessoa e possuindo cerca de doze páginas, "Visita" apresenta grande afinidade com os dois primeiros contos do livro. Novamente temos como protagonista um homem entediado e socialmente desajustado, só que, desta vez, essa personagem central – provavelmente com idade entre vinte e trinta anos – oscila claramente entre a adesão ao universo do trabalho e o retorno ao universo da malandragem, que é representado pelo jogo de sinuca.

A ação narrativa do conto é bastante simples: o narrador chega à noite do trabalho e, como está de férias escolares, troca de roupa e pega um ônibus para visitar o amigo Carlinhos, ex-parceiro de jogo, que mora em uma vila operária. Como o amigo não está em casa, o narrador dirige-se ao ponto de ônibus mas, como a espera pela condução que o levaria de volta é muito longa, ele resolve fazer o trajeto a pé. No caminho, entra em um bar e começa a beber e a jogar sinuca. Joga mal, perde dinheiro e, ao chegar finalmente em casa para dormir, lembra-se com desgosto da rotina de trabalho que terá que enfrentar no dia seguinte.

Como é freqüente nas narrativas de João Antônio, as divagações das personagens têm uma dimensão fundamental na construção dos sentidos que o texto suscita. Assim, já no primeiro parágrafo do conto, o narrador faz referência, através da alusão a um sonho recente, à possibilidade de voltar a jogar sinuca com o amigo Carlinhos. Porém, a revitalização da parceria, que acarretaria o abandono do emprego e a retomada das antigas aventuras, era sinônimo de ruína, pois o narrador, em seu sonho, reiteradamente encaçapava a bola branca:

> Sonhei que voltara às grandes paradas. Eu e Carlinhos. Desprezando para sempre nossos empregos, sozinhos no mundo e conluiados, malandros perigosos, agora. Vagabundeávamos, finos na habilidade torpe de qualquer exploração. E fisgávamos mulheres, donos de bar, zeladores de prédios, engraxates, porteiros de hotel, meninos que vendem amendoim...
> Era quando a branca caía.
> No jogo, no quente jogo aberto das parcerias duras, partidas caríssimas, eu tropicava, tropicava, repetidamente. Aquilo não se explicava! A tacada final era dolorosa e era invariável – era a minha – e eu me perdia. Aquilo, aquilo nos arruinava. (p. 69)

O papel do sonho evocado pelo narrador é central na narrativa. Em primeiro lugar, é o fato que o motiva a procurar o ex-parceiro – que ele efetivamente não encontra – e, depois, é uma espécie de "premonição" do que acontecerá na prática: quando se propuser a jogar "de verdade", seu desempenho ruim se repetirá. Isso nos leva a pensar que o exercício da malandragem está prática e simbolicamente interditado ao protagonista, já que, na realidade, ele não consegue suplantar a sua rotina medíocre, relativa ao trabalho e à vida familiar.

Aliás, durante todo o conto, o mundo da sinuca é oposto ao universo do trabalho formal e ao universo doméstico. A "vida do joguinho" (p. 73), rememorada com nostalgia e certa vaguidão pelo narrador, tem sempre suas vantagens ressaltadas: "Não sei bem como era – mas eu não vivia mandado como agora, tinha sempre mais dinheiro, meu jogo era bom, tinha um estilo e rendia" (p. 70). Para a personagem, jogar significa transgredir a ordem e afirmar uma identidade: não se submeter a regras sociais, possuir mais dinheiro do que um "otário" e ser reconhecido por uma habilidade específica.

Na óptica do narrador, o universo doméstico, por sua vez, é constituído só por aborrecimentos. Ele mora com a mãe e a irmã – mais uma vez, a figura paterna está ausente – e ambas o atordoam com preocupações "inúteis". A mãe vive solicitando sua ajuda para a resolução de pequenas questões: "Minha mãe tem a mania de me arranjar esses probleminhas domésticos"(p. 70), enquanto a irmã o chateia com futilidades; "Que irmã, vejam. Uma tonta. Sabe é ouvir novela, ler romancinhos para moças, discutir babados."(p. 71). Também o universo do trabalho – e da escola – são completamente vazios de significado para o narrador. Trabalhando em um escritório chefiado por ingleses, na seção de contabilidade, ele concebe seu cotidiano como uma rotina completamente vã:

> Pelo ano inteiro, este tonto trabalha e agüenta escola noturna. Dorme seis horas por dia, acorda atordoado de sono, vai buscar dinheiro numa profissão inútil. Dia todo somando, dividindo, subtraindo, multiplicando. Por que diabo mandam-me tantos relatórios? Os dedos pretos de fumo são fins de braços sem bíceps, sem tríceps, nada. Pudera! Às vezes, vejo na expedição homens da sacaria, braços enormes. Imagino-me vivendo à sombra deles. Parece-me que a vida teria músculos e sossego, não cálculos e ocupações domésticas. (p. 70)

A visão do narrador de que a sua atividade profissional é inútil e massacrante atesta a sua condição de trabalhador alienado. As contas que o ocupam servem tão somente para ampliar o capital do patrão e, nesse sentido, reafirmar uma ordem social da qual ele é excluído. Vale atentar para o fato de que o trabalho braçal dos "homens da sacaria" é, de algum modo, invejado pelo protagonista. Mais distantes das esferas do poder, esses trabalhadores "brutalizados" aparentam não se martirizar com as questões que tanto o incomodam. Para ele, esses homens, apesar de seu sacrifício físico, teriam uma vida mais compensadora, porque mais autêntica.

Note-se ainda que o protagonista é empregado num escritório chefiado por ingleses, o que parece indigná-lo ainda mais. Talvez seja possível pensar em sua condição como uma condição análoga a do próprio Brasil que, num processo de internacionalização aguda da economia na década de 50, subordinou-se definitivamente ao capital estrangeiro. Mais adiante, ao refletir sobre a atuação empresarial de seus patrões ingleses, o protagonista revolta-se:

> (...) Aqueles figurões do escritório deviam aturar desaforo, para saberem o que é a vida. Aturar desaforos. Figurões que se agrupam, vêm para cá, moram em palacetes, aqui encontram bobos a servirem-lhe em idioma e escrita. Sou um deles. O que sei aí está – língua estrangeira para servir a estrangeiros. E ganhar seis contos por mês. (p. 78)

A exploração da mão-de-obra e das matérias-primas brasileiras por empresas estrangeiras é um dado histórico que acentua nossa condição de subalternidade no cenário mundial – e esse fato não passa desapercebido pelo narrador. Vale ressaltar que a sua dificuldade de suportar a vida de trabalho alienado é simbolicamente objetivada numa atitude de incômodo e de desprezo em relação à gravata que ele é obrigado a usar: "Arranco a gravata. Nem é gravata. Um nó e pronto. Mas são todas assim, não as consigo conservar."(p. 71). É justamente sua condição de "engravatado" e mal pago, "otário" ou "trouxa", na perspectiva dos malandros, que a prática da sinuca subverte. Ao decidir visitar Carlinhos de ônibus, o narrador pondera:

> Poderia ir a pé. Prefiro o ônibus; basta a canseira do dia. Gente como eu, bobagem economizar níqueis. Jamais se tem alguma coisa. A taxa do colégio, uma farra qualquer, levam tudo. O diabo é que eu não nasci trouxa, aqueles tempos de jogo, quando desempregado, me ensinaram que eu não nasci trouxa. Agora, o salário minguado dá para cigarros de vinte cruzeiros e cachaça de quando em quando. Se o mês aperta, corta-se isso. (p. 72)

Oscilando entre assumir-se ou não como "trouxa", o narrador tenta se equilibrar no estreito limite que o separa da malandragem. É interessante que, à espera do ônibus, ele mostra-se indignado com a omissão do Estado na organização da sociedade, o que até poderia apontar para a sua conscientização política. Porém, essa consciência ainda é muito insipiente, já que, em seguida, o narrador passa a questionar sua própria responsabilidade pela miséria que o envolve:

> Ônibus não vem. Diabo de linha! Por que não vem duma vez a prefeitura dum governo que tome conta de tudo? Bato a cinza do cigarro. A vila é bem mesquinha, rodeada de fábricas, dezenas de bares, três igrejas, um grupo escolar. O casario feio abriga mal gente feia, encardida, descorada. Nos meus cinco meses de vagabundagem eu me acordava tarde, tarde, e podia ver melhor aquilo. Ia aos bares. As ruas com seus monturos, cães e esgotos, muitas vezes me davam crianças que saíam do grupo escolar. Não me agradavam aqueles pés no chão movendo corpinhos magros. Qualquer ignorante podia perceber que aquilo não estava certo, nem era vida que se desse aos meninos. Eu saía do botequim, chateado e fatalmente enveredava mal. Encabulação, cachaça, erradas, desnorteava-me no jogo. Um sentimento confuso, uma necessidade enorme de me impingir que não era culpado de nada. Os meninos magros iam porque iam. Culpada era a vila, ou alguém ou muitos. Eu também engulia aquele pó, igualmente amassava aquele barro, agüentava aquela vida cinzenta. Podia mudar o quê? Não havia sido um menino como aqueles, pé no chão, desengonçado? Nos dias de chuva eu não me encolhia nessas ruas feito um pardal molhado? Sem eira nem beira. Eu tinha culpa de quê?
>
> Minutos de espera, o que me sobrou foi tédio e raiva. (pp. 75-6)

A ineficiência do poder público, comprovada pela terrível realidade que contabiliza "dezenas de bares, três igrejas, um grupo escolar", chateia o narrador, que acaba por expressar "um sentimento confuso", misto de frustração e culpa. Ao se deparar com o descaso social, de que também é vítima, o protagonista não tem a clareza necessária para atribuir responsabilidade às elites governantes. Perplexo, desloca, então, a culpa para si mesmo e, na impossibilidade de atuar para transformar a situação, sente tédio e raiva.

Vale sublinhar que um dos pontos altos desse texto é o mapeamento da exclusão social do narrador, que é enfatizada em suas diferentes dimensões. Ele se vê excluído do universo da cultura, já que não pode ir ao cinema porque mora no subúrbio e não há ônibus circulando depois das onze e meia: "Cinema? Meio tarde para cinema. Besouros voam, caem. A última sessão termina pela meia-noite passada, o último ônibus parte às onze e meia. Porcaria de subúrbio!"(p. 75). E também se vê excluído do universo idealizado e perversamente veiculado pela mídia, uma vez que suas características físicas o afastam do padrão de beleza propagado pelas mensagens publicitárias. Ao ver um anúncio, compara-se com o modelo: "Ao pé do letreiro, um modelo de dentes muito brancos (...) Meus dentes são amarelos, manchas de fumo." (p. 75). Assim, bombardeado por privações, o narrador tem sua auto-estima completamente esgarçada. Sua inserção no coletivo não acontece, pois a realidade que ele observa é sempre falsa, precária. Ao passar por um quartel, ele observa:

> Passo o pontilhão, entro pela rua do quartel. Uma das sentinelas encosta-se a uma prostituta num canto do portão, que a iluminação parca não abrange. Quartel indecente. Meretrício logo ali. E depois a gente vê na televisão, ouve no rádio, homens de farda falando em moral de costumes. E mostram bossa.
> – Quartel indecente! – gracejei comigo. (p. 76)

Falsos valores, falsa moral, possibilidades falsas. É por constatar tanto desacordo entre norma e conduta que as atitudes do narrador são periclitantes. Se, por um lado, ele condena determinados comportamentos sociais, por outro, cobra-se por não se ajustar a eles. "Por que não arranjo uma namorada?" (p. 75, 78 e 80), por exemplo, é uma pergunta que ele se faz quatro vezes, denunciando seu desejo de enquadrar-se socialmente ou, ao menos, de tentar aplacar sua solidão através de um relacionamento amoroso.

Durante o jogo de sinuca, a aflição do narrador aumenta ainda mais. Sua consciência atormentada não lhe dá tréguas. Ele sente angústia pela sua situação, tristeza pela situação alheia, nervoso, cansaço, medo. Joga mal, perde dinheiro. Depois, ao chegar em casa alcoolizado e profundamente aborrecido, deseja apenas a letargia do sono: "muito sono, muito urgente é dormir, luz apagada, travesseiro, solidão, nada..."(p. 80). Essa vontade, expressa tão veementemente, afirma a inação e a melancolia que caracterizam o protagonista, incapaz de vislumbrar qualquer saída para a sua situação.

No final do texto, afirmam-se as perspectivas do desencanto e da continuidade. O narrador sofrerá com a ressaca pela bebedeira e, no dia seguinte, tudo se repetirá:

> Mas amanhã, a repetição dos relatórios. Meus olhos viajarão do teclado aos corpos taludos dos homens da sacaria. E, nas paredes brancas do escritório, balbúrdia, persianas abertas, ingleses a perambular. (p. 80)

"Meninão do caixote"

"Meninão do Caixote" é um conto de quase vinte páginas que pode ser aproximado de "Frio" já que, em alguma medida, também evoca o universo infantil. Porém, enquanto o protagonista de "Frio" é uma criança que vive na fronteira entre o mundo pueril – vinculado à inocência, à afetividade e à brincadeira – e a experiência da malandragem, o Meninão do Caixote é um adolescente que vivencia a passagem da infância para o mundo adulto através da experiência da malandragem, representada pela prática da sinuca.

Assim, se a malandragem é um dado constitutivo "inevitável" dentro da lógica que rege a vida cotidiana do menino pobre que protagoniza "Frio", em "Meninão do Caixote" ela aparece fortemente vinculada a um estágio de amadurecimento da personagem central, que encontra no jogo uma possibilidade de reconhecimento e auto-afirmação.

Narrada pelo próprio Meninão do Caixote, a história rememora cerca de três anos de sua vida, iniciando com seu primeiro interesse pela sinuca e culminando com a última vez que ele havia jogado, por volta dos quinze anos de idade.

Três parágrafos iniciais precedem o início da ação narrativa. São uma espécie de "balanço" que o narrador faz *a posteriori* de sua relação com Vitorino, jogador velho e malandro que o iniciara na prática da sinuca, ensinando-o a jogar e depois o agenciando pelos bares da cidade:

Fui o fim de Vitorino. Sem Meninão do Caixote, Vitorino não se agüentava. Taco velho quando piora, se entrega duma vez. Tropicava nas tacadas, deu-lhe uma onda de azar, deu para jogar em cavalos. Não deu sorte, só perdeu, decaiu, se estrepou. Deu também para a maconha, mas a erva deu cadeia. Pegava xadrez, saía, voltava... E assim, o corpo magro de Vitorino foi rodando São Paulo inteirinho, foi sumindo. Terminou como tantos outros, curtindo fome quietamente nos bancos dos salões e nos botecos.(p. 81)

Essa alusão ao "fim de Vitorino" explicita, para além da derrocada do jogador relacionada ao fim da parceria com o garoto, uma trajetória típica dos jogadores do submundo. Sem a vitalidade da juventude, a "viração" desses homens fica cada vez mais difícil. No caso de Vitorino, velhice, azar e cadeia são elementos que se combinam numa mistura que atesta o término do *glamour* que cercava a personagem em seus tempos de excelência como malandro. No fim da vida, o isolamento e a fome consomem o velho que outrora tanto brilhara nas mesas da cidade. É registrada, assim, logo de início, uma visão bastante pessimista sobre a prática do jogo. A malandragem é apreendida por um olhar que definitivamente não a mitifica.

Depois da pequena "introdução" realizada pelo narrador, sua memória resgata um dia específico de sua infância – o dia em que, pela primeira vez, viu um salão de jogo nos fundos de um bar. Era uma tarde de chuva – "vazia, calada, molhada" (p. 81) – e o menino estava a se lembrar dos bons tempos em que morava na Vila Mariana. Para ele, a mudança da família para o bairro da Lapa havia marcado o término de um tempo mais feliz, repleto de brincadeiras e cumplicidade com seu primo Duda.

Já na Lapa a vida era outra, sem graça. Não havia com quem brincar e a professora do grupo era extremamente severa. Até as viagens do pai – ele era motorista e conduzia um G.M.C. –, que duravam dois ou três meses, pareciam mais longas. Filho único, o narrador ficava com a mãe, que costurava durante toda a tarde. Nesse dia, ela pede ao filho que vá buscar leite. Para cumprir esse pedido, o garoto vai até o Bar Paulistinha e, preso por causa da chuva, acaba por observar pela primeira vez um jogo de sinuca:

> No Paulistinha havia sinuca e só então eu notei. Pedi uma beirada no banco em volta da mesa, ajeitei o litro de leite entre as pernas.
> – Posso espiar um pouco?
> Um homem feio, muito branco, mas amarelado ou esbranquiçado, eu não discernia, um homem de chapéu e de olhos sombreados, os olhos lá no fundo da cara, braços finos, tão finos, se chegou parta o canto e largou um sorriso aberto:
> – Mas é claro, garotão!
> Fiquei sem graça. Para mim, moleque afeito às surras, aos xingamentos leves e pesados que um moleque recebe, aquela amabilidade pareceu muita. (pp. 85-6)

Note-se nessa passagem a sedução que o jogador malandro exerce sobre o menino. Seu sorriso é a promessa de novas – e agradáveis – experiências para o garoto que, numa fase de transição, em que a infância já havia ficado para trás, não encontra motivações ou desafios em sua vida cotidiana. E, como um animal peçonhento, a fala de Vitorino "pica" o rapazola:

> Aquela fala diferente mandava como nunca vi. Picou-me aquela fala. Um interesse pontudo pelo homem dos olhos sombreados. Pontudo, definitivo. O que fariam os dedos tão finos e feios? (p. 86)

Da curiosidade inicial para o início da vida de jogador foi só uma questão de tempo. Pois enquanto a rotina doméstica e escolar era entediante, a hipótese de jogar sinuca junto com Vitorino – observe-se que o nome da personagem alude ao termo "vitória" – descortinava novos horizontes para o menino:

> Os pés de mamãe na máquina não paravam.
> Para mim, Vitorino abria uma dimensão nova. As mesas. O verde das mesas, onde passeava sempre, estava em todas, a dolorosa branca, bola que cai e castiga, pois, o castigo vem a cavalo.

Para mim, moleque fantasiando coisas na cabeça...
Um dia peguei no taco. (p. 88)

Com paciência, Vitorino – "o maior taco da Lapa e uma das maiores bossas de São Paulo" (p. 88) – ensinou tudo o que sabia sobre o jogo para o garoto. Desse modo, primeiro no bar Paulistinha, depois em bares por toda a cidade, Meninão do Caixote – alcunha que recebeu por subir num caixote de leite condensado para ficar mais alto e alcançar a mesa de jogo – ia mostrando seu jogo impecável e fazendo fama. "Galinho de briga" (p. 89), principalmente porque não tinha medo – "Era um menino, jogava sem medo" (p. 88) –, o garoto enfrenta os maiores tacos do seu tempo. E de todos os jogos, que conduzia com muita calma, sai vitorioso.

Essa fase na vida do protagonista é uma fase turbulenta, em que ele conhece todas as artimanhas que caracterizam o universo da malandragem e também conhece a primeira mulher. Trata-se de fato da sua passagem da infância para a vida adulta:

> Minha vida ferveu. Ambientes, ambientes do joguinho. No fundo, todos os mesmos e os dias também iguais. Meus olhos nas coisas. O trouxa, a marmelada, o inveterado, traição, traição. Ô Deus, como... por que é que certos tipos se metiam a jogar o joguinho? Meus olhos se entristeciam, meus olhos gozavam. Mas havendo entusiasmo, minha vida ferveu. Conheci vadios e vadias. Dei-me com toda a canalha. Aos catorze, num cortiço da Lapa-de-baixo conheci a primeira mina. Mulatinha, empregadinha, quente. (...) (p. 90)

Pai ausente, mãe distante, escola enfadonha: a vida ordinária tem muito pouco a oferecer para Meninão do Caixote. E é por isso que ele aprende com entusiasmo a se "virar" com Vitorino e os outros malandros presentes nas sinucas. Sua aprendizagem se dá, assim, pelas margens, longe dos espaços tradicionalmente normatizadores do comportamento. Mas alguns aspectos da vida de jogador desagradam o menino. De um lado, as brigas em casa com a mãe. De outro, a exploração que sofria tendo que repartir o dinheiro que ganhava entre Vitorino e a assistência que acompanhava as partidas.

Confuso, sofrendo uma crise de identidade, o rapaz sente-se profundamente desajustado, pois não é atraído nem pela vida de estudante, nem pela vida de malandro:

Mas a malandragem continuava, eu ia escorregando difícil, matando aulas, pingando safadezas. O colégio me enfarava, era isto. Não conseguia prender um pensamento, dando de olhos nos companheiros entretidos com latim ou matemática.
– Cambada de trouxas!
Dureza, aquela vida: menino que estuda, que volta à casa todos os dias e que tem papai e tem mamãe. Também não era bom ser Meninão do Caixote, dias largados nas mesas da boca do inferno, considerado, bajulado, mandão, cobra. Mas abastecendo meio mundo e comendo sanduíche, que sinuca é ambiente da maior exploração. (p. 91)

Segundo a própria percepção do garoto, dois caminhos bem distintos se apresentam para quem deixa a infância para trás: ou se vive como "trouxa", enquadrado na norma familiar e social – representada pela escola e pelo o que ela simboliza como fase preparatória para o ingresso no universo do trabalho – ou se vive nas franjas do mundo da ordem – no universo da malandragem. Daí sua dificuldade em encontrar um modo de viver que o satisfizesse, que apresentasse possibilidades de um futuro realmente significativo.

E porque Meninão do Caixote descobre que a vida de jogo é extremamente penosa, trazendo necessariamente prejuízo para o jogador – "E eu ia aprendendo – o joguinho castiga por princípio, castiga sempre, na ida e na vinda o jogo castiga. Ganhar ou perder, tanto faz."(p. 92) –, ele resolve diversas vezes parar com a sinuca, inclusive para poupar a mãe que sofria com as suas ausências noturnas. Mas essa resolução era sempre provisória, pois Vitorino arrumava um jogo rentável e ia buscar o garoto.

Certa feita, o mineiro Tiririca, jogador excelente que uma vez havia perdido para Meninão, pede a forra. Vitorino procura o rapaz, que custa a aceitar o jogo. Mas sua vaidade fala mais alto e a partida é marcada. Toda a parte final da narrativa é dedicada ao relato desse enfrentamento, pormenorizado em vários lances espetaculares. É uma manhã de domingo e, num salão da Vila Leopoldina, uma grande platéia assiste ao jogo que, disputadíssimo, demora horas. No final, a vitória suada de Meninão é sucedida pela chegada inesperada de sua mãe que vem lhe trazer o almoço:

> Vinha chorosa de fazer dó. Mamãe surgindo na cortina verde, vinha miudinha, encolhida, trazendo uma marmita na mão.
> – O seu almoço.
> Um frio nas pernas, uma necessidade enorme de me sentar. E uma coisa me crescendo na garganta, crescendo, a boca não agüentava mais, senti que não agüentava. Ninguém no meu lugar agüentaria mais. Ia chorar, não tinha jeito. (p. 98)

Sensibilizado com a figura dolorida e generosa de sua mãe, o garoto se emociona. Em sua cabeça passam em revista todos os grandes jogadores que havia enfrentado durante os anos de jogo. E a presença da mãe naquele ambiente – representante da ordem invadindo o espaço da desordem – põe fim definitivo à sua experiência como jogador de sinuca:

> Falei baixo, mais para mim do que para eles. Não ia mais pegar no taco. Tivessem paciência. Mas agora eu estava jurando por Deus.
> Larguei as coisas e fui saindo. Passei a cortina, num passo arrastado. Depois a rua. Mamãe ia lá em cima. Ninguém precisava dizer que aquilo era um domingo... Havia namoros, havia vozes e havia brinquedos na rua, mas eu não olhava. Apertei meu passo, apertei, apertando, chispei. Ia quase chegando.
> Nossas mãos se acharam. Nós nos olhamos, não dissemos nada. E fomos subindo a rua. (p.99)

Ao ultrapassar a cortina verde, que marca os limites do universo da malandragem, o jovem faz sua opção pelo "pólo da ordem". Mas seu retorno para "o outro lado" muito provavelmente não porá fim à sua insatisfação, nem preencherá sua vida de sentido. Basta observarmos que, apesar de saber que era domingo e que as ruas eram palco de "namoros", "vozes" e "brinquedos", o rapaz não olha para esses índices da convivência social. Como se estivesse a rejeitá-los, ele "aperta" o passo, demonstrando sua aversão aos valores instituídos.

Para Meninão do Caixote, abandonar a sinuca e ajustar-se às normas sociais significa viver o outro lado do desencanto. Agindo como "otário", podemos imaginar, por exemplo, sua existência adulta como a do narrador-protagonista de "Visita", atormentado pela angústia característica daqueles que se sabem condenados à marginalidade.

"MALAGUETA, PERUS E BACANAÇO"

"Malagueta, Perus e Bacanaço" é o último conto do livro e também o mais longo. Com quase sessenta páginas, narra uma noite "de viração" na vida de três malandros – o velho Malagueta, apreciador de pimenta vermelha, o jovem Perus, originário do bairro homônimo, e o mulato de meia idade Bacanaço, cafetão caracterizado pela boa aparência. Dividido em seis partes, nomeadas pelos nomes dos bairros por onde perambulam os três homens – "Lapa", "Água Branca", "Barra Funda", "Cidade", "Pinheiros" e novamente "Lapa" –, a narrativa mapeia geograficamente segmentos da cidade de São Paulo e essa geografia valoriza principalmente os espaços do submundo: ruas, esquinas e bares perspectivados sob a óptica dos malandros.

Os espaços públicos que, durante o dia, são percorridos principalmente pelos "otários", – sempre cansados e apressados –, à noite são tomados pelos malandros que buscam garantir a sua sobrevivência. As ruas, então iluminadas por postes e luminosos, adquirem um tom amarelado, que encobre a palidez e a solidão dos que perambulam por elas. Já os salões de jogo – espaços fechados que favorecem a dissimulação e a trapaça – são freqüentemente referidos como "muquinfos", uma vez que, como sublinha o narrador, "todo muquinfo é muquinfo, quando se joga o joguinho e se está com a fome." (p.102).

A história apresenta claramente um caráter cíclico: começa e termina no mesmo lugar – a Lapa – e, ao seu final, os três malandros se encontram na mesma situação de carência e desamparo com que iniciam sua peregrinação pela cidade. Desse modo, as aventuras desditosas vividas pelos protagonistas adquirem uma dimensão paradigmática, podendo ser estendidas a outros malandros como eles, que têm em comum a origem pobre e a condição marginal caracterizada sobretudo pela recusa ao trabalho formal.

As particularidades que singularizam as personagens centrais – Perus, de apenas dezenove anos, fugiu do quartel e vive precariamente na casa da tia; Bacanaço, cafetão boa-vida, mantém-se através da exploração de pessoas mais frágeis que ele; e Malagueta, velho sofrido, sente-se humilhado por não ter como sustentar sua companheira Maria, vendedora de pipocas – expressam diferentes motivações para a prática da malandragem. Os três homens – um jovem, um adulto e um velho que vestem, respectivamente, uma jaqueta de couro, um terno alinhado com sapatos engraxados e roupas surradas -, revelam a ascensão, o apogeu e a queda típicos da trajetória de um malandro.

Chama a atenção o fato de que, neste conto, o universo da malandragem é focalizado por um narrador onisciente que demonstra excepcional familiaridade com o submundo do jogo e conta as desventuras das personagens com uma linguagem e uma lógica que são as dos próprios malandros. Em grandes partes da narrativa, esse narrador cola-se à perspectiva ora de um, ora de outro protagonista e, assim, principalmente através da utilização do discurso indireto livre vai explicitando, a ética que normatiza os comportamentos transgressores. A utilização de estratégias narrativas que se aproximam de recursos cinematográficos – como os *closes* e os cortes que, por vezes, segmentam a história em quadros – potencializa ainda mais a atmosfera realista que preside a narrativa.

Para procedermos à análise de *Malagueta, Perus e Bacanaço*, vale acompanhar o trajeto dos protagonistas, seguindo de perto suas andanças que se iniciam especificamente na parte pobre da Lapa, às margens da linha de trem que corta o bairro quase na sua divisa com a periferia mais distante do centro da cidade.

"Lapa"

A primeira cena do conto flagra Bacanaço logo depois de engraxar os sapatos, elegantemente vestido de branco e portando um anelão no dedo. Ele encontra Perus, seu parceiro eventual, e o atiça com a senha característica utilizada por aqueles que querem jogo: "- Olá, meu parceirinho! Está a jogo ou está a passeio?"(p.101). Perus desconversa, dizendo que está sem dinheiro "– Que nada! Tou quebrado, meu!" (p.102) – e, em seguida, o narrador traça considerações sobre a relação de ambos, inserindo o leitor no código da malandragem compartilhado pelos dois homens:

> Avistavam-se todas as tardes, acordados há pouco ou apenas mal dormidos. Dois tacos conhecidos e um amigo do outro não pretendem desacato sério. Os desafios goram, desembocam num bom entendimento. Perus e Bacanaço, de ordinário, acabavam sócios e partiam. Então, conluiados, nem queriam saber se estavam certos ou errados. Funcionavam como parelha fortíssima, como bárbaros, como relógios. Piranhas. (p.102)

Esse fragmento explicita as bases dos acordos travados entre Perus e Bacanaço. Juntos, podiam enfrentar e vencer outros jogadores e o pacto de ambos se dá justamente na medida da necessidade desse confronto. Note-se que não há nenhuma preocupação dos malandros com os princípios éticos convencionais – "nem queriam saber se estavam certos ou errados" -, o que vigora entre eles é uma ética própria, praticada em função de um objetivo comum: trapacear os "otários".

Mas a parceria dos dois sócios não impedia que eles se "estranhassem". Assim, o narrador conta que eles se "cumprimentavam aos palavrões" (p. 102) e, naquele fim de tarde em que ainda não havia jogo, os dois malandros resolvem "brincar". A brincadeira consiste em simular uma briga e ambos se enfrentam, sob o olhar atento da "curriola" – "magros, encardidos, amarelos, sonolentos, vagabundos, erradios, viradores" (p.102) – que se encontrava na sinuca:

Então, enquanto otários não surgiam, jogo bom não aparecia e a noite não chegava, Perus e Bacanaço brincaram. Coma a boca e com as pernas, indo e vindo e requebrando, se fazendo de difíceis, brincaram. Desconsideradamente, nenhum golpe. As pernas ao de leve se tocavam e se afastavam, não se entrelaçando nunca, que aquilo era brincar.

A curriola veio se encostando.

Atiçou-se o rebolado dos dois corpos magros se relando e Bacanaço vibrou. Aquele menino Perus se mexia, esperteza e marotagem, se esgueirando e escapulindo como um susto. "Vou podar esse menino", considerou Bacanaço.

Do bolso traseiro da calça já veio aberta a navalha.

– Entra, safado.

Perus estatelou, guardou-se no blusão de couro. O antebraço cobriu a cara, os olhos firmaram.

A curriola calada.

Mas Bacanaço sorriu, que aquilo era brincar. (pp. 102-3)

Os tênues limites que separam a brincadeira da briga são indicadores de um modo de ser tipicamente malandro. A ginga posta em prática pelos dois homens reforça a sua capacidade de driblar, não apenas no espetáculo, mas também na vida, as dificuldades típicas de uma condição social marginalizada. Também a atitude mais agressiva de Bacanaço, que decide "podar" Perus ao se surpreender com sua habilidade, desafiando-o com uma navalha aberta, afirma a lógica que prevalece na relação entre os malandros: mesmo conluiados, precisam afirmar sua superioridade – poder, força ou esperteza que os fazem menos suscetíveis às armadilhas constantes que os podem deixar numa situação ainda mais desfavorável.

Depois de se aquietarem, Bacanaço e Perus começam "a jogar palitinho, contar façanha ou casos com nomes de parceiros, conluios, atrapalhadas, tramoias, brigas, fugas, prisões" (p. 104), e é então que se lembram da história de Sorocabana, acontecida dias antes ali mesmo naquele salão da Lapa. O episódio é significativo à medida que evidencia um dos aspectos do código de ética que regula o universo da malandragem. Sorocabana era um trabalhador casado, pai de três filhos, que havia recebido um salário-prêmio pelos vinte anos de trabalho na estrada de ferro. "Trouxa, coió-sem-sorte" (p.104), na visão dos malandros, caiu nas garras do malandro Bacalau que tirou, no jogo, cada centavo do "otário". Acontece, porém, que "Bacalau quis ser mais malandro que a malandragem e isto o perdeu"(p.105). Primeiro, trapaceou escandalosamente no jogo, "dando alarde ao desacato" (p.104):

> Bacalau estava perdendo a linha que todo o malandro tem. Não se faz aquilo na sinuca. Vá que se faça dissimulada, trapaça, até furtos de pontos no marcador. Certo, que é tudo malandragem. Mas desrespeitar parceiro, não. A própria curriola se assanhou, desaprovando. (p.105)

Depois, ao ganhar cerca de vinte contos, eximiu-se de dar as estias para a audiência:

> Pegou a grana, empolou-se num rompante, ganhou a rua. Fala-se que entrou no primeiro restaurante e fartou-se como um lorde. Sozinho. A turma se mordeu, com aquilo a turma se queimou. Malandro ganhar vinte contos, não dar mimo a ninguém, não distribuir as estias! Que malandro era aquele? Aquilo era um safado precisando de lição. (p.105)

Para o malandro, que revelou as artimanhas da trapaça e não foi solidário com os parceiros, a lição foi exemplar: "Entregaram Bacalau aos ratos" (p. 105). Dois dias depois, a polícia prendeu o homem e, como era de se esperar, ninguém soube de fato quem fora o autor da denúncia. No complexo jogo das relações que articula o mundo da malandragem, as leis existem e são rígidas, sendo pautadas por um código próprio, ajustado especialmente às necessidades da "viração". Assim, se a trapaça é a regra que deve ser seguida, o que não se tolera é o escancaramento de suas estratégias, já que essa atitude pode comprometer manobras futuras: no universo da malandragem, as normas são estabelecidas para garantir o sucesso das infrações.

Depois de rememorarem a história de Bacalau, Bacanaço e Perus contam vantagens sobre si mesmos. Mas, se suas falas são glamorosas, a realidade daquele momento se impõe com muito mais dureza: "E falaram deles mesmos, paroleiros, exagerando-se em vantagens; mas uma realidade boiou e ficaram pequenos. O que lhe adiantava serem dois tacos, afiados para partidas caras? Estavam quebrados, quebradinhos." (p.106). Vale sublinhar que a percepção da miséria é recorrente em todo o conto. De fato, há uma oscilação entre momentos em que os malandros renovam a certeza de que estão "por baixo" e momentos em que eles se permitem sonhar com uma situação menos dura, fantasiando dias mais venturosos. É esse movimento que impulsiona os três homens em sua perambulação pelas sinucas da cidade. Pessimismo e otimismo se alternam, assim, ritmando também o andamento da narrativa.

Bacanaço, então, aproxima-se da porta do bar e observa as pessoas que caminham apressadas ao final de mais um dia de trabalho. Seu olhar sobre elas é sarcástico e ele flagra a cidade sob seu aspecto mais degradante:

> Gente. Gente mais gente. Gente se apertava.
> A rua suja e pequena. Para os lados do mercado e à beira dos trilhos do trem – porteira fechada, profusão de barulhos, confusão, gente. Bondes rangiam nos trilhos, catando ou depositando gente empurrada e empurrando-se no ponto inicial. Fechado o sinal da porteira, continua fechado. É pressa, as buzinas comem o ar com precipitação, exigem passagem. Pressa, que gente deixou os trabalhos, homens de gravata ou homens das fábricas. Bicicleta, motoneta, caminhão, apertando-se na rua. Para a cidade ou para as vilas, gente que vem e que vai.
> Lusco-fusco. A rua parece inchar. (pp.106-7)

A rua – espaço público por excelência – apreendida por Bacanaço é um local de concentração e acentuação de tensões e conflitos. Nesse sentido, a confusão e a pressa das pessoas sugerem a desagregação e a precariedade das relações sociais no mundo moderno. Atento a toda a balbúrdia, "Bacanaço sorri"(p.107). Em algumas linhas, por quatro vezes essa frase se repete, revelando o olhar irônico do malandro diante de cenas absolutamente corriqueiras naquele pedaço da cidade de São Paulo: uma cega pedindo esmolas, uma criança chorando por um sorvete, pessoas se amontoando diante das quinquilharias oferecidas pelos ambulantes, um casal desajeitado diante de um anúncio de venda de terrenos.

Cada uma dessas situações parece reafirmar a convicção do malandro de que a ordem instituída, na verdade, é um caos. "Trouxas"(p.107), repete por três vezes Bacanaço, que vê os "otários" sem a menor idealização: "(...) gente feia, otários. Corriam e se afobavam e se fanavam como coiós atrás do dinheiro. Trouxas. Por isso tropicavam nas ruas, peitavam-se como baratas tontas".(p.107) Mas uma ressalva é feita. A cega esmoleira constitui-se como uma exceção naquele universo, já que se "defende com inteligência":

> Há espaços em que o grito da cega esmoleira domina. Aquela, no entanto, se defende com inteligência, como fazem os meninos jornaleiros, os engraxates e os mascates. Com inteligência. Não andam como coiós apertando-se nas ruas por causa do dinheiro. (p.107)

Porque não compactuam com o mundo do trabalho formal, aqueles que se "viram" são vistos como pessoas inteligentes pelo malandro. Ao se recusarem a buscar "carteira assinada", como os "otários", situam-se à margem da organização social prevista pelo poder instituído e, nesse sentido, subvertem a ordem.

Depois de mais algum tempo em que Bacanaço e Perus – este, faminto, pois não havia sequer almoçado – esperavam uma boa oportunidade para jogar, Malagueta surge na sinuca. São sete horas e o velho chega de mansinho, indo se sentar no fundo do salão. Bacanaço o convida para jogar, mas o velho percebe – "pela charla que diziam e pela manha com que vinham"(p.110) – que os dois malandros não carregavam dinheiro consigo. É então que propõe: "- A gente se junta, meus. Faz marmelo e pega os trouxas." (p.110)

A alternativa parece boa e os três travam um acordo nos seguintes termos: Bacanaço, que deve penhorar seu relógio para conseguir o dinheiro inicial das apostas, chefiará os dois malandros. E a animação toma conta do trio:

> E os três iriam firmes, à grande e de enfiada, afiados como piranhas. Bacanaço chefiando. Vasculhariam todos os muquinfos, rodariam Água Branca,

Pompéia, Pinheiros, Moóca, Penha, Limão, Tucuruvi. Osasco... Rodariam e se atirariam e iriam lá. Três tacos, direitinhos como relógios, levantariam no fogo do jogo um tufo de dinheiro. Tinham a noite e a madrugada. Virariam São Paulo de pernas para o ar.

Os dois iam à frente, quase correndo. O velho Malagueta, capenga, se arrastava na retaguarda, tropicando nas calçadas, estalando os dedos e largando pragas. Tripudiava:
– Esta Lapa não dá pé! (p. 113)

A ironia trágica presente na imagem de Malagueta correndo na retaguarda dos dois mais jovens é impactante. Primeiro, porque não há nenhuma solidariedade da parte de Perus e Bacanaço, que parecem não se importar com a lentidão do mais velho. Depois, porque a utilização do adjetivo "capenga", seguido pelos verbos "arrastar" e "tropicar" dão bem a medida de debilidade de Malagueta, já sem força e agilidade para acompanhar o ritmo dos outros malandros. É com essa imagem consternadora que se encerra a primeira parte da narrativa.

"Água Branca"

Toda a segunda parte do conto transcorre no interior do bar "Joana d'Arc". Lá, como repete o narrador por três vezes, está funcionando uma espécie de jogo chamado "jogo de vida": "Corria no Joana d'Arc a roda do jogo de vida, o joguinho mais ladrão de quantos há na sinuca" (p.113); "Fervia no Joana d'Arc o jogo triste de vida" (p.114); "Corria no Joana d'Arc o triste jogo de vida."(p.114).

Esse jogo, que acontece numa roda de cinco a oito homens, chamada de "bolo", tem regras que podem ser associadas ao próprio modo de vida dos malandros:

> Cada um tem sua bola que é uma numerada e que não pode ser embocada. Cada um defende a sua e atira na do outro." (p.113).

Cada homem tem uma bola que tem duas vidas. Se a bola cai o homem perde uma vida. Se perder as duas vidas poderá recomeçar com o dobro da casada. Mas ganha uma vida só... (pp.113-4)

As estratégias de defesa e de ataque, que valem as "vidas" dos participantes, justificam o nome do jogo e a sua qualificação como "triste" pelo narrador, já que, de certa maneira, sua lógica reflete a difícil realidade enfrentada pelos marginalizados, cujas vidas dependem da transgressão para garantir a sobrevivência e burlar a instabilidade típica da condição de exclusão social. Malagueta e Perus, conluiados, são orientados por Bacanaço a entrar no "bolo". Perus é o primeiro a "pedir a vez":

– 'Tá na mão, pra mim?
O menino se desengonçava um tanto quando solicitava jogo. Não se intrometia ainda com o cinismo de Bacanaço, Malagueta e outros malandros maduros. Ficava meio torto, como quem vai e não vai, feito um menino. (pp. 114-5)

Observe-se como o narrador sinaliza a insegurança do jovem malandro. Ainda portador de uma inocência quase pueril, o "menino" não demonstra o cinismo e a segurança características dos malandros mais velhos. É nesse momento que os três se deparam com a presença repressora do inspetor Lima. Esse ex-policial aposentado, "velho gordo e estranho"(p.116), que "nem era malandro, nem era um velho coió"(p.115), vivia sozinho num quarto alugado e era freqüentador assíduo do Joana d'Arc, atuando como uma espécie de "supervisor" do jogo e conselheiro dos mais moços:

– Tudo aqui é passageiro – arrotava. – Não é expediente de gente que se preze. Gente moça namora, noiva e casa. É o caminho certo. Aqui, não; aqui é o fim.
(...)
– Habitante daqui é futuro residente da Casa de Detenção.
(...)

– Ou do hospício – e fazia um ar triste para concluir. – A maior malandragem, meus filhos, é a honesta. (pp. 116-7)

Para imprimir mais força às suas palavras, o ex-policial "citava e declinava e falava de malandros fracassados, outrora famosos, estropiados por fim no jogo do vício" (p. 116). A história de Caloi, por exemplo, exímio jogador que fora recolhido ao hospital psiquiátrico do Juqueri graças ao uso abusivo que fizera da maconha, era freqüentemente rememorada por ele. A ambigüidade presente na atuação do velho Lima é emblemática da tensão entre norma e conduta que se presentifica na sociedade brasileira. O fato de o "tira aposentado" (p. 116), que ainda "sustentava influências"(p. 116), ser aficcionado pelo jogo e vigiar a sua ocorrência no Joana d'Arc, evidencia um profundo descompasso entre norma e conduta. Mesmo advertindo os jogadores sobre as armadilhas do vício, Lima participa dele, contrariando, na prática, seus próprios conselhos.

Ao se constituir como porta-voz da perspectiva "oficial" sobre o que seria a conduta ideal e, simultaneamente, como transgressor das regras que ele mesmo propaga, o ex-policial rasura as fronteiras que separam os pólos da ordem e da desordem e, de certo modo, acaba por legitimar a prática da malandragem. Talvez seja por isso mesmo que, segundo o andamento da narrativa, os três protagonistas consigam trapacear no jogo e "se dar bem".

Já participando do "bolo", Perus e Bacanaço acionam um dos códigos que identificam possibilidade de fraude: assobiam o "Garufa", velho tango argentino que funciona como "um sinal convencionado com que os finos malandros de jogo avisam-se que há otário nas proximidades ou trapaça funcionando e lucro em perspectiva" (p. 117). O conluio dá certo e, na primeira rodada do jogo, a vitória é de Perus. Já na segunda, o fato de Malagueta insistir em não derrubar uma bola fácil "acorda" o inspetor Lima, que ameaça:

- Botem fé no que eu digo, qu'eu não sou trouxa não e nessa canoa não viajo. 'Tá muito amarrado o seu jogo, seu velho cara de pau. Botem fé. Eu pego marmelo neste jogo, arrumo uma cadeia pros dois safados.

(...)
- Lugar de ladrão eu costumo mostrar – Lima continuava.

Preocupado, Bacanaço intervém na roda, fingindo ser um mero torcedor, e tenta confundir o ex-policial, dizendo que Perus estava com muita sorte. Driblando a desconfiança de Lima, os malandros terminam o jogo o mais rápido possível. O velho fica "mordido, mordidinho"(p.122) por não ter conseguido flagrá-los e os três finalmente saem do bar e entram num táxi. A divisão do dinheiro conseguido nas apostas é realizada por Bacanaço: três mil e quinhentos cruzeiros para ele e dois mil para cada um dos outros malandros.

"BARRA FUNDA"

Na terceira parte do conto, a perspectiva do narrador aproxima-se da de Malagueta. O velho, já cansado de perambular por tantas sinucas, percebe indícios da desagregação do grupo, uma vez que "um já media o outro" (p. 123). Resolve, então, alertá-los sobre a importância da manutenção do conluio e os três resolvem percorrer juntos "desde o alto da Pompéia até os começos das Perdizes" (p. 124). Nesses espaços mais ricos, os protagonistas sentem-se profundamente "desencontrados" e o narrador – utilizando-se do discurso indireto livre – revela a lúcida amargura sentida pelos três malandros naquela noite quente de sábado:

> Vai-e-vem gostoso dos chinelos bons de pessoas sentadas balançavam-se nas calçadas, descansando.
> Com suas ruas limpas e iluminadas e carros de preço e namorados namorando-se, roupas todo-dia domingueiras – aquela gente bem dormida, bem vestida e tranqüila dos lados bons das residências da Água Branca e dos começos das Perdizes. Moços passavam sorrindo, fortes e limpos, nos bate-papos da noite quente. Quando em quando, saltitava o bulício dos meninos com patins, bicicletas, brinquedos caros e coloridos.

Aqueles viviam. Malagueta, Perus e Bacanaço, ali desencontrados. O movimento e o rumor os machucava, os tocava dali. Não pertenciam àquela gente banhada e distraída, ali se embaraçavam. (...)
Aqueles tinham a vida ganha. E seus meninos não precisariam engraxar sapatos nas praças e nas esquinas, lavar carros, vender flores, vender amendoim. Vender jornal, pente, o diabo... depender da graça do povo na rua passando. E, quando homens, não surrupiariam carteiras nas conduções cheias, nem fugiriam dos quartéis, não suariam o joguinho nas bocas do inferno, nem precisariam cafetinar se unindo a prostitutas que os cuidassem e lhes dessem algum dinheiro.
Um sentimento comum unia os três, os empurrava. Não eram dali. Deviam andar. Tocassem. (pp. 124-5)

O excesso de adjetivos "positivos" com que são qualificadas as ruas e as gentes da Água Branca, que representam a elite econômica, opõe-se à aridez da realidade dura e miserável vivida pelos três protagonistas. Note-se como uma perspectiva determinista está na base da descrição do futuro daqueles que não "têm a vida ganha". A minuciosa enumeração das situações subalternas vividas pelos marginalizados – sejam eles crianças ou adultos – atesta a sua impossibilidade de alcançar uma existência de bem-estar social. E os malandros – "desencontrados", "machucados", "embaraçados", "empurrados", "tocados" (como bichos) – sentem uma necessidade urgente de afastar-se de um mundo ao qual definitivamente não pertencem.

Aliás, a condição subumana vivida pelas personagens é enfatizada logo em seguida, quando Malagueta depara-se com um cachorro vira-lata e, sem ter como alimentá-lo, sente-se igualado a ele, já que ambos eram "viradores":

Veio o vira-lata pela rua de terra. Diante do velho parou, empinou o focinho, os olhos tranqüilos esperavam algum movimento de Malagueta. O velho olhava para o chão. O cachorro o olhava. O velho não sacou as mãos dos bolsos, e então, o cachorro se foi a cheirar coisas do caminho. Virou-se acolá, procurou o velho com os olhos. Nada. Prosseguiu sua busca, na rua, a fuça nas coisas que esperava ser alimento e que a luz tão parca abrangia mal. De tanto em tanto, voltava-se, esperava, uma ilusão na cabecinha suja, de novo enviava os olhos suplicantes. O velho olhando o cachorro. Engraçado – também ele era um virador. Um sofredor, um pé-de-chinelo, como o cachorro. Iguaisinhos. (p. 125)

A interação entre o velho e o cachorro e a humanização do animal, capaz de criar "uma ilusão na cabecinha suja", evocam passagens do romance *Vidas secas*, de Graciliano Ramos, que opera a personificação de uma cadela – Baleia – e a brutalização das personagens centrais – Fabiano, Sinha Vitória e os dois filhos do casal. Na narrativa do escritor alagoano, tal recurso tem a mesma função que encontramos no conto de João Antônio: promover a denúncia social através do apagamento das fronteiras que separam a condição de vida das pessoas marginalizadas e a condição de vida dos bichos. Também o determinismo social, que já verificamos, assemelha-se à perspectiva expressa pelo narrador de *Vidas secas*. Em ambos os casos, podemos dizer que a perspectiva determinista revela o encontro do autor e de suas personagens pobres "no nível de um saber que é, afinal, a consciência comum àqueles que perceberam o caráter incontornável de classe da sociedade onde vivem"[95].

No final de "Barra Funda", acompanhamos as divagações de Malagueta sobre a sua relação com a preta Maria, moradora da favela do Piqueri. Pensando na mulher com ternura, o velho imagina que, com o rendimento daquela noite, poderia comprar comida e alegrar o coração da companheira. Mas a fragilidade desse sonho é logo salientada pelo narrador, que flagra a verdadeira situação do malandro: ele "era apenas um velho encolhido":

> Assim parado, se vendo pelo avesso e fantasiando coisas, Malagueta, piranha rápida, professor de encabulação e desacato, velho de muito traquejo, que debaixo do seu quieto muita lembrança aprontava, era apenas um velho encolhido. (p. 127)

---

[95] Sg. Bosi, Alfredo. "Céu, inferno". In *Céu, inferno. Ensaios de crítica literária e ideologia*. São Paulo: Ática, 1988, p.15.

"CIDADE"

"Uma, duas, três, mil luzes na Avenida São João!"(p. 127). Com essa exclamação hiperbólica, abre-se o trecho do conto ambientado no centro da cidade de São Paulo. A vida noturna agitada das ruas, bares, sinucas e bordéis, onde se apinham "homens e mulheres da madrugada", é flagrada de maneira minuciosa, por um narrador que especula, por detrás da aparência, as reais motivações daqueles seres febris:

(...) Pálidos, acordados, há bem pouco, saem a campo rufiões de olhos sombreados, *vadios erradios*, inveterados, otários, caras de amargura, rugas e problemas... passavam tipos discutindo mulher e futebol e turfe, gente dos salões de dança, a mulher lindíssima de vestido de roda, passos pequenos, berra o erotismo na avenida e tem os olhos pintados de verde... "nem é tanto", diz um, para justificar-se de não tê-la... mas os olhos famintos vão nas ancas... malandros pé-de-chinelo promíscuos com finos malandros de turfe, ou gente bem ajambrada que caftinava alto e parecia deputado, *senador*... vá ver – não passa de um *jogador*... o camelô que marreta na sua viração mesquinha de vender pente que não se quebra, mulheres profissionais, as minas, faziam a vida nas virações da hora... e os invertidos proliferavam, dois passavam agora, como casal em namoro aberto. (p. 128) (grifos nossos)

O ritmo que cadencia as frases e a musicalidade obtida através das rimas, aliterações e assonâncias imprimem uma intensa poeticidade ao fragmento. E o trabalho estético elaborado por João Antônio acaba por interferir diretamente na significação do texto. Assim, por exemplo, se em "vadios erradios" percebemos uma intensificação do caráter errante atribuído a quem perambula pelas ruas, a relação estabelecida entre "senador" e "jogador", mais adiante, descortina a dissimulação que, muitas vezes, serve para confundir identidades e favorecer a malandragem. Em ambos os casos, as rimas contribuem para a construção dos sentidos suscitados pelo discurso literário.

Circulando pelo centro, os três malandros passam pelo boteco "Jeca", à esquina da Ipiranga, pelo "Americano", na rua Amador Bueno, e resolvem jogar no "Paratodos", situado no Largo Santa Ifigênia. Nessa andança, à procura de um bom jogo, encontram a lésbica Teleco, que consegue algum dinheiro com Bacanaço, que lhe devia favores, e encontram também Carne Frita, personagem real que invade a ficção, causando a admiração em Malagueta, Perus e Bacanaço:

> À esquina da Santa Ifigênia toparam Carne Frita, valente muito sério, professor de habilidades (...)
> Sua história abobalhava, seu jogo desnorteou todos os mestres.(...)
> Despediram-se do maior taco do Brasil (...) (pp. 132-3)

Mal entram no salão do "Paratodos", os protagonistas deparam-se com "Silveirinha, o negro tira" (p. 134). Bem-vestido e com ar de deboche, o policial – "piranha" esperando comida (p. 134) – chama Perus e exige propina dele. Constrangido, o jovem se apequena diante das ameaças do homem que, inclusive, vale-se da violência física para intimidá-lo: "Num lance, o abuso ganhou tamanho. Silveirinha apertava os pés do menino com o tacão do sapato e ria."(p. 135). Instantes depois, o policial desiste da tortura e tenta roubá-lo descaradamente: "Abraçou o menino e era uma tentativa aberta de surrupiar-lhe a carteira como fazem os batedores e o geral dos lanceiros."(p. 136).

Cheio de raiva, Bacanaço, o chefe do grupo, sente-se tentado a matar Silveirinha com a própria navalha mas, cioso de sua inferioridade, ele pondera: "Era um vagabundo – calasse, engulisse o seco da garganta, aturasse e fosse se rebaixar feito cachorrinho"(p. 137). E é isso mesmo que acontece. O malandro se aproxima do policial, faz sinal para que Malagueta e Perus deixem o salão e propõe conversa:

> Pediu bebida com desplante, indicou o tamborete, sentaram-se como iguais. Como colegas. O malandro e o tira eram bem semelhantes – dois bem ajambrados, ambos sapatos brilhavam, mesmo rebolado macio na fala e quem visse e não soubesse, saber não saberia quem ali era polícia, quem ali era malandro. Neles tudo sintonizava. (p. 138)

A sugestão da quebra de fronteiras entre o mundo da ordem e o mundo da desordem reaparece agora com mais força. Desta vez, a narrativa expõe as atitudes de um policial ainda na ativa (diferentemente de Lima, que estava aposentado) e elas não deixam margem para dúvidas: trata-se de um policial corrupto, que se favorece com a prática malandragem. O ponto alto dessa passagem consiste justamente na aproximação realizada entre as duas figuras – a de Bacanaço e a de Silveirinha. A aparência, a fala e, por que não, a dissimulação e a trapaça de ambos os fazem iguais, reforçando a idéia de que a lei, na sociedade brasileira, é um mero simulacro.

Em termos de efeito, o fato de o policial e o malandro "sintonizarem" acaba, de certo modo, por cooptar a simpatia dos leitores em relação a Bacanaço. Afinal, o conto evidencia que suas fraudes estão relacionadas à própria sobrevivência, o que não acontece com o policial. Assim, é como se o marginal agisse "por falta de opção", enquanto que o agente da polícia agisse "por opção". Se somos capazes de compreender as motivações dos malandros, diante da conduta de Silveirinha, sentimo-nos profundamente indignados.

Depois de entregar uma nota de quinhentos cruzeiros ao policial, Bacanaço deixa rapidamente o salão e, já na rua, segue com os companheiros rumo ao Edifício Martinelli. Os três vão cabisbaixos e ofendidos, amargando a humilhação de não terem podido enfrentar a injustiça a que foram submetidos. "O relógio do mosteiro de São Bento mostrava quase três horas" (p. 141), a madrugada estava úmida e fria e, no velho salão do Martinelli, não havia mais jogo. Lá os malandros encontram apenas "um homem bêbado, estropiado, engraxate de mãos imundas, estrangeiro, desses velhos que dormem nos cantos dos bilhares, curtindo fome ou sono, mansamente;" (p. 141).

O caixa do bar, zombeteiro, xinga reiteradamente o velho alcoolizado de "Charutinho" e essa atitude covarde enfurece Perus, que se exaspera: "Esse cara xingando merecia uma lição!" (p. 142). Aconselhado por Malagueta a não interferir na situação, já que "inutilmente armariam esporro"(p. 142), Perus se controla mas, mesmo deixando o Martinelli rumo ao Salão Ideal, na Rua Formosa, não consegue esquecer a crueldade da cena: "Perus não perdia do pensamento o caixa xingando o velho. Repetiu sozinho: – É um cadelo. Será que ele não tem pai?"(p. 143).

A compaixão e a indignação sentidas pelo malandro atestam a sua sensibilidade e, de certo modo, expressam uma revolta relacionada à sua própria situação. Afinal, a impotência demonstrada pelo velho em muito se assemelhava a impotência que ele sabia ser sua também. De qualquer maneira, o ímpeto do jovem Perus em "dar uma lição" ao caixa revela um potencial de combatividade, uma intenção solidária de tornar a realidade menos injusta para os mais oprimidos.

No Salão Ideal, também o jogo havia acabado. Mas os protagonistas ficam sabendo que, há poucos instantes, uma ronda policial estivera ali e levara presos cinco malandros. Interpretando sua chegada posterior à batida como um golpe de sorte, os três se enchem de esperança e resolvem, confiantes, encontrar jogo em Pinheiros.

"Pinheiros"

Descendo a Rua Teodoro Sampaio, "Malagueta, Perus e Bacanaço xingavam Pinheiros"(p. 144). Eles haviam andado muito, sentiam-se "cansados e com fome e sonados"(p. 144) e, contrariando seu desejo de jogar, todos os bares da região já estavam fechados. Silenciosos, ensimesmados, os malandros "curtiram aquela de pensar"(p. 144) e é então que o narrador adentra, mais uma vez, os pensamentos dos protagonistas.

Primeiramente acompanhamos o drama de Perus. Ele rememora sua infância como engraxate, considera sua situação como malandro e conclui que a vida inteira havia se anulado, submetendo-se aos outros: "assim sempre, pensava Perus, trabalhando para os outros, curtindo as atrapalhadas dos outros" (p. 145). A única saída que ele vislumbrava para sua vida de privações era tornar-se um "otário":

> Roubaria uma grana, se enfiaria num trem para Perus, onde ficaria quieto, para de lá não sair mais. Aturaria a tia, o amásio bêbado, a vidinha estúpida e sem jogo, a enorme fábrica de cimento de um lado, o casario mesquinho do outro. E iria se fanar com uma ocupação na fábrica, com uma enxada, com o diabo. Sua hora de dormir seria dez horas. Lá em Perus, o menino não cur-

tiria madrugadas e fome, nem se atiraria como um desesperado à primeira viração que surgisse. Malandragem não dera pé. (p. 145)

Note-se que as perspectivas do "menino" Perus são completamente melancólicas. Ele se vê entre dois modos de vida completamente vazios de significado, não acalentando nenhum sonho de satisfação pessoal. Se conseguisse se enquadrar nas normas – com moradia fixa, convivência familiar e carteira assinada – ou se continuasse a transgredi-las, a insatisfação continuaria presente. É por isso que o jovem era freqüentemente tentado a permanecer no vício e "se mortificava com lamentações novas"(p. 145).

Já os pensamentos de Bacanaço direcionam-se à relação que mantinha com as mulheres. Atualmente andava com uma "mina nova, vinte anos"(p. 146), chamada Marli, que fazia ponto na Rua das Palmeiras e "lhe dava uma diária exigida de mil, mil e quinhentos cruzeiros, que o malandro esbagaçava todos os dias nas vaidades do vestir e do calçar, no jogo e em outras virações."(p. 146). Quando a prostituta lhe trazia menos dinheiro, "Bacanaço a surrava, naturalmente, como fazem os rufiões."(p. 146).

Se por um lado, o malandro rememora a violência com que tratava a moça – "usava o cabo de aço e agia como se Marli fosse um homem. Proibia-a de gritar. Malhava aquele corpo contra as paredes, dava-lhe nos rins, nos nós e nas pontas dos dedos.(...)"(p. 146) –, por outro lado também

> chegavam-lhe, em pensamento, as coisas boas, numerosas, que dava àquela mulher. Era um protetor. Sacou-a da cadeia várias vezes, arranjou-lhe habeas-corpus, negociou com tiras do setor de Costumes, tratou com este e com aquele. Mil e uma atrapalhadas. Obteve-lhe um quarto de bordel, entendeu-se com os policiais do trottoir, deu-lhe um lugar na malandragem, deu-lhe luz, que diabo! Uma tonta a quem precisou até ensinar como proceder com um homem na cama."(p. 147).

Na lógica do malandro, a prática da cafetinagem afirma-se fundamentalmente como uma troca de favores, uma "negociata" que deve beneficiar os dois lados envolvidos. E, como em sua própria "contabilidade" ele estava em desvantagem – Marli "mal o merecia, malandro maduro e fino"(p. 147) –, tinha em sua mira uma outra prostituta de fama: "Era alta *e* loira *e* Dorotéia *e* o seu dinheiro era muito. E sem amásio, que era mina exigente também"(p. 147) (grifos nossos). Observe-se como, na frase, a utilização do polissíndeto confere continuidade e fluidez à expressão, sugerindo um movimento ascencional relacionado à possibilidade de Bacanaço conquistar a prostituta de luxo. Imerso nesses pensamentos, Bacanaço – e os seus comparsas – chegam ao Largo de Pinheiros.

Entram, então, na Pastelaria Chinesa que, aberta dia e noite, era ponto de concentração de

> tipos vadios, viradores, viajantes, esmoleiros, operários, negociantes, romeiros, condutores, surrupiadores de carteira, estudantes, mulheres da vida, bêbados, tipos sonolentos e vindos da gafieira mais famosa do bairro, o Tangará, apostadores chegados do hipódromo da Cidade Jardim... (p. 148)

Na enumeração dos tipos que freqüentam o lugar, malandros e "otários" se misturam, já que ocupam o mesmo espaço social da marginalidade. Faminto, os protagonistas comem pratos feitos, os "sortidos", acompanhados de bebidas que significativamente reforçam o perfil de cada um: "o velho comia com pimenta e bebia cachaça, Perus apreciava guaraná, Bacanaço bebia cerveja gelada."(p. 149). Mais calejado, Malagueta bebe aguardente; quase infantilizado, Perus toma guaraná; e Bacanaço, com pose refinada, prefere cerveja gelada.

Depois de comer, eles dividem as despesas. Já amanhecia e os três se encaminham para a sinuca da Pastelaria Chinesa, situada na sobreloja. Nesse momento, a narrativa muda de tom, abrindo-se para o registro lírico da aurora, apreendida sob a perspectiva de Perus. A descrição minuciosa não mais recai sobre os espaços urbanos, mas valoriza sobretudo a natureza, e o olhar que flagra o nascer do sol deixa transparecer, por alguns instantes, a ternura e a esperança:

Perus acompanhava os dois, mas olhava o céu como um menino num quieto demorado e com aquela coisa esquisita arranhando o peito. E que o menino Perus não dizia a ninguém.(...) Aquele sentir, àquela hora, dia querendo nascer, era de um esquisito que arrepiava. E até julgava pela força estranha, que aquele sentimento não era coisa máscula, de homem. Perus olhava. Agora a lua, só meia-lua e muito branca, bem no meio do céu. *Marchava* para o seu fim. *Mas à direita, aparecia um toque sanguíneo.* Era de um rosado impreciso, embaçado, inquieto, que entre duas cores se enlaçava e dolorosamente se mexia, se misturava entre o cinza e o branco do céu, *buscava um tom definido, revolvia aqueles lados, pesadamente. Parecia um movimento doloroso, coisa querendo arrebentar, livre, forte, gritando de cor naquele céu.*

Entrou no salão, mal reparou nas coisas, foi para a janela. Uma vontade besta. *Não queria perder o instante do nascimento daquele vermelho.* E não podia explicar aquele sentir aos *companheiros.* Seria zombado, Malagueta faria caretas, Bacanaço talvez lacrasse:

– Mas deixe de frescura, rapaz!

Foi para a janela, encostou-se ao peitoril, apoiou a cara nas mãos espalmadas, botou os olhos no céu e esperou, amorosamente.

Veio o vermelho. E se fez, enfim, vermelho como só ele no céu. E gritou, feriu, nascendo.

Já era dia. O instante bulia nos pelos do braço, doía na alma, passava uma doçura naquele menino, àquela janela, grudado. (pp. 150-1) (grifos nossos)

A passagem que explicita a fascinação de Perus, o mais jovem dos malandros, pela a alvorada é carregada de significação. A emoção "esquista" sentida pelo "menino" diante do nascer de mais um dia pode ser associada a uma expectativa, ainda que difusa, de transformação de sua própria condição e da condição de outros marginalizados como ele. Note-se que, no universo brutalizado onde o rapaz se encontra, a expressão da sensibilidade é vista como ausência de virilidade ("frescura"), o que faz com que ele não compartilhe os seus sentimentos com os outros malandros.

Há que se notar também a conotação político-revolucionária sugerida através da utilização de termos como "marchava", "direita", "livre", "gritando", "companheiros" e, é claro, da referência insistente à cor vermelha. Não nos parece por acaso que o "toque sangüíneo" surja justamente no lado direito do céu, numa alusão à polaridade ideológica entre direita e esquerda. Esse é o único momento de todo o livro em que a sugestão de uma revolução política é figurada. Acontece, porém, que o andamento da narrativa logo levará Perus a abandonar sua observação encantada do céu, como se qualquer sonho de transformação que pudesse embalar o jovem malandro estivesse interditado.

Vale apontar que a mistura imprecisa de cores – o vermelho a enlaçar-se entre o cinza e o branco do céu – evoca a imagem final do poema "Morte do leiteiro", de Carlos Drummond de Andrade, publicado em 1945. Nos versos do poeta mineiro, o sangue inocente do trabalhador assassinado mistura-se ao "leite bom" que ele entregava para "gente ruim", formando o exato tom da aurora:

> Da garrafa estilhaçada,
> no ladrilho já sereno
> escorre uma coisa espessa
> que é leite, sangue... não sei.
> Por entre objetos confusos,
> mal redimidos da noite,
> duas cores se procuram,
> suavemente se tocam,
> amorosamente se enlaçam,
> formando um terceiro tom
> a que chamamos aurora.[96]

Em ambos os textos, a alvorada é um acontecimento melancólico, marcado pela afirmação da injustiça a que são submetidos os pobres na sociedade brasileira. A presença do termo "amorosamente", utilizado pelos dois escritores, é sintomática de uma mesma perspectiva que se identifica com o drama dos excluídos: amorosa é a espera de Perus pelo surgimento do sol; amoroso é o encontro do leite com o sangue a con-

---

[96] "Morte do leiteiro". In A rosa do povo. Rio de Janeiro: Record, 1991, p. 108.

figurar a aurora. Mas, se o nascer de um novo dia é tradicionalmente associado a uma renovação de ânimos e de situações, no caso específico da narrativa de João Antônio não é isso o que se verifica. Perus observa o alvorecer pela janela, distanciado, imobilizado, como a atestar a impossibilidade de qualquer mudança, apesar da passagem do tempo.

Se quisermos ainda evocar outros versos que dialogam de perto com a narrativa, lembremos da estrofe inicial de "Tecendo a manhã", de João Cabral de Melo Neto:

> Um galo sozinho não tece a manhã:
> ele precisará sempre de outros galos.
> De um que apanhe esse grito que ele
> e o lance a outro; de outro galo
> que apanhe o grito que um galo antes
> e o lance a outro; e de outros galos
> que com muitos outros galos se cruzem
> os fios de sol de seus gritos de galo,
> para que a manhã, desde uma teia tênue,
> se vá tecendo, entre todos os galos.[97]

Segundo o poema, é necessária a união dos gritos de muitos galos para que se construa o alvorecer. Nas palavras de Benjamin Abdala Jr.:

> Nas laçadas dos "gritos de galos", forma-se um tecido coletivo que se eleva por si. Para sua construção concorrem gritos incompletos individuais (nível da sintaxe, da semântica) que se completam mutuamente no objeto construído. E foi justamente essa incompletude que deu força artística ao poema de João Cabral de Melo Neto. Reside aí, além de sua criatividade artística, a força da ação coletiva.[98]

---

[97] "Tecendo a manhã ". In Antologia Poética, Rio de Janeiro: José Olympio, 1975, p. 17.
[98] In Literatura, história e política, op. cit., p. 136.

A mobilização coletiva, nos termos propostos por João Cabral, está completamente ausente do horizonte dos malandros recriados por João Antônio. Nesse sentido, é significativa a postura constrangida do jovem Perus, que sequer cogita explicar os seus sentimentos aos outros, interditando qualquer possibilidade de um entendimento comum e do estabelecimento de uma prática social de caráter revolucionário.

Obscurecendo o sonho, a realidade "chama" Perus através do convite de Bacanaço, que por três vezes o convida para jogar – "Vamos brincar?"(p. 151). O jovem aceita o desafio, dando as costas para o céu ("O menino se voltou", p. 151), e os três malandros começam uma partida de sinuca. O jogo, que começa "de brincadeira", em pouco tempo vai ganhando "intenções secretas"(p. 152), já que "as safadezas cresciam, incluíam arrumações, dissimuladas, trapaças grossas"(p. 153). Cada um dos três imaginava como tirar dinheiro dos parceiros: "Malagueta, Perus e Bacanaço preparavam-se para se devorar." (p. 154).

Nesse momento, entra no salão Robertinho, jogador malandro, um "dos maiores tacos de Pinheiros"(p. 155). Perus era o único que conhecia aquela "piranha manhosa" (p. 155) e temia que Bacanaço marcasse jogo com ele. E é isso justamente o que acontece. O homem propõe desafio e o líder do grupo manda Malagueta enfrentar o adversário, apostando um alto valor. O interessante é que a implacável ética da malandragem impede que Perus avise os companheiros da cilada:

> Quando o malandro deu de cara com Perus, fez não reconhecê-lo, que na velha regra da sinuca, naquela situação, ambos deviam silenciar e primeiramente esperar o jogo. Assim fazem os malandros entre si: é a regra. E, regra, Perus não podia avisar Bacanaço, nem Malagueta. Não devia entregar Robertinho, que o jogo era muito bom para ele. Nada poderia dizer. Se abrisse o bico, ouviria de Robertinho a palavra "cagüeta", que é o que mais dói para um malandro. E ainda arrumaria briga séria. (pp. 155-6)

E é assim que o jogo começa. Como Perus já previa, Robertinho começa perdendo as primeiras rodadas. Os adversários vão adquirindo confiança e aumentando ainda mais o valor das apostas. No auge da empolgação de Malagueta e Bacanaço, Robertinho, "um professor"(p. 158), começa a mostrar suas habilidades. "Vira o jogo" e emborca, com calma, cada bola que paira sobre a mesa. Depois de três horas e meia de jogo, os malandros, desolados, encontram-se completamente sem dinheiro. É quando Bacanaço se lembra de que, em seu bolso, "havia cinqüenta cruzeiros para o ônibus"(p. 159). A última frase de "Pinheiros" afirma a derrota dos protagonistas: "Lentos, nas ruas. As cabeças pesavam, seguiam baixas."(p. 159)

"Lapa"

A finalização do conto é bastante sucinta, constando de dois parágrafos curtos. No primeiro, o narrador situa a ação narrativa no interior do botequim Celestino, onde os protagonistas haviam se encontrado no início da história, e alude novamente à contação de casos típica do universo da malandragem, capaz de fixar memorialisticamente as "virações" dos marginalizados. No segundo, atesta a situação de extrema carência vivida pelos malandros depois de sua longuíssima noite de deambulações:

> A curriola formada no velho Celestino contava casos que lembravam nomes de parceirinhos.
> Falou-se que naquela manhã por ali passaram três malandros, murchos, sonados, pedindo três cafés fiados.

Novamente na Lapa-de-Baixo, os três malandros terminam sua deambulação da mesma maneira como a começaram, pois não há mudança qualitativa alguma em suas vidas. Por isso, podemos dizer que, em termos de elaboração narrativa, a história constrói-se em espiral: o tempo cronológico avança, as cenas e os espaços se sucedem, mas o andamento da narrativa parece sempre recuperar a condição inicial das personagens – condição de carência marcada quase todo o tempo pela fome.

É como um mecanismo discursivo capaz de reiterar a carência dos protagonistas que se pode compreender as repetições de termos, frases, e situações que pontuam todo o texto. Essa, aliás, é a perspectiva de Vilma Arêas, ao considerar o estilo nervoso, quase agressivo, do autor que nos oferece verbos e nomes em exagero: "é nesse excesso que percebemos a falta e a exclusão inscritas na forma, sustentando a trama do conto."[99] A falência absoluta do projeto dos malandros, que não alteram sua situação objetiva nem transformam sua condição interior, permite-nos afirmar que o caráter do texto é cíclico e a perspectiva do autor, melancólica.

A ARTIMANHA DOS MALANDROS

Segundo Roberto Schwarz, um dos valores do ensaio de Antonio Candido, "Dialética de malandragem", consiste em abrir uma perspectiva capaz de "identificar, denominar e colocar em análise uma linha de força inédita até então para a teoria, a linha da "malandragem"[100]. Esta, para continuar com as palavras do crítico,

> vem da Colônia e se manifesta na figura folclórica de Pedro Malazarte, em Gregório de Matos, no humorismo popular, na imprensa cômica e satírica da Regência, num veio de nossa literatura culta do século XIX, e culmina no século XX, com *Macunaíma* e *Serafim Ponte-Grande*, onde é estilizada e elevada a símbolo.[101]

Para continuar a enumeração das manifestações relevantes da malandragem no cenário cultural do século XX, poderíamos acrescentar a obra de vários compositores populares, como Geraldo Pereira e Mário Lago que, principalmente durante a ditadura do Estado Novo, imortalizou a figura do malandro através de sambas que problematizavam o "culto ao trabalho" difundido pelo governo varguista. Também parte importante da obra de Chico Buarque – lembremos de sua *Ópera do malandro* e de

---
[99] "Chorinhos de um retratista (improviso)". In *Revista Remate de males*, op. cit., p.127.
[100] "Pressupostos, salvo engano, de Dialética da malandragem". In *Que horas são?*, op. cit., p.130.
[101] *Idem*, p.130.

canções como "O meu guri"– dão destaque à marginalidade urbana e estabelecem uma crítica social inequívoca.

Assim, é possível pensar que, em cada tempo histórico, a figura do malandro – marcada pela ambivalência e pela transgressão da ordem – adquire contornos singulares, afirmando-se como resposta a modos de exclusão específicos.

Daí que, se aproximarmos o universo da malandragem encenado nas *Memórias de um sargento de milícias* do universo da malandragem vivido pelas personagens de "Sinuca", diferenças importantes podem ser verificadas. O mundo amoral, liberto do peso do erro e do pecado, apreendido por Antonio Candido nas páginas oitocentistas está longe de se parecer com o mundo onde vivem as personagens malandras dos contos de João Antônio.

Segundo o professor, no romance carioca, "entrevemos o contorno de uma terra sem males definitivos ou irremediáveis, regida por uma encantadora neutralidade moral. Lá não se trabalha, não se passa necessidade, tudo se remedeia"[102]. Já nas histórias de João Antônio, o Brasil é uma terra de males já consolidados e, se o malandro se recusa a ser "otário", é porque não possui convicção alguma de que o trabalho formal pode trazer alguma espécie de dignidade – material ou moral – para quem vive tão às margens.

A despeito de um certo mito nacional dos heróis malandros que sempre se dão bem e confirmam um modo de sobrevivência bem sucedida no campo da informalidade, fora do espectro da norma e da lei burguesas, as (des)venturas vividas pelos malandros recriados pelo escritor paulistano não são acompanhadas pelo riso e pela bonomia que costumam caracterizar as peripécias típicas da malandragem.

Desse modo, se as personagens malandras de *Malagueta, Perus e Bacanaço* podem ser inseridas na tradição que se inaugura com Leonardo Filho, a primeira personagem malandra da novelística brasileira, é preciso observar uma importante diferença que as afastam. Leonardo vive de maneira um tanto gratuita, praticando a astúcia pela astúcia e manifestando um apreço pelo "jogo em si", enquanto que os malandros presentes na

---

[102] "Dialética da malandragem". In *O discurso e a cidade*, op. cit., p. 53.

obra de João Antônio estão afastados da dimensão lúdica do jogo, já que a sua prática está ligada fundamentalmente à subsistência.

A astúcia e o jogo, essenciais no universo malandro recriado por João Antônio, nunca constituem experiências desinteressadas. As intenções de Malagueta, de Perus e de Bacanaço, por exemplo, relativizam a gratuidade da sinuca, desconsiderando a situação dos adversários que são lesados durante o jogo. Nesse sentido, é possível afirmar que a malandragem praticada por essas personagens é um artifício para "contornar a miséria", afirmando um espaço "onde o vício se acomoda e a sobrevivência depende de uma lei espúria do mais apto."[103]

Desse modo, é como se no lugar da "fábula realista", tecida por Manuel Antônio de Almeida, João Antônio tecesse "crônicas realistas", contemplando toda a violência produzida no submundo da marginalidade. Em vez de elementos do universo fabular, que deixam transparecer o mundo arquetípico da lenda, propício a toda sorte de acomodações, encontramos nas histórias de João Antônio as marcas de uma sociedade autoritária e segregadora, ancorada principalmente na desumanização das relações.

Nesse mundo perverso, uma ética específica regula a conduta daqueles que transgridem a norma. A "ética da malandragem" têm um código bastante particular, que visa à manutenção e à legitimação da própria prática da malandragem, impedindo que ela seja banida pelos poderes instituídos e garantindo sua ocorrência nas bases da farsa e da trapaça. Daí que a solidariedade entre os malandros tenha um espectro bastante restrito e termine justamente no momento em que um homem percebe que pode levar vantagem sobre outro.

Vivendo como quem joga, ou jogando como quem vive, os malandros renegam o universo do trabalho formal e afirmam o valor da individualidade sobre o da coletividade, expressando uma espécie de "moral ressentida", baseada na sensação difusa de sua própria reificação. Pautando-se basicamente em valores egoístas, a "ética da malandragem" acaba por reafirmar a violência interna e externa sofrida pelos excluídos, contra-

---

[103] Sg. CANDIDO, A. "Na noite enxovalhada". In Revista Remate de males, op. cit., p. 87.

riando o exercício da liberdade que requer sujeitos conscientes e capazes de interferir na realidade. Na perspectiva de Tania Macêdo,

> ao focalizar as marginalizados da Ordem (e do Progresso?), o texto de João Antônio torna-se um veemente protesto contra toda uma rede tecida pela ordem burguesa que aprisiona e submete ao silêncio, em suas malhas, o trabalhador. Dessa maneira, "Malagueta, Perus e Bacanaço", sem referir-se explicitamente em suas páginas à violência do trabalho reificado a que está submetida a maioria dos operários da metrópole, ao acompanhar a figura do malandro que se recusa a subjugar-se e nega a aquiescência aos arbítrios da Ordem, aproximanos de um Outro que nos ameaça de maneira sutil, pois nos expõe à condição de que o trabalho assalariado, as armadilhas das frases feitas como "o trabalho dignifica o homem", apresentam: a carência, a instabilidade, a solidão.[104]

Figurada como o avesso do trabalho alienado, a prática da malandragem – com sua técnica, sua estética e sua ética próprias – é uma imagem bem acabada da condição a que são reduzidos os marginalizados sociais que vivem apartados da norma. Desafiando o poder institucionalizado e ameaçando a ordem burguesa com a qual compactuamos, os malandros afirmam a infração como um modo de existência que se caracteriza simultaneamente como subsistência e como resistência a uma ordem social profundamente injusta.

A TRADUÇÃO DO IMPASSE: A PERSPECTIVA MELANCÓLICA DE JOÃO ANTÔNIO

Como vimos, todos os contos de *Malagueta, Perus e Bacanaço* são, de alguma maneira, perpassados pela tensão entre norma e conduta. Os protagonistas, sejam eles "otários", soldados ou malandros, vivem profundamente as contradições inerentes aos incômodos papéis que ocupam, equilibrando-se para sobreviver num espaço psico-social marcado pela marginalidade.

Em termos da elaboração das narrativas, é preciso sublinhar que a ficcionalização de situações prosaicas, aparentemente banais, reforça a con-

---

[104] "João Antônio, cronista dos pesadelos de São Paulo". *In Revista da Biblioteca Mário de Andrade – O trabalho na metrópole*, n° 57, 1999, pp. 42-3.

dição de carência do indivíduo "comum", que se sente ou é efetivamente excluído da norma. Essas situações, apreendidas fundamentalmente pela perspectiva dos protagonistas e/ou de um narrador bastante cúmplice de seus dramas, apresentam um forte traço de autenticidade e uma grande força expressiva. Também as marcas da oralidade, transmudadas em estilo, singularizam a palavra literária de João Antônio e revelam o universo agônico de suas personagens.

Encadeadas, as três partes do livro sugerem uma leitura que diz respeito à construção do lugar do malandro ou, em outras palavras, uma leitura que perfaz a trajetória do trabalho à malandragem, da norma à infração. Nas duas primeiras histórias dos "Contos gerais" ("gerais" porque talvez sejam representativos de uma insatisfação que diz respeito à maior parcela dos trabalhadores que compõem a população brasileira), os protagonistas perambulam pelas ruas da cidade em busca de sentidos que preencham o vazio de suas vidas, sem encontrar nada de concreto que possa apaziguar suas subjetividades em crise.

É somente em "Fujie" que nos deparamos com um protagonista capaz de vislumbrar um objeto que motive o seu desejo. Mas, como vimos, esse objeto é proibido e a ação efetivada pela personagem, que se dá como resolução de um dilema íntimo, constitui-se essencialmente como traição: o caminho da ação lícita parece estar vetado para aqueles que tentam se enquadrar dentro dos limites estabelecidos pelos valores institucionalizados.

A segunda parte do livro simboliza aquilo que é oferecido – e cobrado – pelo Estado ao cidadão comum. O serviço militar obrigatório a que estão submetidos os protagonistas dos dois contos de "Caserna" é sinônimo de uma vida ainda mais permeada por carências do que a vivida fora dos quartéis. A privação, a violência e o autoritarismo são marcas claras do cotidiano de jovens que se deparam com a impossibilidade do exercício pleno da cidadania, o que nos leva a refletir sobre a ausência de um projeto político-social para o país.

Interditadas as possibilidades de uma vida digna pautada pela norma, resta aos protagonistas dos últimos quatro contos a irresistível atração pela malandragem relacionada ao vício do jogo. Em "Sinuca", acompanhamos os tortuosos caminhos percorridos por indivíduos que, atuando no pólo da desordem, buscam garantir a satisfação e a sobrevivência através da transgressão das normas. No submundo da malandragem, pautado por uma ética própria, apartada da idéia de bem-estar coletivo, as noções de justiça e injustiça relativizam-se, legitimando um modo de vida individualista e profundamente solitário.

Esse modo de vida seria uma espécie de "avesso" da conduta que o mundo da ordem insiste em valorizar sob os nomes de "progresso" e "sucesso pessoal". Ao analisar o conto "Malagueta, Perus e Bacanaço", afirma Tania Macêdo: "enquanto eles [os trabalhadores ou "trouxas"] são embalados por seus sonhos de ascensão, os três malandros tentam atingir, acordados, as mesmas metas. Direito e avesso do mesmo desejo, sonho e pesadelo da metrópole."[105]

Um mesmo elemento unifica todos os inquietos protagonistas das nove histórias: o andar, o perambular. Os protagonistas dos dois primeiros contos de "Busca" caminham atrás de um sentido maior para suas ações, enquanto que o protagonista de "Fujie" perambula, zonzo, antes de se encontrar com a mulher proibida; os soldados de "Caserna" percorrem os espaços exíguos dos quartéis, como bichos enjaulados que não têm para onde ir; e os malandros de "Sinuca" andam atrás de oportunidades para "se darem bem", driblarem a exclusão a que estão submetidos. Todas essas personagens parecem perseguir uma definição para suas próprias identidades que se encontram cindidas, esgarçadas. Próximos das personagens centrais que figuram nos romances do "romantismo da desilusão", identificados por Georg Lukács, os protagonistas da obra de João Antônio vivem isolados num mundo esvaziado de valores qualitativos, sentindo-se profundamente perdidos e frustrados.

Esse modo de caracterização das personagens, o andamento do enredo dos contos, bem como a lógica que preside a organização de *Malagueta, Perus e Bacanaço*, leva-nos a considerar a questão da melancolia. Estudada desde a Antigüidade, a melancolia (do grego, "bile negra") tem sido

---

[105] "João Antônio, cronista dos pesadelos de São Paulo". *In Revista da Biblioteca Mário de Andrade*, op. cit., p.43.

objeto da reflexão de médicos, filósofos e escritores e fundamentado uma forte tradição pictórica e literária que a tematizou de diversas maneiras. A gravura do renascentista alemão Albrecht Dürer, *Melencolia I* (1514), é um bom exemplo de representação artística que tem instigado e desafiado inúmeros leitores através dos tempos.[106] Modernamente, o célebre estudo de Sigmund Freud, "Luto e melancolia", publicado em 1917, constituiu um marco decisivo para a compreensão da condição psíquica dos indivíduos melancólicos. Segundo a perspectiva freudiana,

a melancolia se caracteriza psiquicamente por um desânimo profundamente doloroso, uma suspensão do interesse pelo mundo externo, perda da capacidade de amar, inibição de toda atividade e um rebaixamento do sentimento de auto-estima, que se expressa em auto-recriminações e auto-insultos, chegando até a expectativa delirante de punição. [...] o luto revela os mesmo traços, exceto um: falta nele a perturbação do sentimento de auto-estima. No resto é a mesma coisa.[107]

O desânimo, o desinteresse, incapacidade de amar, a inação e a baixa auto-estima são características que, em maior ou menor grau, podem ser atribuídas aos protagonistas dos contos de João Antônio. Sua melancolia, marcada pela resignação e pela paralização do agir, relaciona-se diretamente a uma condição social que pode ser concebida como "alienada". Refletindo sobre as formas de alienação nas sociedades modernas ou capitalistas, Marilena Chauí afirma que ela é

o desconhecimento das condições histórico-sociais concretas em que vivemos e que são produzidas pela ação humana também sob o peso de outras condições históricas anteriores e determinadas. Há uma dupla alienação: por um lado, os homens não se reconhecem como agentes e autores da vida social com suas instituições, mas, por outro lado e ao mesmo tempo, julgam-se in-

---

[106] Sg. LAGES, Susana Kampff. *Walter Benjamin: tradução e melancolia.* São Paulo: Edusp, 2002, p.38.
[107] "Luto e melancolia". *In Revista Novos Estudos Cebrap*, vol.32, 1992, p. 131.

divíduos plenamente livres, capazes de mudar a própria vida como e quando quiserem, apesar das instituições sociais e das condições históricas. No primeiro caso, não percebem que *instituem* a sociedade; no segundo caso, ignoram que a sociedade *instituída* determina seus pensamentos e ações.[108]

Considerando as condutas dos "otários" e dos malandros que figuram nas narrativas de *Malagueta, Perus e Bacanaço*, podemos aproximá-las das duas posturas alienadas apontadas pela autora. As personagens centrais das primeiras histórias do livro apresentam um atitude mais passiva, que expressa a impossibilidade de atuar ou interferir em seus próprios destinos. Já os malandros que protagonizam principalmente a última história aspiram, de certo modo, à onipotência característica daqueles que julgam que, por sua própria vontade e inteligência, podem mais que a realidade que os condiciona. De qualquer modo, em ambos os casos a sociedade é o outro (do latim, *alienus*), e o homem alienado, que não é capaz de interagir dialeticamente com ela, sofre de melancolia.

Ao traduzir os impasses vividos por aqueles que teimam em se equilibrar nas franjas do sistema, João Antônio afirma uma perspectiva profundamente melancólica sobre a realidade nacional, ela também fundada em impasses. A ênfase negativa que o escritor imprime às conseqüências da transgressão – desidealizando-a e potencializando o seu prejuízo para os malandros que dela dependem para sobreviver –, presentifica o trauma constitutivo da história brasileira.

A relação entre história e melancolia esteve no centro das reflexões desenvolvidas por Walter Benjamin. Em sua nona tese enunciada em "Sobre o conceito da história", ele descreve a terrível visão do anjo que figura num quadro de Paul Klee chamado *Angelus Novus*. O anjo representado por Klee é comparado ao "anjo da história" que observa, aterrorizado, as ruínas que constituem o passado histórico da humanidade, construído a partir do triunfo dos poderosos:

---

[108] *In Convite à Filosofia*. São Paulo: Ática, 2003, p.173.

Há um quadro de Klee que se chama *Angelus Novus*. Representa um anjo que parece querer afastar-se de algo que ele encara fixamente. Seus olhos estão escancarados, sua boca dilatada, suas asas abertas. O anjo da história deve ter esse aspecto. Seu rosto está dirigido para o passado. Onde nós vemos uma cadeia de acontecimentos, ele vê uma catástrofe única, que acumula incansavelmente ruína sobre ruína e as dispersa a nossos pés. Ele gostaria de deter-se para acordar os mortos e juntar os fragmentos. Mas uma tempestade sopra do paraíso e prende-se em suas asas com tanta força que ele não pode mais fechá-las. Essa tempestade o impele irresistivelmente para o futuro, ao qual ele vira as costas, enquanto o amontoado de ruínas cresce até o céu. Essa tempestade é o que chamamos progresso.[109]

A noção de história como catástrofe e de bens culturais como "despojos" foram caras ao filósofo alemão, que escreve em sua sétima tese "Sobre o conceito da história": "nunca houve um monumento da cultura que não fosse também um monumento da barbárie".[110] Essa perspectiva fatalista, que flagra a dimensão decadente da tradição e afirma a impossibilidade de transformação dos destinos do homem parece subjazer à elaboração de *Malagueta, Perus e Bacanaço*. Como vimos, a tessitura de cada conto e a organização do livro como um todo não deixam dúvidas em relação à permanência futura do drama vivido pelas personagens.

O projeto literário engendrado por João Antônio ganha ainda mais clareza e força se considerarmos que ele mesmo talvez tenha sido um ser melancólico. Mas sua melancolia, longe de se relacionar à passividade atribuída ao estado patológico explicitado por Freud, aproximar-se-ia mais de uma postura lúcida e crítica diante da realidade. Preso a um mundo mercenário, mediado por relações mecânicas, o escritor sente-se condenado à solidão e à incomunicabilidade. E é justamente essa condição marcada pela precariedade que o impele à resistência, à luta com as palavras. Daí que ele se constitua num "ser pensante em estado de perplexidade",[111] expressando

---

[109] Benjamin, W. "Sobre o conceito de história". *Obras escolhidas: magia e técnica, arte e política*. São Paulo: Brasiliense, 1993, p. 226.
[110] *Idem*, p. 225.
[111] MATOS, Olgária. *O iluminismo visionário: Benjamin leitor de Descartes e Kant*. São Paulo: Brasiliense, 1993, p. 167.

uma atitude de desconfiança diante da realidade e de questionamento do mundo moderno.

Se, pessoalmente, João Antônio era melancólico – e suas cartas dão bem a dimensão de seu desencanto consigo mesmo e com o mundo –, sua melancolia encerrava uma grande generosidade, marcada por uma profunda identificação com o drama dos marginalizados. Daí que o antídoto encontrado por ele para combater a própria melancolia tenha sido justamente a escritura de uma literatura melancólica. O tédio, a alienação e a frustração experimentados por suas personagens colocam-se em função de uma crítica social contundente, problematizando seu tempo e contestando o próprio projeto de civilização que nos foi imposto.

Em busca de forjar a identidade do homem paulistano, o autor acaba por perscrutar os sentidos da própria identidade brasileira, flagrando seus impasses como conseqüência de um projeto de modernidade excludente, traçado pelos centros hegemônicos e ratificado pelas elites nacionais.

Capítulo V

A celebração da marginalidade em *Luuanda*

Há coisas que se choram muito anteriormente.
Sabe-se então que a história vai mudar.

(Ruy Duarte de Carvalho)

A EPÍGRAFE DE *Luuanda* que, segundo o autor teria sido retirada de um conto popular em quimbundo, é "Mu'xi ietu iá Luuanda mubita ima ikuata sonii...". Uma tradução possível em português seria "Na nossa terra de Luanda, passam-se coisas vergonhosas..."[112]. Ora, o fato de Luandino Vieira utilizar essa epígrafe indica, já de saída, sua adesão aos discursos de extração oral, numa atitude de valorização das práticas culturais tradicionais. Em termos do próprio enunciado, a presença do pronome possessivo "nossa" demarca a apropriação espacial da "terra de Luanda" – lembremos que referências a elementos da natureza abundam nas narrativas –, e a referência às "coisas vergonhosas" que lá acontecem assinalam o caráter de denúncia da obra.

---

[112] Epígrafe e tradução retiradas da edição que utilizaremos para análise, publicada no Brasil pela editora Ática em 1990.

Se tivermos em conta as três estórias que compõem o livro – "Vavó Xíxi o seu neto Zeca Santos", "Estória do ladrão e de papagaio" e "Estória da galinha e do ovo" – podemos considerar como "vergonhosa" a situação de exclusão vivida pelas personagens oprimidas pelo sistema colonial. Acontece, porém, que essas "coisas vergonhosas" coexistem com outras que, por seu alto potencial de transformação social, são capazes de deixar orgulhosos os que lutam pela emancipação do país. Como veremos, essas práticas, de teor revolucionário, serão enfatizadas pelo autor.

A marginalidade social celebrada em *Luuanda* diz respeito a todo um grupo de excluídos principalmente mulatos e negros que sustentam o sistema colonial. São os moradores dos musseques que tentam resistir a uma lógica perversa, toda ela voltada para a dominação e o silenciamento do colonizado. Como bem aponta Rita Chaves, a questão da resistência, a que está ligado o empenho pela nacionalidade, recebe diversos tratamentos ao longo da obra de Luandino Vieira. No caso de *Luuanda*, diz a autora que

> o ato de resistir associa-se essencialmente à percepção da injustiça do que se apresenta como norma e à adoção de certos métodos para escapar às armadilhas da sorte. (...) os personagens das três estórias de *Luuanda* afirmam-se seres impulsionados para reagir ao roubo autorizado pela força de um direito ilegítimo, constituindo manifestações de um dos temas mais caros ao escritor: a resistência popular em contraposição ao poder sem legitimidade. Contra a injustiça de atitudes centradas apenas na hierarquia instituída, os pobres e marginais respondem com o insólito de algumas soluções. Nesse caso, o logro não pode ser visto como crime, porque se converte em condição para superação da impossibilidade inicial.[113]

É numa Luanda ainda colonial, rigidamente estratificada e duramente vigiada, mas prestes a se dissolver, que se configura a tensão entre norma e conduta flagrada pelas narrativas de *Luuanda*. Enquanto a norma oprime, sufoca, pune, algumas personagens vão aprendendo a burlar e a desafiar o poder instituído. Num contexto essencialmente conflituoso, o

---

[113] "José Luandino Vieira: consciência nacional e desassossego". In *Revista de Letras, op. cit.*, p. 85.

discurso da resistência se constrói por entre as brechas e, corajosamente, afronta o discurso oficial.

Daí que a linguagem com que se elaboram as estórias de *Luuanda* estabeleça uma apropriação – de caráter político – da linguagem falada nos musseques. Inscrita num momento de radicalização da luta colonial, em que a transgressão da norma portuguesa imposta afirma um grau de autonomia essencial à conquista da identidade cultural do país, a opção por fixar literariamente a dicção popular é de fato estratégica: tratava-se de recriar uma linguagem que rompesse padrões e favorecesse a desalienação social.

Desse modo, ao criar uma linguagem mesclada, misturando o português normativo e o quimbundo, Luandino Vieira projeta literariamente um mundo diferente do mundo instituído e aponta a possibilidade de superação dos impasses inerentes à condição colonial.

Como buscaremos comprovar, para contribuir para a solução dos dilemas de uma Luanda mestiça, onde o crescimento se dava em ritmo acelerado e a vigilância ao colonizado aumentava dia a dia, *Luuanda* sugere, para além da união de todos os marginalizados contra a dominação colonial, um diálogo cultural entre aspectos de tradição e da modernidade. No plano da escrita, ao inventar uma "linguagem nova" e ao assumir-se simultaneamente como contista – homem urbano que domina a escrita – e como contador – transmissor de estórias tradicionais –, o autor combina duas visões de mundo quase sempre conflituosas e, sem minimizar as contradições oriundas desse confronto, propõe uma síntese possível.

Na elaboração literária e também na ordenação das três estórias que compõem o livro, verifica-se uma intenção clara do escritor de formular um caminho ou percurso que levaria o leitor à constituição de um posicionamento ético diante da realidade de exclusão social tematizada pelos textos. Lidas no seu conjunto, as narrativas oferecem instrumentos para que o leitor construa paulatinamente sua posição diante do universo narrado e, nesse sentido, aclare sua consciência sobre as possibilidades de interferir em sua própria realidade.

Isso só acontece porque é possível estabelecer uma contigüidade e uma progressão entre as três estórias. Se considerarmos que há um aprendizado subjacente às ações empreendidas pelos protagonistas de cada uma delas, bem como uma ampliação progressiva do papel do "contador de estórias" em sua organização e uma progressão temporal sugerida no conjunto do livro, não seria demasiado propor que os três textos possam ser lidos como uma única narrativa, em que está delineada a possibilidade de uma aquisição de saber tanto por parte das personagens como também pelos leitores.

Assim como já aproximamos os protagonistas dos contos de *Malagueta, Perus e Bacanaço* aos personagens centrais dos romances do "romantismo da desilusão", identificado por Georg Lukács, poderíamos aproximar os protagonistas de *Luuanda* daqueles que figuram na forma nomeada por ele como "romance de aprendizagem". Nessa tipologia romanesca, os indivíduos problemáticos vivenciam um "processo educativo" que os leva a atingir uma maturidade capaz de dotar de sentido a sua existência. Quando essa aprendizagem se concretiza, as personagens experimentam um maior equilíbrio entre a sua subjetividade e o mundo que as cerca, efetivando-se, assim, uma espécie de reconciliação do homem, guiado pelo ideal vivenciado, com a sua realidade social concreta.[114]

Essa aproximação, contudo, precisa ser mediada. O "romance de aprendizagem" postulado por Lukács – e exemplificado através da análise de *Os anos de aprendizagem de Wilhelm Meister*, de Goethe –, embora pressuponha a ação do herói sobre o mundo, pressupõe também, em certa medida, sua adaptação às estruturas sociais vigentes. Afirma Lukács:

(...)o ideal que vive nesse homem [o herói do "romance de aprendizagem"] e lhe determina as ações tem como conteúdo e objetivo encontrar nas estruturas da sociedade vínculos e satisfações para o mais recôndito da alma.[115]

O ideal que move a personagem descrita por Lukács, e que sugere uma parcela de acomodação em relação ao mundo exterior, afasta-se do ideal revolucionário que norteia a aprendizagem das personagens que prota-

---

[114] *In A teoria do romance, op. cit.*, pp. 138-150.
[115] *Idem*, p. 139.

gonizam *Luuanda*. Nas narrativas do escritor angolano, verificamos que a perspectiva de transformação social jamais sai de cena, como a convocar as personagens à luta contra o poder colonial e suas normas excludentes. Porém, se não podemos falar em "acomodação" às estruturas da sociedade colonial, podemos considerar que as personagens encontram, em determinados aspectos que estruturam as sociedades tradicionais africanas, "vínculos e satisfações para o mais recôndito da alma". Explicando melhor: para combater os valores europeus propagados pelo colonizador e, conseqüentemente, desestruturar a sociedade colonial, a obra propõe uma re-significação de alguns dos valores tradicionais angolanos. Colocado em função de uma luta política, o exercício desses valores favorece a mobilização popular e o enfrentamento do poder instituído.

O que está em jogo em *Luuanda* é justamente a dialética entre a transformação das subjetividades das personagens marginalizadas e a transformação das estruturas do mundo objetivo em que elas se movem. Sob a égide de uma ética revolucionária – ancorada na atualização de valores tradicionais –, as personagens são sim passíveis de mudança, mas esse movimento, longe de se configurar como adaptação ou acomodação, caracteriza-se como disposição consciente para a construção de um novo universo social.

Encadeadas, as estórias do livro apontam, assim, para um difícil, mas consistente, aprendizado dos protagonistas e, em alguma medida, dos próprios leitores, que participam ativamente do processo de construção da leitura. Em termos de enredo, esse aprendizado, simultaneamente de caráter pessoal e social, verifica-se na própria ampliação da humanidade das personagens e de sua capacidade de resistência. Assim, à medida que os protagonistas vão interiorizando estratégias para lutar por uma Angola livre, vão também se sensibilizando para a prática de valores humanitários, notadamente a solidariedade.

Para validarmos essa hipótese de leitura e demonstrarmos como é proposta a aprendizagem dos excluídos – e dos leitores – ao longo da obra, retomaremos alguns dados importantes que compõem a tessitura das estórias e enfatizaremos a maneira como cada uma é iniciada e encerrada pelo narrador.

"Vavó Xíxi e seu neto Zeca Santos" ou a fragilidade dos mussequeiros

Narrada em terceira pessoa por um narrador onisciente e abarcando o tempo de apenas um dia, "Vavó Xíxi e seu neto Zeca Santos" é a primeira estória do livro. Possui cerca de trinta e duas páginas e está dividida em cinco partes, sendo marcada por cortes e digressões que vão compondo e explicando a trama. Em termos temáticos, podemos dizer que está centrada nas dificuldades enfrentadas por uma senhora, Vavó Xíxi, e seu neto, Zeca Santos, que moram juntos num mesmo barraco – ou "cubata" –, de sobreviverem às dificuldades típicas da exclusão social, numa sociedade extremamente preconceituosa e segregadora. Perplexas diante de uma realidade bastante hostil, as duas personagens são portadoras de sentimentos contraditórios e tentam se equilibrar nas franjas do universo do colonizador. É possível dizer também que o tema fundamental do conto é a fome: do início ao fim da estória os protagonistas são torturados por essa carência vital.

Como as duas outras narrativas do volume, esta primeira apresenta uma linguagem extremamente elaborada e carregada de significação, que coloca em tensão permanente os signos da dominação e os signos da liberdade. Por um lado, flagram-se inúmeras referências à opressão a que estão submetidos os colonizados e, por outro, a lógica característica daqueles que se identificam com a terra angolana, que se potencializa através da recriação da fala típica dos habitantes dos musseques. Só a título de exemplo, leiamos o primeiro parágrafo da estória:

> Tinha mais de dois meses a chuva não caía. Por todos os lados do musseque, os pequenos filhos do capim de novembro estavam vestidos com pele de poeira vermelha espalhada pelos ventos dos jipes das patrulhas zunindo no meio das ruas e becos, de cubatas arrumadas à toa. Assim, quando vavó adiantou sentir esses calores muito quentes e os ventos a não querer mais soprar como antigamente, os vizinhos ouviram-lhe resmungar nem dois dias iam passar sem a chuva sair. Ora a manhã desse dia nasceu com as nuvens brancas – mangonheiras no princípio; negras e malucas depois – a trepar em cima do musseque. E toda a gente deu razão em vavó Xíxi: ela tinha avisado, antes de sair embora na Baixa, a água ia vir mesmo. (p. 5)

Inicialmente, chama a atenção o modo artístico pelo qual toda uma dicção característica da oralidade é transposta para o texto escrito. De fato, uma sonoridade expressiva, conseqüência principalmente do ritmo frasal, das aliterações e das rimas internas, é marcante em todo o parágrafo. Retomemos duas passagens:

> (...) os pequenos filhos do capim de novembro estavam vestidos com pele de poeira vermelha espalhada pelos ventos dos jipes das patrulhas zunindo no meio de ruas e becos, de cubatas arrumadas à toa. (grifos nossos)
>
> Assim, quando vavó adiantou a sentir esses calores muito quentes e os ventos a não querer mais soprar como antigamente, os vizinhos ouviram-lhe resmungar talvez nem dois dias iam passar sem a chuva sair. (grifos nossos)

No primeiro trecho, a repetição das consoantes oclusivas p / b e t / d, caracterizadas por seu traço explosivo, pode ser associada aos ruídos duros e secos provocados pela patrulha dos jipes da polícia política no interior do musseque. Certamente que essa dureza e secura amplificam a força e a violência da opressão cotidiana com a qual os colonizados conviviam. Note-se ainda a semelhança sonora do final das palavras sublinhadas, o que realça sua correlação e contribui para a harmonia do enunciado.

Já no segundo fragmento, a recorrência das consoantes fricativas (v / s / z) sugerem o ruído agudo do próprio sopro do vento, reforçando, no nível do significante, o sibilo dos ares que, na percepção de vavó Xíxi, anunciavam a chuva. Nos dois casos, tem-se um trabalho apurado com os significantes e os significados das palavras que, aproximando prosa e poesia, acentua a expressividade do discurso literário.

Nessa elaboração discursiva, para além da utilização de termos quimbundos – "musseque", "mangonheiras" –, outros traços típicos da fala popular são incorporados. A supressão do conectivo "que" ("Tinha mais de dois meses a chuva não caía"/ "os vizinhos ouviram-lhe resmungar nem dois dias iam passar sem a chuva sair"); a concordância verbal irregular ("e os ventos a não querer mais soprar como antigamente"); a utilização generalizada da preposição "em" ("e toda a gente deu razão em vavó Xíxi"); e as formas verbais inusitadas ("adiantou sentir"/ "sair embora"/ "trepar" – referindo-se a nuvens) são exemplos de transgressões capazes de "descolonizar" a língua portuguesa.

Cabe assinalar que a preocupação de Luandino com a fixação literária da oralidade luandense percorre todas as estórias do volume. E, assim como acontece com o discurso literário formulado por João Antônio, cada passagem do discurso do autor angolano descortina sentidos que superam em muito aqueles decorrentes da simples transposição da fala para a escrita.

Se atentarmos ainda para o primeiro parágrafo, veremos que nos é oferecida uma informação importante sobre vavó Xíxi: ao prenunciar a chuva, ela demonstra que sabe compreender os sinais da natureza, o que aponta para sua afinidade com a cultura tradicional africana: "Vavó Xíxi tinha avisado, é verdade, e na sua sabedoria de mais velha custava falar mentira"(p. 6). Mas, como veremos, esse seu conhecimento ancestral não será suficiente para garantir a própria sobrevivência com dignidade: no desespero da fome, vavó come raízes impróprias para consumo humano e sofre graves dores por isso.

De qualquer modo, a chuva – "grossa e pesada" (p. 8) – anunciada por Vavó Xíxi no início do conto – que é também o início do livro – sugere a efetivação das transformações políticas e sociais almejadas pelos angolanos revolucionários. Nesse sentido, o trecho "(...) os ventos a não querer mais soprar como antigamente" pode ser relacionado com a prática dos colonizados que, naquele momento, buscavam se organizar contra o poder colonial. Também o poderoso raio que nasce no céu espalhando seu brilho azul por todo o musseque e é capaz de, ao menos por instantes, ofuscar os terríveis refletores que vigiavam a população durante à noite, indicam a vitória das forças da natureza – solidária com a causa angolana – sobre a opressão policial:

> E quando saiu o grande trovão em cima do musseque, tremendo as fracas paredes de pau-a-pique e despregando madeiras, papelões, luandos, toda a gente fechou os olhos, assustada com o brilho azul do raio que nasceu no

céu, grande teia d'aranha de fogo, as pessoas juraram depois as torres dos refletores tinham desaparecido no meio dela.(p. 6)

Trata-se, portanto, de ventos e de chuva de mudança que, ao destruírem cercas e invadirem cubatas, anunciam um novo tempo que *Luuanda* ajuda a construir.

Ainda sobre a figura de vavó Xíxi, vale dizer que ela é, nas palavras de Luandino Vieira, "um personagem verdadeiro". Isso porque teria existido de fato, como conta o autor:

> Na prisão, eu soube uma história não de um neto, mas de uma avó que, tendo vivido já como senhora burguesa, dona de escravos, dona de comércio, portanto vivendo como membro de uma classe burguesa angolana que existiu no século XIX até os anos 40, tinha sido, progressivamente, enxotada da zona urbana da cidade para a periferia até chegar a um musseque. Essa dona Vitória, chamava-se assim, vivia, claro, das suas recordações de velha dama, que teve mulecas e mais não sei quê... E, ao mesmo tempo, catava comida no caixote do lixo da Baixa, para comer...
> Assim, quando pensei escrever essa estória, tive que meter um neto para servir de mediador entre uma pessoa que tinha mais cinqüenta anos do que eu, e cuja personalidade eu não podia agarrar bem, e alguém da minha idade... E meti o neto.[116]

Baseando-se em dados reais, Luandino Vieira ficcionaliza uma história que pode ser considerada paradigmática da situação de muitos dos membros africanos da elite colonial que se constituiu em Luanda na passagem do século XIX para o XX. Naquele momento, a atividade comercial, ligada principalmente à borracha e ao café, trazia lucro a uma parcela da população nativa – negra e mestiça –, que pôde gozar de uma posição econômica bastante privilegiada. Mais tarde, essa burguesia africana ou "crioula" é marginalizada devido ao crescimento do número de colonos metropolitanos, cuja presença em Angola aumenta nas primeiras décadas

---

[116] "Um escritor confessa-se...". In *Jornal de Letras, Artes e Idéias*, op. cit., p. 10.

do século passado. A "classe média" africana empobrece a tem de abandonar a Baixa e o conforto da antiga vida. Como pode ser apreendido na segunda parte da narrativa, vavó Xíxi é uma "mais-velha" que viveu justamente o apogeu dessa fase.

Quanto ao neto, ausente da "história original" ouvida por Luandino Vieira, sua presença na ficção contribui decisivamente para a caracterização da realidade de exclusão a que estão submetidos os moradores dos musseques. Embora bastante jovem, sua capacidade de ação pouco difere da de sua avó, refletindo o estado de alienação e impotência daqueles que não aderiam à luta anticolonial.

Depois do anúncio e da queda da chuva, repletos de simbologia, como vimos, tem-se de fato o início da ação narrativa envolvendo os dois protagonistas. Zeca Santos entra repentinamente na cubata, numa "entrada de cipaio"(p. 7), e surpreende Vavó Xíxi que estava a varrer a lama do chão. O neto pede comida à velha e ambos, então, começam a dialogar. A avó acusa o neto de não arrumar emprego e ele se defende dizendo que tem tentado sem sucesso. O rapaz conta sobre sua terrível experiência com sô Souto, homem branco, dono de um posto de gasolina, para o qual havia pedido um emprego. A princípio, o homem o tratara com fingida cortesia, mas depois gritara que Zeca "era filho de terrorista"(p. 11), batera nele com um chicote e o enxotara do posto. As marcas nas costas do rapaz não o deixavam mentir.

Com a inocência de quem ainda vive "nos tempos de antigamente" e duvida da existência de um preconceito tão brutal, Vavó desconfia de Zeca:

> Vavó Xíxi Hengele, velha sempre satisfeita, a vida nunca lhe atrapalhava, descobria piada todo o dia, todos os casos e confusões, não queria acreditar essas coisas estava a ouvir, mas as costas do neto falavam verdade. Um branco como Sô Souto, amigo de João Ferreira, como é ele ia ainda bater de chicote no menino só porque foi pedir serviço? Hum!... Muitas vezes Zeca tinha começado com as manias antigas, o melhor era procurar saber a verdade inteira...
> – Mas ouve ainda, Zeca! Você não lhe tiraste nada? Nem mexeste mesmo nas roupas da porta, só para ver?...

Cautelosa, com toda a esperteza e técnica dos anos que tinha vivido, vavó Xíxi começou explorar o neto, pôr perguntas que pareciam à toa mas eram para descobrir se ele falava mentira. Zeca não aceitou: saltou da mesa, os sapatos furados puseram um barulho mole no chão de barro, e gritou raivoso, defendendo-se:

– Vavó, possa! Não sou ladrão! Não roubei nada! Só queria o serviço, juro, vavó!

Os grandes soluços, as lágrimas brancas a descerem na cara magra dele, a cabeça encostada na mesa e escondida nos braços, todo o corpo a tremer sacudido com a dor desse falso, com a raiva que a fome trazia, calaram a boca de vavó. (pp. 11-2)

O trecho transcrito acima é bastante elucidativo. Primeiramente porque explicita a alegria constante de vavó Xíxi. Como ficará comprovado em outras passagens da estória, ela tinha bom-humor e, apesar de todas as dificuldades, freqüentemente encontrava motivos para rir. A alegria e a capacidade de ironizar as limitações da realidade e até as próprias limitações são características que, de um modo geral, acompanham os protagonistas das três estórias do livro. Assim, apesar da gravidade dos temas de que trata, *Luuanda* guarda, no seu conjunto, um tom alegre, marcado sobretudo pela celebração da vida.

Depois, a referência a João Ferreira, filho de vavó Xíxi e pai de Zeca Santos é fundamental para a compreensão contextual da estória. Ele fora preso como "terrorista" (acusação comum a todos os que se contrapunham ao regime colonial) e isso complicava ainda mais a situação de exclusão de Zeca. Sofrendo o estigma de "filho de subversivo", sua inserção na Baixa tornava-se extremamente difícil. Vale dizer que o envolvimento do próprio pai com a militância clandestina não significava a politização de Zeca. Ao contrário, em nenhum momento da estória há referência a algum envolvimento do rapaz em movimentos de resistência. Suas preocupações são mais superficiais, como se ele ainda não fosse capaz de refletir sobre os reais motivos de sua exclusão.

Por fim, há que se sublinhar a atitude da avó diante do neto. Ela o considerava "mangonheiro" (preguiçoso, malandro) e "suinguista" (farrista, dançarino), responsabilizando-o individualmente pelo fato de não conseguir emprego. De fato, o rapaz preocupava-se em vestir roupas da moda, como a querer minimizar as marcas que identificavam sua pobreza. Mas, para a avó, era "a falta de juízo" do neto que o impossibilitava de trabalhar. Como não possuía uma perspectiva politizada sobre a realidade, a velha não podia compreender por que não havia oportunidades para o neto. Daí culpá-lo pela situação de quase indigência em que viviam. A primeira parte da estória se encerra com a tentativa frustrada de entendimento entre os dois protagonistas. Ambos estão perplexos, porque seus sentimentos estão em profunda tensão com a realidade que têm de enfrentar. Vavó Xíxi é bem intencionada e, apesar de acusar o neto, sente pena dele e quer protegê-lo e ampará-lo. Para tanto, encontra na mendicância na Baixa a única possibilidade de suprir sua fome. Zeca, por sua vez, sente uma imensa vergonha de sua condição e tenta compensar, com os cuidados com a aparência, sua dignidade que a sociedade colonial não reconhece. Para aplacar o choro e a fome do neto, a avó propõe-se a cozinhar raízes que havia conseguido na Baixa e sua intenção paliativa constrange ainda mais o neto:

> E foi nessa hora, com as coisas bem diante da cara, o sorriso de vavó cheio de amizade e tristeza, Zeca Santos sentiu uma vergonha antiga, uma vergonha que lhe fazia querer sempre as camisas coloridas, as calças como sô Jaime só quem sabia fazer, uma vergonha que não lhe deixava aceitar comida, como ainda nessa manhã: Maneco tinha querido dar meia-sandes, voltara-lhe. Agora enchia-lhe no peito, no coração. Fechou os olhos com força, com as mãos, para não ver o que sabia, para não sentir, não pensar mais o corpo velho e curvado de vavó, chupado da vida e dos cacimbos, debaixo da chuva, remexendo com suas mãos secas e cheias de nós, os caixotes de lixo dos bairros da Baixa.(...) (p. 13)

Como se vê, a vergonha sentida por Zeca é um sentimento difuso, que não apenas gera uma preocupação com as roupas que veste, como gera também um sentimento de orgulho que o impede de declarar suas carências em público e receber "esmolas" dos amigos. De qualquer modo, percebe-se, na confusão desses sentimentos, um equívoco na percepção de sua condição:

Zeca é incapaz de compreender os mecanismos perversos do sistema colonial e essa alienação social traduz-se numa profunda frustração pessoal. O final da primeira parte é marcado pela saída repentina do jovem. Ao deixar a cubata, ele ainda grita para a avó: "– São dálias, vavó. São flores, vavó! É a raiz das flores, vavó!"(p. 14). Percebendo que os tubérculos que vavó Xíxi iria cozinhar e comer não eram mandioca, o jovem se desespera e a deixa sozinha e desamparada com sua fome.

A segunda parte da estória é toda centrada em vavó Xíxi. Tem início com suas próprias lembranças de um passado rico, quando era conhecida por "Dona Cecília de Bastos Ferreira". Naqueles tempos antigos, ela era casada com um comerciante, "mulato de antiga família de condenados"(p.14), e passava o tempo entre os afazeres domésticos, a gerência de uma pequena loja de tecidos e os cuidados com o filho. Sentada à porta da cubata, cheia de sono, provavelmente por ter ingerido as raízes de dália, a velha abandona-se pesarosamente a essas memórias:

> Mas essas idéias, aparecidas durante o sono, não querem lhe deixar, agarram na cabeça velha, não aceitam ir embora, e a lembrança dos tempos do antigamente não foge: nada que faltava lá em casa, comida era montes, dinheiro nem se fala... Continua ali a morder-lhe mesmo agora, não sendo mais Dona Cecília Bastos Ferreira. E vavó não resiste, não luta; para quê? Deixa esses farrapos das coisas antigas brincarem na cabeça, porém pena, tristeza. Continua só repetindo, baixinho, parece quer dar sua desculpa em alguém:

> – É a vida!... Deus é pai, não é padrasto. Deus é que sabe!... (p. 16)

Para explicar a oposição entre a fartura do passado e a escassez do presente, vavó Xíxi recorre aos desígnios divinos, assumindo uma postura passiva e conformista. Daí que a frase "E vavó não resiste, não luta; para quê?" que, mais literalmente, refere-se à resistência e à luta contra as recordações, pode ter seu sentido ampliado, significando a passividade da velha diante das privações decorrentes de sua condição social atual.

Observe-se que, logo em seguida, um parágrafo todo é dedicado a evocar os sinais de vida que abundam em torno de vavó Xíxi. Sob o céu azul e o "calor fresco da água que caiu"(p. 17), encontram-se aves como as piápias, os pardais, os plim-plaus, os rabos-de-junco e as galinhas. Insetos como as jingunas, os marimbondos, os gumbatetes, os gafanhotos, os salalés e as formigas, e árvores como as mulembas e os cajueiros são enumerados de tal forma que uma atmosfera envolvente e fulgurante é evocada para caracterizar o musseque. Vavó, contudo, é insensível aos apelos de sua terra:

> Mas vavó não sente esse barulho da vida à volta dela. Tem o soprar do vento, o bater dos zincos; nalguns sítios, o cantar da água a correr ainda e, em cima de tudo, misturando com todos os ruídos, o zumbir das vozes das pessoas do musseque, falando, rindo, essa música boa dos barulhos dos pássaros e dos paus, das águas, parece sem esse viver da gente o resto não podia se ouvir mesmo, não era nada. (p. 17)

Se a musicalidade da natureza é marcante, acima de tudo é a presença ruidosa e alegre dos moradores do musseque que garantem a vitalidade daquele espaço. O "viver da gente" angolana confere sentido a todas as outras manifestações da vida. Mas, ligada ao passado, Vavó está surda para as motivações que poderiam fazê-la reagir e sair da letargia que a absorve. É só com a passagem de nga Tina, vizinha e amiga, que a velha parece despertar. Dá-se, então, um interessante diálogo entre as duas mulheres, em que vavó Xíxi recupera sua vivacidade.

Primeiramente, vavó pergunta por Gregório, marido de nga Tina que também está preso. E, diante dos lamentos da vizinha, afirma novamente seu conformismo: " – Aiuê, nossa vida. Vida de pobre é assim."(p. 18). Depois, para saciar sua curiosidade, pergunta aonde vai a amiga. É então que nga Tina diz que visitará a mulher de sô Cristiano que, a despeito da cor escura do marido, dera à luz uma menina branca, "parecia era ainda filha de ngüeta (branco)"(p. 19). O nascimento parece divertir vavó Xíxi, dando-lhe ânimo novo. E ela se rende à alegria:

> Vavó ria, batia as mãos satisfeita, gozando, fechando os olhos, pondo muxoxo, dobrando na cintura para rir ainda com mais força. E quando nga Tita despediu outra vez e saiu, também a rir, pela areia molhada adiante, cami-

nho do Rangel, vavó encontrou sua coragem antiga, sua alegria de sempre e mesmo com o bicho da fome a roer na barriga, foi-lhe gritando, malandra e satisfeita:

– Sente, menina! Mu muhatu mu 'mbia! Mu tunda uazele, mu tunda uaxikelela, mu tunda uakusuka... (p. 19)

Expressando-se em quimbundo, vavó diz que "A mulher é como panela: dela sai o que é branco, o que é preto, o que é vermelho...". Esse ditado popular, que avaliza o nascimento da menina branca, deixando de lado o julgamento sobre a conduta da mãe, adquire um sentido político profundo no contexto da luta revolucionária. Ao atestar que todas as cores de pele têm a mesma origem, a afirmação explicita a igualdade entre os sujeitos, sugerindo a importância da construção de uma sociedade democrática e pluriétnica.

A terceira e a quarta partes da narrativa acompanham Zeca Santos em sua andanças pela Baixa. Primeiro à procura de emprego e depois em busca da "quase-namorada" Delfina, o jovem percorre os espaços urbanos – passeio do Catonho – Tonho, muralha do cais de cabotagem, rua da Alfândega, largo da Mutamba – tentando encontrar referências que o façam reconhecer-se no espaço social e lhe garantam dignidade e auto-estima.

A terceira parte tem início com Zeca Santos e Maneco, seu amigo, conversando e caminhando vagarosamente em direção ao mar. São quase quatro horas de tarde e Maneco, que trabalha como lavador de carros, está indo almoçar. Os dois falam sobre o baile do último sábado, onde Zeca havia brigado por Delfina e, vale notar, durante todo o trajeto, Zeca exercita sua vaidade:

Zeca Santos olhando todos os vidros e os olhos das raparigas que passavam para gozar bem a vaidade que lhe fazia essa sua camisa amarela, florida.
(...)
Gabado, Zeca Santos endireitou o corpo magro e as orelhas de abano – ele tinha raiva dessas orelhas, todas as pequenas gostavam lhe gozar e só depois, quando adiantava falar, elas esqueciam na música das palavras – ficaram a arder, quentes. Espreitou a camisa amarela e continuou, vaidoso, ao lado do amigo, caminho da quitanda. (p. 20)

Quando chegam à loja de sô Sá para almoçar, a vaidade de Zeca é instantaneamente substituída pela vergonha. Maneco pede dois almoços e ele, sem dinheiro para pagar o seu, sente-se constrangido e mente que já havia almoçado. Mas, diante da sopa e do quitande servidos ao amigo, Zeca se atrapalha e, na hora da sobremesa, não resiste, pedindo as bananas ao amigo: "– Banana, sim. Fruta eu não tive tempo de comer. O maximbombo, sabe, Maneco..."(p. 21). Depois de comer duas bananas e beber um copo de vinho, um pouco menos atormentado pela fome, Zeca sente-se melhor. Os dois, então, voltam à rua e sua conversa muda de rumo. Maneco pergunta se Zeca já havia conseguido emprego e o encoraja a candidatar-se a uma vaga anunciada no jornal. Na despedida, por estar empenhado em ajudar o amigo, promete ainda levá-lo "no cimento", caso o emprego não dê certo.

Zeca caminha depressa, ensaiando a entrevista a que, certamente, seria submetido. Está disposto a aceitar qualquer função mas, ao chegar diante do escritório que oferecia a vaga, esmorece:

> Mas na entrada parou e o receio antigo encheu-lhe o coração. A grande porta de vidro olhava-lhe, deixava ver tudo lá dentro a brilhar, ameaçador. Na mesa perto da porta, um rapaz, seu mais-velho talvez, farda de cáqui bem engomada, espiava-lhe. Num instante Zeca Santos mirou-se no vidro da porta e viu a camisa amarela florida, seu orgulho e vaidade das pequenas, amarrotada da chuva; as calças azuis, velhas, muito lavadas, todas brancas nos joelhos; e sentiu bem o frio da pedra preta da entrada nos buracos dos sapatos rotos. Toda coragem tinha fugido nessa hora, as palavras que adiantara pensar para dizer a vontade do trabalho e só o bicho na barriga começou o serviço dele outra vez, a roer, a roer. Com medo de sujar, empurrou a porta de vidro e entrou, dirigindo-se ao grande balcão. (p. 23)

Intimidado pelo espaço opressor – grande, brilhante e frio – do estabelecimento, Zeca se sente inferiorizado e, mais uma vez, seu orgulho transforma-se em vergonha. As roupas que portava – e que há pouco o envaideciam – agora são vistas com toda a crueza. A coragem desaparece e a fome é sentida de maneira mais intensa.

Ao entrar no salão, Zeca é interceptado por um homem grande e magro, de "olhos maus" e "desconfiados"(p. 24) que, auxiliado por um contínuo – o rapaz de farda cáqui –, começa a lhe fazer um interrogatório. São tantas as perguntas, realizadas tão rapidamente, que Zeca mal tem tempo de respondê-las:

O homem magro observou bem Zeca Santos nos olhos; depois, depressa, desatou a fazer perguntas, parecia querer-lhe mesmo atrapalhar: onde trabalhou; o que é que fazia; quanto ganhava; se estava casado; qual era a família, se era assimilado; se tinha carta de bom comportamento dos outros patrões; muitas coisas mais, Zeca Santos nem conseguia tempo de responder completo, nem nada.(p. 24)

No plano discursivo, a enumeração objetiva das perguntas e a ausência de conectivos entre as frases expressam a brusquidão com que é feita a "pseudo-entrevista". Observe-se a exigência de se ser assimilado no contexto colonial. Identificar-se com a cultura do colonizador e professar seus valores era condição fundamental para se obter trabalho. Por fim, o entrevistador lança a derradeira pergunta:

– Ouve lá, pá, onde é que nasceste?
– Nasceu onde? – repetiu o contínuo.
– Catete, patrão! (p. 24)

A resposta de Zeca deixa o homem "satisfeito"(p. 24). Mais do que a justificativa para não lhe dar o emprego, havia encontrado um motivo para insultar o rapaz. Por ser procedente da periferia luandense, morador de um musseque, Zeca é expulso do lugar, sob gritos e xingamentos. É chamado de "calcinha", "ladrão", "terrorista", "filho da mãe" e "filho da puta"(p. 24). Assustado, o jovem sai correndo e foge, buscando abrigo na confusão de pessoas no largo da Mutamba.

A quarta parte da estória, dedicada essencialmente à narração do encontro entre Zeca Santos e Delfina, tem início com a descrição de uma grande árvore – um "sape-sape" – que, a despeito das condições adversas, vicejava isolado num terreno "onde antigamente estava o Asilo República"(p. 25). Qualificada como "corajosa" e "forte"(p. 25) pelo narrador, a árvore fornecia generosamente sombra fresca e bons frutos, como se estivesse a ensinar a lição da resistência a quem estivesse disposto a aprendê-la.

Sob a sombra dessa árvore frondosa, Zeca espera Delfina sair da fábrica de tabaco onde trabalhava. Ele havia marcado um encontro com ela e estava decidido a firmar compromisso. No sábado anterior, tinham estado juntos no baile, dançado a música do "Kabulu"(p. 26) e Zeca até brigara com João Rosa, mulato que estava se engraçando com a moça.

Vale dizer que "Kabulu"("coelho") é o nome de uma canção original do grupo "Ngola Ritmos", que revolucionou a música angolana, aproveitando temas e ritmos tradicionais para a criação de uma expressão musical urbana. Segundo Pepetela, "nos anos 50, o 'Ngola Ritmos' acompanhou na música o que a literatura começara pouco antes: um trabalho de tomada de consciência junto das populações trabalhadoras dos musseques sobre a necessidade de combater a ordem colonial."[117] A referência a esse grupo musical ajuda a compor a atmosfera de resistência cultural que, paulatinamente, ia envolvendo e conscientizando os angolanos, principalmente na cidade de Luanda.

Enquanto aguarda Delfina, Zeca Santos rememora os acontecimentos do final da tarde. Assim, sabemos que, depois de sua expulsão do escritório, Zeca se encontrara novamente com Maneco e ambos foram ter com sô Sebastião a fim de arranjar trabalho. Sebastião Cara-de-Macaco, "Polo ia Hima", como era chamado pelos empregados, agenciava trabalhadores que prestavam serviço temporário. A princípio achou que Zeca não agüentaria carregar camionetas com sacos de cimento, mas depois resolveu contratar o jovem. Com um grande "riso de dono"(p. 27), tirou vantagem de sua necessidade, combinando ficar com parte de seu pagamento diário.

Depois dessa digressão, compreende-se o ânimo renovado de Zeca, que havia sido explicitado parágrafos antes. Mesmo prestes a se submeter a condições de trabalho tão precárias, o jovem via sua esperança renascer:

---

[117] In Luandando, op. cit., p. 113.

(...) Ou era dos copos de vinho no almoço e mais outro com Maneco depois que falaram no Sebastião, ou era ainda, cadavez, essa promessa de trabalho que arranjara, a verdade agora estava ver tudo com mais confiança, satisfeito quase. Sem querer mesmo, o pensamento do dinheiro para mandar consertar sapatos, muitas vezes umas calças novas, juntava-se com a figura de Delfina, com seu riso e seu falar, seu encostar pequeno e bom, na hora dos tangos, da farra... (p. 26)

Ao fim das lembranças de Zeca, há um corte na narrativa e já o encontramos, juntamente com Delfina, a passear pelo capim ainda molhado da chuva. Ele está quieto, encabulado, e a moça interrompe o silêncio:

– Ená! Então você me dá encontro e não dizes nada?
– Oh!... O que eu quero falar você já sabe, Fina!
– Ih!? Já sei? Quando é que falaste? E trabalho, arranjaste? (p. 29)

Como ficará patente em suas falas e atitudes durante o encontro, Delfina é uma moça dividida entre o sentimento amoroso e o desejo de ascender socialmente. Embora goste de Zeca Santos, sua vontade de se envolver com um homem melhor posicionado socialmente faz com que ela o maltrate, fazendo cobranças injustas e referindo-se, freqüentemente, a seu outro pretendente, João Rosa, mulato que tinha carro e emprego fixo:

Delfina continuava a falar, sentia-se mesmo na voz dela era só para fazer raiva, dizia João Rosa já tinha-lhe prometido falar no patrão para lhe mudarem no escritório; que ela devia mas é ir mesmo na escola da noite; que, depois, queria se casar com ela, se ia aceitar namoro dele e mais outras conversas, só para irritar Zeca Santos. (p. 30)

Zeca, com medo de perder a "quase-namorada", tenta seduzi-la, sorrindo, falando mansamente que iria trabalhar junto com Maneco, "mirando-lhe com olhos doces e amigos"(p. 31). Os dois sentam-se sob uma acácia vermelha e Delfina finalmente cede aos encantos do rapaz, fazendo carícias em sua cabeça e jurando gostar apenas dele. É então que o breve idílio se encaminha para um final tumultuado. O estabelecimento de um diálogo artificial, em que ambos evitam falar a verdade, precipita uma atitude arrebatada de Zeca e a cólera de Delfina. Vejamos:

– Agora que arranjaste mesmo um bom emprego, Zeca, não fica dormir mais, não?
– Não, Fina!
– Se tu queres eu vou-te acordar de manhã...
Zeca sorriu outra vez, feliz com a amizade.
– Não precisa, Fininha! Agora mesmo vou ter juízo, juro!
– Sukuama! Já é idade, Zeca. Se não vai ter mais juízo, não vou te gostar mais...
Os olhos grandes, claros, de Delfina, mostravam toda a mentira dessas palavras, mas Zeca já não estava ver. Tinha escondido a cabeça no colo, a vergonha não queria lhe largar o coração, a vontade de falar só a verdade na menina, como ela merecia, e a certeza nessa hora que falasse ia lhe perder mesmo quando ela ia saber ele só tinha um serviço de monangamba e, pior, João Rosa, seu "Morris", suas delicadas falas a quererem-lhe roubar a pequena, tudo isso pelejava na cabeça fraca dele, no coração fraco de Zeca Santos. (pp. 31-2)

Por um lado, Zeca havia mentido sobre o emprego; por outro, Delfina subordinava seus sentimentos à nova posição do rapaz. Divididos entre meias-verdades e meias-mentiras, nenhum dos dois apaixonados assume com clareza a sua condição, deixando de lado a sinceridade tão necessária para a construção das relações verdadeiras. A ambigüidade instaurada na tensa relação dos dois jovens tem uma conseqüência imediata: sentindo vergonha e medo, Zeca

levantou os olhos grandes, de animal assustado, para Delfina, e as mãos procuraram o corpo da namorada para agarrar sua última defesa, seu último esconderijo contra esse ataque assim de todas as coisas desse dia, desses dias atrasados, contra esse receio de vomitar logo ali. (p. 32).

A atitude desesperada de Zeca Santos é interpretada como um assédio indesejado por Delfina. Ela se revolta, dá-lhe uma "chapada na cara" e o insulta impiedosamente:

–Você pensa eu sou da tua família, pensas? Que sou dessas, deita no capim, paga cinqüenta, vem dormir comigo? Pensas? Seu sacana, seu vadio de merda! Vagabundo, vadio, não tens vergonha! Chulo de sua avó, seu pele-e-osso!...(p. 32)

Em seguida, a moça empurra novamente Zeca Santos, sai correndo e continua a gritar:

–Vadio de merda! Homem só no dia do casamento, sabes, rosqueiro? No dia do casamento, na cama, não é como os bichos no capim, seu pele-e-osso dum raio!... (p. 33)

Ao se mostrar tão injuriada, Delfina expressa, na verdade, a sua própria confusão sentimental. A moral social e religiosa da qual ela se vale para condenar a atitude intempestiva de Zeca talvez sirva para escamotear seu próprio desejo, afinal, o moço estava longe do ideal de marido que ela acalentava.

Note-se que a frase que sucede a fala transcrita acima é a seguinte: "Para os lados do colégio das madres o sino começou a tocar devagar e o sol, na hora de dar fimba no mar, descia vermelho e grande."(p. 33). A referência ao colégio religioso parece ser deliberada: ao defender sua virgindade antes do casamento, Delfina atualiza um dos preceitos mais difundidos pela moral cristã, do qual as madres certamente seriam porta-vozes loquazes. Também é possível estabelecer uma analogia entre o sol – "vermelho e grande" – que morre no mar e o coração de Zeca Santos: nesse final de tarde, ambos sucumbem simultaneamente.

Esta parte da estória termina com Zeca Santos a vomitar. E, em sua convulsão, ele não é capaz de perceber a "alegria" por trás das últimas palavras de Delfina:

– Não tens vergonha, seu merda?! Estás magrinho parece és bordão de ximbicar! Até faz pena!

Com os vômitos, Zeca Santos nem deu conta da teimosa alegria que queria nascer, rebentar, debaixo dessas palavras que a boca de Delfina falou sem saber mais por quê. (p. 33)

Confirmam-se, aqui, os reais motivos que desencadearam a raiva demonstrada pela moça: seu incômodo não é o assédio em si, mas justamente quem a assedia. Daí que, nesse momento, ela já nem saiba exatamente por que ofende tanto Zeca Santos e chegue mesmo a quase se alegrar com a situação vivida. Talvez embevecida por ter sido sexualmente desejada pelo rapaz, Delfina não percebe que a relação entre ambos está interditada pois falta confiança e solidariedade entre eles.

Na quinta e última parte da estória temos novamente o encontro de Zeca Santos com sua avó. Desta vez, ele entra na cubata devagar, cautelosamente, e encontra vavó deitada, a gemer com intensas dores na barriga. A velha, ao perceber a chegada do rapaz, apruma-se na esteira e interessa-se por saber se ele havia arrumado trabalho ou qualquer coisa para comer. Sentindo vergonha pela precariedade do serviço que acordara, Zeca mente, dizendo não ter encontrado nada. Diante da negativa, vavó volta a suas lamentações, alternando reclamações sobre a dor de barriga e a falta de juízo do neto.

O rapaz, por sua vez, mal ouvia as palavras da avó, pensando em Delfina e entristecendo-se pelo ocorrido entre eles. Depois de argumentar com o neto sobre a necessidade de ir à missa e tentar arrumar serviço com o padre, vavó acaba observando seu olho inchado e vermelho. Sua sabedoria de mais-velha logo relaciona o machucado à figura de Delfina, já que a moça havia passado pela cubata à procura do rapaz. Zeca fica feliz ao saber disso e os dois – a avó e o neto – começam a conversar mais amistosamente. É então que tem lugar a interessante piada da mais-velha:

Diferente, outra vez macia e amiga, a voz de vavó perguntou do meio das panelas e quindas vazias:

– Olha só, Zeca!? O menino gosta peixe d'ontem?

— Espantado, nem pensou mais nada, respondeu só, guloso:
— Ai, vavó! Está onde, então?... Diz já, vavó, vavó sabe eu gosto. Peixe d'ontem...(p. 37)

Imaginando a delícia, o rapaz insiste e é surpreendido pela resposta zombeteira da avó:

— Ai, vavó, diz já então! A lombriga na barriga está me chatear outra vez! Diz vavó. Está onde então, peixe d'ontem?
De pé na frente do neto, as mãos na cintura magra, vavó não podia guardar o riso, a piada. De dedo esticado, as palavras que estavam guardadas aí na cabeça dela saíram:
— Sente, menino! Se gosta peixe d'ontem, deixa dinheiro hoje para lhe encontrar amanhã! (pp. 37-8)

No final da estória, a brincadeira feita por vavó Xíxi atesta o bom-humor e a tenacidade dos angolanos. Mesmo em meio às maiores adversidades, parece haver uma disposição de espírito para o enfrentamento da realidade, uma força de resistência que não se deixa derrotar. Mas, apesar disso, o final da narrativa é pesaroso. Talvez justamente porque os protagonistas não coloquem sua energia em função da luta revolucionária. Leiamos os dois últimos parágrafos do texto:

Por cima dos zincos baixos do musseque, derrotando a luz dos projetores nas suas torres de ferro, uma lua grande e azul estava subir no céu. Os monandengues brincavam ainda nas areias molhadas e os mais velhos, nas portas, gozavam o fresco, descansavam um pouco dos trabalhos desse dia. Nos capins, os ralos e os grilos faziam acompanhamento nas rãs das cacimbas e todo o ar estava tremer com essa música. Num pau perto, um matias ainda cantou, algumas vezes, a cantiga dele de pão-de-cinco-tostões.

Com um peso grande a agarrar-lhe o coração, uma tristeza que enchia todo o corpo e esses barulhos da vida lá fora faziam mais grande, Zeca voltou dentro e dobrou as calças muito bem, para agüentar os vincos. Depois, nada mais que ele podia fazer já, encostou a cabeça no ombro baixo de vavó Xíxi Hengele e dasatou a chorar um choro de grandes soluços parecia era monandengue, a chorar lágrimas compridas e quentes que começaram a correr nos riscos teimosos as fomes já tinham posto na cara dele, de criança ainda. (p. 38)

Mais uma vez, a descrição da paisagem natural e humana do musseque presentifica-se de modo contundente. Como no início da estória, deparamo-nos com a imagem da invasiva luz dos refletores sendo obscurecida ou "derrotada" por uma luz proveniente da natureza, desta vez, da lua. A politização do espaço mestiço e periférico do musseque, que acolhe indistintamente crianças e velhos, é novamente enfatizada e a música orquestrada pelos pequenos animais nativos expressa a vitalidade da terra angolana.

Mas, nesse momento, "os barulhos da vida lá fora" só fazem aumentar a tristeza e a impotência do protagonista, que "nada mais podia fazer" contra a miséria a que estava submetido junto com a avó. Daí o choro inconsolável, sinal de que Zeca não era capaz de vislumbrar saída para sua situação marginal. A afirmação dupla de sua infantilidade – em quimbundo e em português: "parecia era monandengue" e "cara dele, de criança ainda" – atesta menos a idade cronológica do rapaz e mais a sua incompreensão dos mecanismos da opressão colonial. Sem mais nada a dizer, o narrador suspende a narrativa bem no meio desse desamparo, deixando as personagens a sós com sua dor e deixando a nós, leitores, perplexos com a sua solidão.

A FRAGILIDADE DOS MUSSEQUEIROS

No universo opressor do colonialismo em Angola, as personagens Zeca Santos e vavó Xíxi Hengele padecem por estarem à margem da rígida fronteira que estabelece a primazia econômica, social e cultural dos colonizadores portugueses. Nesse contexto, a aquisição de um emprego – que garantiria sustento e reconhecimento social ao jovem Zeca – é uma conquista quase impossível para o rapaz, o que afirma a exclusão quase como uma norma social.

Mas os espaços da cidade Baixa, que concentram toda a aridez e as impossibilidades que caracterizam a segregação, não são os únicos cenários por onde se movem as personagens excluídas. Elas pertencem fundamentalmente aos espaços dos musseques que, apesar de vigiados, são essencialmente generosos, já que a natureza se apresenta de modo exuberante e as gentes angolanas podem se reconhecer como as legítimas donas da terra. Neles os sons (da flora, da fauna e das pessoas) são apreendidos como música, revelando a expressão mais genuína da identidade angolana.

Essa identidade, contudo, não é reconhecida nem assumida pelas personagens. Num momento em que a reivindicação identitária significava sobretudo luta contra a ordem colonial, vavó Xíxi, Zeca Santos – e mesmo Delfina – não possuem o esclarecimento político necessário para formularem aspirações de liberdade.

Daí que, em termos do andamento do enredo, o que parece determinar o desfecho da estória e o destino dos protagonistas são sobretudo os valores que portam e a conduta que estabelecem a partir desses valores. Ambos representam uma postura que alia ausência de consciência política e social e um sentimento derrotista diante da realidade, o que redunda em atitudes de conformismo e passividade.

A velha, ligada ao passado, a um tempo de fartura em que ela, de certa maneira, também era responsável pela exploração de outros angolanos, não consegue ser sensível às demandas da revolução que se anuncia e que exige comprometimento ideológico. O moço, iludido com as falsas possibilidades de inserção social baseadas na aparência – ele preocupava-se em usar roupas da moda e incomodava-se com suas orelhas de abano –, mostra-se alheio às necessidades de transformação política do país. Ofendido e humilhado, inclusive pela "quase-namorada" interesseira, Zeca Santos sente um orgulho que, na verdade, é fruto de uma mistura de sentimentos como a vaidade e a vergonha, não se tratando efetivamente do orgulho que sentem aqueles que lutam por ideais éticos.

Observe-se que um sinal interessante do alheamento político dos protagonistas é a sua própria fome que não consegue ser aplacada. A "comida" ingerida por vavó – raízes de dália – não se presta para consumo humano e ela sofre dores incríveis por ingeri-la. Também as bananas que Zeca toma de Maneco são vomitadas por ele logo depois, deixando-o novamente faminto. O texto parece dizer que a fome, carência essencial, das personagens, só será suprida quando elas de fato também se alimentarem do sonho e da esperança de uma vida mais digna.

Na primeira narrativa de *Luuanda*, a conduta dos protagonistas diante de uma norma implacável que impele os colonizados à marginalidade é marcada pela alienação social e pela fraqueza de caráter. Ausência de consciência política e desejo de enquadramento nas estruturas coloniais fazem com que vavó Xíxi e seu neto sofram duplamente: pela miséria na qual estão imersos e pela impossibilidade de cultivar horizontes que permitam transformar suas vidas. A estória expõe assim a fragilidade dos que ainda não despertaram para o necessário combate que deveria trazer liberdade e justiça para todos os angolanos.

"Estória do ladrão e do papagaio" ou a solidariedade dos capianguistas

Também narrada em terceira pessoa por um narrador onisciente, a segunda estória do livro – "Estória do ladrão e do papagaio" – é, em termos de elaboração narrativa, bem mais complexa do que a primeira. Mais longa também, possui cerca de sessenta páginas e é dividida em seis partes. Numa visada mais genérica, é possível dizer que o texto fala sobre o encontro de três africanos na prisão – Xico Futa, Lomelino dos Reis e Garrido Fernandes, o Kam'tuta – e sobre o florescimento da solidariedade entre eles. Mas, se atentarmos para o modo de elaboração da estória, outros sentidos se avultam: a par da narração dos fatos, acreditamos configurar-se um saber dirigido diretamente aos leitores. Como veremos, ao dialogar com elementos da tradição oral africana, a narrativa apresenta uma dimensão didática que visa, em última instância, à transmissão de valores éticos.

Uma das características composicionais mais marcantes da estória é o fato de ela ser constituída como um mosaico, apresentando e costurando os acontecimentos referentes ao episódio do roubo do papagaio – motor maior da narrativa, haja vista seu título –, sem obedecer a uma ordenação cronológica e deixando, assim, a cargo do leitor, a organização temporal dos fatos. Empenhado em esclarecer tal delito, o narrador esmiuça vários outros acontecimentos relacionados a ele, o que aclara as causas que motivaram a ação das personagens envolvidas e justifica a maneira como cada uma vê o mundo e se relaciona simultaneamente com a sua realidade particular e com a realidade de dominação e segregação que envolve a todos.

Objetivamente, a estória se passa em cerca de vinte e quatro horas: tem início com o encontro de Garrido Fernandes e Inácia, moça por quem ele era apaixonado, num final de tarde, e termina na tarde do dia seguinte, quando Xico Futa, Lomelino Dosreis e Garrido Fernandes almoçam juntos na prisão. Vale observar quais são os episódios narrados (na ordem cronológica) e o lugar que ocupam na ordenação na estória: o encontro entre Garrido e Inácia mais ou menos às cinco horas da tarde (narrado na 2ª parte); o encontro noturno dos malandros Lomelino Dosreis, Via-Rápida e Garrido para combinar um roubo de patos (narrado na 3ª parte); o roubo do papagaio realizado por Garrido nessa mesma noite (narrado na 4ª parte); a chegada de Dosreis à prisão de madrugada e seu encontro com Xico Futa, que já estava preso (narrado na 1ª parte); a prisão de Garrido pela polícia no começo da tarde do dia seguinte (narrado na 5ª parte); a chegada de Garrido à prisão e seu encontro com Xico Futa (narrado na 5ª parte); o encontro dos três presos (narrado na 5ª parte).

Como se vê, a seqüência narrativa não obedece a uma cronologia linear e o tempo ficcional é reconfigurado de modo a guiar os caminhos de uma leitura essencialmente interpretativa dos fatos. Leiamos o início da estória, que apresenta o "capianguista" (larápio, ladrão de coisas pequenas) Dosreis e explicita o motivo de sua prisão:

> Um tal Lomelino dos Reis, Dosreis para os amigos e ex-Loló para as pequenas, vivia com a mulher dele e dois filhos no musseque Sambizanga. Melhor ainda: no sítio da confusão do Sambizanga com o Lixeira. As pessoas que estão a morar lá dizem é o Sambizanga; a polícia que anda patrulhar lá, quer já é Lixeira mesmo. Filho de Anica dos Reis, mãe, e de pai não lhe conhecia, o comerciante mais perto era mesmo o Amaral. Ou assim disse, na Judiciária, quando foi na justiça. Mas também podia ser mentira dele, lhe agarraram já com o saco, lá dentro sete patos gordos e vivos e as desculpas nasceram ainda poucas.

Um amigo dele é que lhe salvou. O Futa, Xico Futa, deu-lhe encontro lá na esquadra, senão ia pôr chicote o auxiliar Zuzé. Começou assim: (p. 39)[118]

Note-se como a ambigüidade articula a caracterização do protagonista. Nomeado de três maneiras diferentes – Lomelino dos Reis, Dosreis e Loló –, morador de um espaço fronteiriço – entre os musseques do Sambizanga e do Lixeira – e aparentemente um mentiroso declarado, Dosreis parece se constituir a partir da mobilidade característica dos indivíduos malandros, que são obrigados a "suingar" para sobreviver às margens das regras sociais instituídas.

A malandragem de Dosreis pode ser comprovada em outro momento da narrativa, quando seu interrogatório na Judiciária – anterior à chegada na prisão – é reportado pelo narrador. Por seu tom jocoso, tal passagem merece ser transcrita:

O Lomelino disse: sim, senhor, era o Lomelino dos Reis; pai, não sabia; mãe, Anica; o mesmo que já tinha falado na patrulha antes de lhe mandarem na esquadra. A casa dele explicou, mas também desviou (...). Dosreis não gostava de falar dos amigos e só foi explicando melhor, baralhando as palavras de português, de crioulo, de quimbundo, ele sozinho é que tinha entrado lá, agarrado os bichos para o saco e tudo. Por quê? Ora essa, mulher e dois filhos, sô chefe, mesmo que os meninos já trabalham e a mulher lava, não chega, precisa arredondar o orçamento.
– Arredondar o orçamento, seu sacana!? Com a criação dos outros...
– Oh, sô chefe, criação minha eu não tenho!...
Riu-se, mais contente. (...) (p. 47)

É significativa a astúcia do malandro que simultaneamente declara e esconde ("explica" e "desvia") o próprio endereço e mistura as línguas

---

[118] A leitura que apresento é tributária das análises dessa estória realizadas pelos professores Maria Aparecida Santilli, Benjamin Abdala Jr., Rita Chaves e Tania Macêdo durante cursos de Literaturas Africanas de Língua Portuguesa ministrados na USP.

– o português, o crioulo (Dosreis era caboverdiano) e o quimbundo – para confundir o policial e escapar de punições maiores. No final, a desestabilização definitiva da situação pretensamente solene se dá com a formulação da piada pelo capianguista. A expressão de seu bom-humor, análogo ao demonstrado por vavó Xíxi na estória anterior, mais uma vez sugere o potencial de resistência do homem angolano, capaz de ironizar as situações mais embaraçosas.

Mas voltemos ao início da ação narrativa. Preso portando um saco de patos, que havia roubado juntamente com o comparsa Via-Rápida, Dosreis é salvo de apanhar do "cipaio" (policial assimilado) Zuzé graças à intervenção de um amigo que já se encontrava preso – Xico Futa – e é então que o narrador se dispõe a contar sua tumultuada chegada à prisão ("Começou assim:", p. 39). Toda essa primeira parte da estória, que abarca pouco mais de catorze horas – da chegada de Dosreis à prisão por volta de meia-noite e meia até às duas e meia da tarde do dia seguinte, quando ele é chamado para fora da cela –, estrutura-se principalmente a partir dos diálogos estabelecidos entre Zuzé, Dosreis e Xico Futa.

Futa é, sem dúvida alguma, a personagem de maior destaque na narrativa. É ele, sobre o qual quase nada sabemos, pois o narrador não nos informa sobre sua vida prévia nem sobre os motivos de sua prisão, que vai transmitir uma sabedoria essencial para se enfrentar os desafios presentes no cotidiano de opressão – dentro e fora da cadeia –, demonstrando uma grande capacidade de associar discurso e *práxis*. Afirma o narrador: "A voz de Futa era assim como o corpo dele, quieta e grande e com força para calar os outros." (p. 41). A quietude – utilizada aqui com o sentido de "tranqüilidade" – conjugada à grandeza e à força são atributos de Futa que o andamento da narrativa permite-nos comprovar.

Assim, ao receber Dosreis, que estava nervoso e inconformado com a prisão, Futa o acalma e ensina-lhe como proceder para evitar confrontos desnecessários. Observe-se que, para ser ouvido por Dosreis, Futa se vale de uma tática interessante: "o amigo falou-lhe como mais novo para ouvir a sabedoria do mais velho, mas a verdade é quem estava a conselhar era o Futa mesmo" (p. 43). Despindo-se de um tom autoritário, Futa atinge seu objetivo – ser escutado –, facilitando o diálogo e favorecendo principalmente o amigo.

Também é bastante interessante o fato de Futa ser chamado de "mano" e "amigo" tanto por Zuzé como por Dosreis. Para o primeiro, Futa diz que o novo preso era pacífico, tinha família e era "bom":

> Nessa hora, Xico Futa já ia acompanhar o Zuzé na porta, falando, todo abaixado em cima dele, Zuzé era um cambuta metade de bocado de cana só, explicando sabia o homem e a família, era um bom, só que agora parecia tinha qualquer coisa para lhe fazer ficar raivoso. Conhecia-lhe bem, de visita mesmo, jurava era um pacífico. (p. 42)

Já para Dosreis, diz que o cipaio não era "mau", apenas gostava de mandar:

> – O rapaz não é mau, sabe, mano. Lhe conheço bem... Mas não deve lhe refilar... ele quer é mesmo mandar, a gente deixa...
> Era assim o auxiliar Zuzé, como foi lhe contando mano Futa, explicando todas as fraquezas, ensinando, para Dosreis saber, como é podia lhe cassumbular um pão mais, na hora do matabicho, só precisava falar bem mesmo, conversa de pessoa igual, quando Zuzé entrava, de manhã, para cumprimentar com a voz grossa dele:
> – Bom dia, meus senhores!
> Nem uazekele kié-uazeka kiambote, nem nada, era só assim a outra maneira civilizada como ele dizia, mas também depois ficava na boa conversa de patrícios e, então, aí o quimbundo já podia se assentar no meio de todas as palavras, ele até queria, porque para falar bem-bem português não podia, o exame da terceira é que estava lhe tirar agora e por isso não aceitava falar um português de toda a gente, só queria falar o mais superior. E na hora de adiantar escolher as duas pessoas, ou quatro, tanto faz, para saírem com os baldes de creolina e pano lavar as prisões dos brancos, essa simpatia era muito precisa, para escapar...
> – Cabeçada não, mano Dosreis! Cabeça só! (...) (p. 44)

O que, à primeira vista, pode parecer oportunismo por parte de Futa – tentar agradar aos dois pólos do conflito para obter vantagens – revela-se, na verdade, como uma estratégia importante, não apenas de sobrevivência, mas sobretudo de resistência no dia-a-dia dentro da prisão. Ao compreender a psicologia do auxiliar Zuzé – um homem que ansiava pelo reconhecimento público de sua assimilação – Futa o trata de acordo com suas expectativas. Daí evitar o uso da expressão quimbunda "uazekele kiéuakeza kiambote", saudação matinal que pode ser traduzida para o português como "dormiu bem?". Ao substituí-la por um cumprimento expresso em português normativo, Futa consegue "desarmar" o policial que, logo em seguida, estabelece uma "boa conversa de patrícios". Tal atitude de Futa garante não só mais comida no café da manhã como a dispensa na hora de limpar as celas dos prisioneiros brancos – ação que, se realizada, afirmaria a submissão africana.

Nesse sentido, a frase "Cabeçada não, mano Dosreis! Cabeça só!" é lapidar. Resume a astúcia e a habilidade necessárias para driblar o sistema opressor. Segundo Xico Futa, a prevalência da razão ("cabeça") evitaria um conflito inútil ("cabeçadas"), muitas vezes impeditivo de uma atitude realmente combativa.

Merece destaque ainda o diálogo travado entre Dosreis e Futa sobre os motivos que teriam levado o primeiro à prisão. Dosreis afirma que havia sido preso graças à delação de seu parceiro no roubo, o mulato Kam'tuta, "um rapaz coxo, estreitinho, puxa sempre a perna aleijada"(p. 46), mas, diante da acusação, Futa relativiza a culpa do moço, questionando se teria sido ele mesmo o responsável pela prisão do amigo. E diz:

> Mas uma coisa é o que as pessoas pensam, aquilo que o coração lá dentro fala na cabeça, já modificado pelas razões dele, a vaidade, a preguiça de pensar mais, a raiva nas pessoas o pouco saber; outra, os casos verdadeiros de uma maca. (p. 47)

Lançando dúvidas sobre a suposta denúncia realizada por Garrido Kam'tuta, Futa salienta a diferença entre a aparência e a essência dos fatos: por diversas razões, nem tudo o que pensamos ser verdadeiro, o é de fato. Daí a necessidade de verificarmos "os casos verdadeiros de uma maca", ou seja, de buscarmos compreender as reais causas de um acontecimento. Essa idéia retornará com mais força na fala de Futa que inaugura a segunda parte da estória, momento em que teremos oportunidade de explorá-la mais amiúde.

Por fim, deparamo-nos com a difícil e dolorosa confissão de Dosreis a Xico Futa, assumindo que ele entregara Kam'tuta à polícia. Com raiva do amigo, por imaginar que ele o teria acusado, Dosreis havia mentido em seu depoimento, delatando a falsa participação do rapaz no roubo de patos. Agora, arrependido, o malandro chorava e ria de vergonha por ter sido desleal com o companheiro. Nesse instante, ele é chamado para fora da cela e sai correndo, planejando falar à polícia que "as queixas que tinha posto no Kam'tuta eram um falso."(p. 51). Com esse corte na ação narrativa, encerra-se a primeira parte da estória.

A segunda parte da "Estória do ladrão e do papagaio", essencialmente polifônica, é constituída por dois momentos distintos: começa com uma fala inicial proferida por Xico Futa, fundamental para a compreensão não apenas desta estória em particular, mas do livro como um todo, e termina com o relato do encontro entre Garrido Fernandes e Inácia, a moça por quem ele era apaixonado. Esse encontro motivará Garrido a roubar o papagaio Jacó, que pertencia à moça.

Em relação a essa fala inicial, solenemente atribuída a Xico Futa – "Dizia Xico Futa:"(p. 52) / "Assim disse Xico Futa"(p. 54) –, vale dizer que ela apresenta um interlocutor explícito – "vocês" –, o que nos leva a pensar que Futa pode estar se dirigindo diretamente aos leitores da estória. Como veremos, a parte final da narrativa comprova essa hipótese de interlocução, já que ela se constitui numa espécie de "fechamento" direcionado àqueles que acompanharam a narrativa. Deve-se assinalar ainda que as palavras de Futa se dão a propósito do esclarecimento dos motivos que teriam levado Garrido a roubar o papagaio – e que serão explicitados logo em seguida. Daí que seu discurso seja pontuado por perguntas:

> Pode mesmo a gente saber, com a certeza, como é um caso começou, aonde começou, por quê, pra quê, quem? Saber mesmo o que estava se passar no coração da pessoa que faz, que procura, desfaz ou estraga as conversas, as macas? (p. 52)

Garrido Kam'tuta veio na esquadra porque roubou um papagaio. É verdade mesmo. Mas saber ainda o princípio, o meio, o fim dessa verdade, como é então? (...) Pra quê então roubar ainda um pássaro desses? (p. 52)

O papagaio Jacó, velho e doente, foi roubado num mulato coxo, Garrido Fernandes, medroso de mulheres por causa a sua perna aleijada, alcunhado de Kam'tuta. Mas onde começa a estória? Naquilo ele mesmo falou na esquadra quando deu entrada e fez as pazes com Lomelino dos Reis que lhe pôs queixa? Nas partes do auxiliar Zuzé, contando só o que adianta ler na nota de entrega do preso. Em Jacó? (p. 53)

As questões que inquietam Futa e que dizem respeito à elucidação das macas (ou "makas") – termo em quimbundo que significa "conversas", "assuntos", "novidades", ou ainda "discórdias", "questões", "litígios", "conflitos"[119] – levam-no à percepção da existência do que ele chama de "fio da vida":

O fio da vida que mostra o quê, o como das conversas, mesmo que está podre não parte. Puxando-lhe, emendando-lhe, sempre a gente encontra um princípio num sítio qualquer, mesmo que esse princípio é o fim doutro princípio. Os pensamentos, na cabeça das pessoas, têm ainda de começar em qualquer parte, qualquer dia, qualquer caso. Só o que precisa é procurar saber. (p. 52)

Lembremos ainda que o termo "maka" serve para nomear uma das categorias da classificação da literatura oral angolana apresentada por Héli Chatelain em sua obra *Folk-tales of Angola* (1894). Segundo o etnógrafo suíço, as "makas" seriam histórias verdadeiras, ou reputadas como verdadeiras que, além de divertirem os ouvintes, teriam "um fim instrutivo e útil, sendo como que uma preparação para futuras emergências."[120]

---

[119] Sg. Óscar Ribas in *Dicionário de regionalismos angolanos*. Matosinhos: Contemporânea, 1994, p. 155.
[120] Sg. Carlos Everdosa in *Roteiro da literatura angolana*, op. cit., p. 9.

Considerando essa acepção de maka, poderíamos pensar que, ao propor a explicitação do conflito vivido por Garrido Fernandes, Futa estaria também propondo a elaboração de uma narrativa "estratégica", simultaneamente lúdica e didática, capaz de alertar os leitores em relação a realidades que precisavam ser combatidas Assim, a maka (narrativa), necessária para o esclarecimento da maka (conflito), só se realiza se o "fio da vida" for perseguido. E é essa justamente a grande lição transmitida por Xico Futa: é preciso conhecer a raiz ou o princípio daquilo que mobiliza as pessoas e suas ações. Esse ensinamento é enfatizado quando ele profere a "parábola do cajueiro", árvore cuja perenidade pode ser localizada tanto no pau da raiz como na castanha do fruto. Segundo a parábola, o indestrutível "fio da vida" – do cajueiro, de cada um de nós, de nós todos – jamais pode ser partido:

> É assim como um cajueiro, um pau velho e bom, quando dá sombra e cajus inchados de sumo e os troncos grossos, tortos, recurvados, misturam-se, crescem uns para cima dos outros, nascem-lhes filhotes mais novos, estes fabricam uma teia de aranha em cima dos mais grossos e aí é que as folhas, largas e verdes, ficam depois colocadas, parece são moscas mexendo-se, presas, o vento é que faz. E os frutos vermelhos e amarelos são bocados de sol pendurados. As pessoas passam lá, não lhe ligam, vêem-lhe ali anos e anos, bebem o fresco da sombra, comem o maduro das frutas, os monandengues roubam as folhas a nascer para ferrar suas linhas de pescar e ninguém pensa: como começou este pau? Olhem-lhe bem, tirem as folhas todas: o pau vive. Quem sabe diz o sol dá-lhe comida por ali, mas o pau vive sem folhas. Subam nele, partam-lhe os paus novos, aqueles em vê, bons para paus-de-fisga, cortem-lhe mesmo todos: a árvore vive sempre com os outros grossos filhos dos troncos mais velhos agarrados ao pai gordo e espetado na terra. Fiquem malucos, chamem o trator ou arranjem as catanas, cortem, serrem, partam, tirem todos os filhos grossos do tronco-pai e depois saiam embora, satisfeitos: o pau de cajus acabou, descobriram o princípio dele. Mas chove a chuva, vem o calor, e um dia de manhã, quando vocês passam no caminho do cajueiro, uns verdes pequenos e envergonhados estão espreitar em todos os lados, em cima do bocado grosso, do tronco-pai. E se nessa hora com a vossa raiva toda

de não lhe encontrarem o princípio, vocês vêm e cortam, rasgam, derrubam, arrancam-lhe pela raiz, tiram todas as raízes, sacodem-lhes, destroem, secam, queimam-lhes mesmo e vêem tudo fugir para o ar feito muitos fumos, preto, cinzento-escuro, cinzento-rola, cinzento-sujo, branco, cor de marfim, não adiantem ficar vaidosos com a mania que partiram o fio da vida, descobriram o princípio do cajueiro... Sentem perto do fogo da fogueira ou na mesa de tábua de caixote, em frente do candeeiro; deixem cair a cabeça no balcão da quitanda, cheia do peso do vinho ou encham o peito de sal do mar que vem no vento; pensem só uma vez, um momento, um pequeno bocado, no cajueiro. Então, em vez de continuar descer no caminho da raiz à procura do princípio, deixem o pensamento correr no fim, no fruto, que é outro princípio e vão dar encontro aí com a castanha, ela já rasgou a pele seca e escura e as metades verdes abrem como um feijão e um pequeno pau está nascer debaixo da terra com beijos da chuva. O fio da vida não foi partido. Mais ainda: se querem outra vez voltar no fundo da terra pelo caminho da raiz, na vossa cabeça vai aparecer a castanha antiga, mãe escondida desse pau de cajus que derrubaram mas filha enterrada doutro pau. Nessa hora o trabalho tem de ser o mesmo: derrubar outro cajueiro e outro e outro... É assim o fio da vida. Mas as pessoas que lhe vivem não podem ainda fugir sempre para trás, derrubando os cajueiros todos; nem correr sempre muito já na frente, fazendo nascer mais paus de cajus. É preciso dizer um princípio que se escolhe: costuma se começar, para ser mais fácil, na raiz dos paus, na raiz das coisas, na raiz dos casos, das conversas. (pp. 53-4)

Se considerarmos que a parábola é uma narrativa alegórica que transmite uma mensagem indireta, por meio de comparação ou analogia, podemos certamente qualificar o texto transcrito acima como uma parábola. Afinal, a comparação entre o fio da vida e o cajueiro salienta que ambos, a despeito da vontade das pessoas, são indestrutíveis. Mas o que essa idéia quer dizer de fato? O que estaria por trás desse discurso cifrado?

Para respondermos a essas questões, parece-nos imperativo relacionar mais uma vez a fala de Futa às singularidades da tradição oral africana, de grande importância nas civilizações que se desenvolveram no continente ao longo dos séculos. As sociedades orais, para as quais "a oralidade é uma atitude diante da realidade e não a ausência de uma habilidade",[121] reconhecem a fala não apenas como um meio de comunicação cotidiana, mas também como um meio de preservação da sabedoria dos ancestrais, implicando diretamente a conservação ou a ruptura da harmonia do homem e do mundo que o cerca. Daí que, nesses contextos, a tradição oral seja geradora e formadora de um tipo particular de homem e a própria coesão da sociedade repouse no valor da palavra e daquele que a veicula. Como nos ensina o tradicionalista malinês Amadou Hampaté Bâ:

> O que se encontra por trás do testemunho, portanto, é o próprio valor do homem que faz o testemunho, o valor da cadeia de transmissão do qual ele faz parte, a fidedignidade das memórias individual e coletiva e o valor atribuído à verdade em uma determinada sociedade. Em suma: a ligação entre o homem e a palavra.[122]

A memória coletiva de uma sociedade ancorada na tradição oral se perpetua através de relatos que reconstituem acontecimentos ou narrativas e atualizam-nos no presente. Ainda segundo Hampaté Bâ:

> Não se trata de recordar, mas de trazer ao presente um evento passado do qual todos participam, o narrador e sua audiência. Aí reside toda a arte do contador de histórias. Ninguém é contador de histórias a menos que possa relatar um fato tal como aconteceu realmente, de modo que seus ouvintes, assim como ele próprio, tornem-se testemunhas vivas e ativas desse fato.[123]

De um modo geral, a transmissão oral vincula-se às noções de autenticidade e de compartilhamento. Principalmente se o "griot", o contador de histórias tradicional, é um tradicionalista, um homem iniciado que sabe ensinar enquanto diverte, transmitindo um saber fundamental que se liga à experiência e se integra à vida:

---

[121] Sg. J. Vansina *in* "A tradição oral e sua metodologia". *Metodologia e pré-história da África, História geral da África* (coord. J. KI-ZERBO). São Paulo: Ática; UNESCO, v.1, 1982, p. 157.
[122] "A tradição viva". *In Metodologia e pré-história da África, História geral da África, op. cit.*, p. 182.
[123] *Idem*, p. 215.

Se o tradicionalista ou "Conhecedor" é tão respeitado na África, é porque ele respeita a si próprio. Disciplinado interiormente, uma vez que jamais deve mentir, é um homem "bem equilibrado", mestre das forças que nele habitam. Ao seu redor as coisas se ordenam e as perturbações se aquietam.[124]

As falas e atitudes de Xico Futa, tão coerentes entre si, permitem-nos aproximá-lo da figura de um tradicionalista africano. Daí que, em sua "parábola do cajueiro", que sublinha a importância de se conhecer a origem dos conflitos, as dimensões estética e ética da narrativa sejam inseparáveis. Para cada uma das três imagens principais que constituem a alegoria – a das pessoas usufruindo do emaranhado cajueiro e manifestando indiferença em relação a seu princípio; a das pessoas tentando destruir o cajueiro em busca de seu princípio; e, por fim, a das pessoas "sendo orientadas" sobre qual é a melhor maneira de perseguir o princípio do cajueiro ou o "fio da vida" – é possível estabelecer correspondências em termos de valores éticos. Valores que, em última instância, relacionam-se às noções socialmente desejáveis de certo e errado, de justo e injusto, do que é o bem e do que é o mal.

Se tivermos em conta que as atitudes éticas repercutem no coletivo, não só porque afetam outros indivíduos ou a comunidade, mas porque dizem respeito às normas que respondem – ou não – às necessidades e exigências sociais, é exatamente nesse ponto que a ética se encontra com a política. Daí podermos atribuir um sentido político à "parábola do cajueiro", considerando-a como uma espécie de "conselho" àqueles que podem e devem interferir nos destinos de Angola.

Nesse sentido, parece claro que as duas primeiras condutas diante do cajueiro são vãs se o objetivo for a concretização de uma utopia revolucionária. O desinteresse e a apatia diante dele – ou da própria realidade – não aniquila nem resolve suas contradições: "o pau vive". Também a violência raivosa não é capaz de dar cabo do princípio do pau de cajus: ao atear o fogo, o que se vê é "tudo fugir para o ar feito muitos fumos, preto, cinzento-escuro, cinzento-rola, cinzento-sujo,

---

[124] *Idem*, p. 190.

branco, cor de marfim, (...)". Observe-se que aos matizes da fumaça gerada pela queima das raízes da árvore podem ser associadas às cores da pele que variam do preto ao branco. Nessa passagem, o texto parece dizer que, se o fogo, agente de uma destruição generalizada, for ateado indiscriminadamente, todos – negros, mestiços e brancos – teriam a perder com isso.

Faz-se, aqui, uma apologia da organização da luta contra o poder colonial pautada na identidade e na união de todo angolano que, independentemente da origem étnica, reivindique liberdade para seu país. A utopia da configuração de uma sociedade plurirracial e sem preconceitos, conformada fundamentalmente por afinidades ideológicas, nos moldes propugnados pelo MPLA, é atestada por Xico Futa.

Por fim, a terceira imagem explicita o sábio conselho dirigido a todos os angolanos, sejam eles do interior, das zonas urbanas ou do litoral: é preciso refletir sobre o cajueiro, sobre o "fio da vida":

> Sentem perto do fogo da fogueira ou na mesa de tábua do caixote, em frente do candeeiro; deixem cair a cabeça no balcão da quitanda, cheia do peso do vinho ou encham o peito de sal do mar que vem no vento; pensem só uma vez, um momento, um pequeno bocado, no cajueiro.

O resultado dessa reflexão, do "pensar no cajueiro", é uma ação conseqüente: mais do que se fixar no passado ("fugir sempre para trás") ou ansiar por um futuro que ainda não foi preparado ("correr sempre muito já na frente"), é preciso viver o presente com coerência, pautando-se na compreensão histórica dos fatos: "É preciso dizer um princípio que se escolhe: costuma se começar, para ser mais fácil, na raiz dos paus, na raiz das coisas, na raiz dos casos, das conversas."

Observe-se o caráter não-dogmático do "conselho" dado por Futa: longe de indicar caminhos pré-determinados, sua fala incita à reflexão, sugerindo começá-la pela raiz ou princípio dos paus, coisas, casos e conversas. A valorização da oralidade – matriz ancestral que inspira e alimenta a personagem e a própria estória narrada por Luandino Vieira – dá-se em função de uma demanda presente, a de refletir historicamente sobre a realidade colonial e suas causas para então tomar decisões coerentes com a finalidade que se quer atingir – a libertação nacional.

A fala cifrada de Xico Futa confirma defitivamente que ele é portador de um senso moral que, por dizer respeito a valores e decisões, pressupõe autodeterminação e responsabilidade. Associada a esse senso moral há uma ética, ou um saber prático, que se concretiza nas ações da personagem. Assim, mesmo confinado na prisão, Futa exerce sua liberdade, interpretando as condições e circunstâncias dadas e interferindo em seu curso. A possibilidade de transformação de uma situação de fato em uma realidade nova, dando-lhes uma outra direção e sentido, está de acordo com a concepção de liberdade como "possibilidade objetiva inscrita no mundo".

Para entendê-la melhor, retomemos as palavras do filósofo Merleau-Ponty que, ao se descrever como um sujeito livre, caracteriza com precisão a liberdade que se traduz por meio de ações transformadoras:

> Sou uma estrutura psicológica e histórica. Recebi uma maneira de existir, um estilo de existência. Todas as minhas ações e pensamentos estão em relação com essa estrutura. No entanto, sou livre, não apesar disto ou aquém dessas motivações, mas por meio delas, são elas que me fazem comunicar com minha vida, com o mundo e com minha liberdade.[125]

A possibilidade da escolha, que se dá na tensão entre a nossa liberdade e as condições naturais, culturais e psíquicas que nos determinam, é fundamental para a afirmação de uma ética revolucionária: todos somos sujeitos éticos, capazes tanto de interiorizar valores e normas existentes como de criar novos valores e normas, construindo uma outra realidade mais desejável. Daí que o "exercício da compreensão histórica" ou a incansável disponibilidade para se aprender com a vida cotidiana – nos moldes tradicionais africanos – é a sabedoria transmitida por Xico Futa. Atualizada, ela adquire um sentido político revolucionário e é posta em prática nas pequenas ações conciliadoras da personagem dentro da cadeia, demonstrando que uma

---

[125] Apud CHAUÍ, M. *Convite à Filosofia*, op.cit., p.339.

vida livre e plena de sentido se faz quando conseguimos imprimir um outro rumo e um novo sentido às circunstâncias existentes.

A continuidade da segunda parte da estória se dá em total conformidade com os ensinamentos proferidos por Futa. Perseguindo "a raiz do caso da prisão do Kam'tuta", o narrador tece a sua maka:

> Então podemos falar a raiz do caso da prisão do Kam'tuta foi o Jacó, papagaio mal-educado, mesmo que para trás damos encontro com Inácia, pequena de corpo redondo que ele gostava, ainda que era camuela de carinhos; e, na frente, com Dosreis e João Miguel, pessoas que não lhe ligavam muito e riam as manias do coxo. O resto é o que me contou ele mesmo, Kam'tuta; o que falou o Zuzé, auxiliar, que leu na nota da polícia; mais o que eu posso saber ainda duma pequena como a Inácia e dum papagaio de musseque.
> Na boca estreita de Garrido Fernandes tudo é por acaso. E as pessoas que lhe ouvem falar sentem mesmo o rapaz não acredita em sim, não acredita em não. Uma vez falou tudo o que ele queria não saía mais certo e tudo o que ele não queria também o caso era o mesmo; só passava-se tudo por acaso.
> Então, por acaso, vamos lhe encontrar na hora das cinco e tal no dia de ontem desse dia em que agarraram o Lomelino carregando o saco com os patos proibidos, metido na sombra da mandioqueira do quintal da Viúva, esperando Inácia. (...) (pp. 54-5)

Esse trecho, que opera a passagem entre a "parábola do cajueiro" e o andamento posterior da narrativa, é repleto de significação. Como já apontamos, o que se nota primeiramente é a concordância entre a lição de Futa – perseguir o fio da vida – e a atitude do narrador que se dispõe a elucidar a raiz do caso da prisão do Kam'tuta. Colocando em prática as reflexões expressas pela personagem, o narrador vai conduzir a reconstituição dos acontecimentos que geraram o conflito.

Vale assinalar o estabelecimento de uma oposição entre essa postura racional, que busca apreender os fatos a partir de relações de causa e efeito, e a postura atribuída ao próprio Garrido Fernandes, para quem "tudo é por acaso". Sem acreditar em "sim" ou em "não", ou seja, sem possuir valores éticos claros, Garrido – que possui uma boca estreita como seu próprio pensamento – é incapaz de manifestar uma vontade clara e de agir em conformidade com ela: "Uma vez falou tudo o que ele queria não saía mais certo e tudo o que ele não queria também o caso era o mesmo; só passava-se tudo por acaso". Ao acreditar em "acaso", Garrido nega sua própria liberdade, porque pressupõe que não há curso algum das coisas e de sua própria vida sobre o qual possa intervir.

É interessante que a adesão do narrador ao ponto de vista de Garrido faz com que o próprio encontro do rapaz com Inácia, que era "camuela" (avarenta, egoísta) de carinhos, seja referido como se fosse "por acaso". É claro que sabemos, junto com Futa que, desde uma perspectiva rigorosamente histórica, "nada é por acaso", mas o narrador parece querer deixar que a comprovação dessa idéia emane do próprio andamento da narrativa, que pode nos levar – ou não – à confirmação desse juízo.

O encontro de Garrido com Inácia é tenso, marcado por avanços e recuos da intimidade estabelecida entre ambos. Garrido é um moço tímido e inseguro e Inácia é uma moça interesseira, muito pouco generosa. Sua ambição fazia com que jurasse a Garrido que "ia se casar mas era com um branco, não ia assim atrasar a raça com mulato qualquer, não pensasse"(p. 56), explicitando o preconceito internalizado de que os negros eram "atrasados" e o seu desejo de ascender socialmente através do casamento.

A conversa dos dois jovens é toda mediada pela presença do papagaio Jacó, ave velha e estropiada, "que só falava asneira de quimbundo"(p. 56), e repetia o bordão "o Kam'tuta sung'o pé" (o Kam'tuta puxa o pé), falado pelas crianças do musseque que troçavam da perna inválida do moço, seqüela de poliomielite. Incitada por Inácia, a ave "provoca" Garrido, o que estabelece um verdadeiro duelo entre o rapaz e o bicho:

> Nessa posição estavam se mirando, raivosos: olho azul, bonito e novo, de Garrido, no fundo da cara magra, espiando; olho amarelo, pequeno, parecia era missanga, no meio dos óculos de penas brancas, do Jacó, colocados no mulato, vigiando as mãos armadas de pequenas pedras.
>
> Kam'tuta pensava, conhecia papagaio da Baixa era diferente; tinha até um, numa senhora, assobiava hino nacional e fazia toque de corneta de batalhão e

tudo. Quando se lembrava esse, até tinha pena do Jacó, ranhoso e se coçando, cheio de bichos. (p. 58)

A comparação que Garrido realiza entre Jacó e o "papagaio assimilado" da Baixa, que sintomaticamente "assobiava hino nacional e fazia toque de corneta de batalhão", merece ser destacada. A personagem parece não se dar conta de que esses animais agem por imitação, mimetizando as falas e atitudes das pessoas com quem convivem. A raiva e a compaixão que sente pelo bicho do musseque e a admiração que sente pelo da Baixa apontam para um deslocamento na perspectiva de Garrido. Ao avaliar os animais, sem considerar a condição material e a ideologia de seus donos, demonstra estar alienado da realidade que o envolve, não possuindo a clareza necessária para nela interferir.

Os episódios fundamentais que compõem esta parte da estória dizem respeito às brincadeiras que Inácia faz com o papagaio e ao pedido perverso que ela dirige a Garrido. Note-se que, antes de narrar esses fatos, o narrador os antecipa dizendo:

> *Falei a raiz da estória era o Jacó e é verdade mesmo*, porque não era esse bicho ter todos os carinhos de Inácia, nada que ia suceder, nem o Kam'tuta aceitava o que a pequena pediu-lhe no fim e era uma vergonha, ele já não estava mais *monandengue* de andar fazer essas habilidades. (p. 66) (grifos nossos)

Mais do que aguçar a nossa curiosidade, o narrador faz uma afirmação importante para a compreensão dos fatos que serão narrados. Declarando que a raiz da estória era o papagaio, chama a atenção para seu objetivo: perseguir o fio da vida. Acontece, porém, que já temos e teremos ainda mais elementos para desconstruir a idéia de que Jacó foi responsável pelo que aconteceu entre Garrido e Inácia: em que medida um papagaio – mero reprodutor daquilo que escuta das pessoas – pode ser responsável pelos seus destinos? Ao dar uma "pista errada" para a interpretação dos fatos que conta, o narrador nos obriga a ter uma participação ainda mais ativa em relação à interpretação da estória. Além de nos preocuparmos com sua (re)montagem cronológica, passamos também a "desconfiar" das afirmações do narrador, formulando hipóteses próprias e autônomas de leitura.

Voltemos aos fatos narrados: primeiramente, e para provocar o moço apaixonado, Inácia estimula Jacó a "beijá-la na boca" – ela põe "jinguba" (amendoim) entre os lábios para ele pegar – e também permite que ele se esconda sob seu vestido. Enciumado e cheio de raiva, Garrido resolve ir embora e é então que a moça o chama docemente:

> (...) E quando o rapaz levantou-se devagar para adiantar arrancar com a perna aleijada, feito pouco, triste e envergonhado, Inácia chamou-lhe manso, com todo o açúcar-preto da voz dela:
> – Gagá! Não me deixa só no escuro... (p. 68)

Baralhado" (p. 68) com as palavras da moça, cuja "voz era de mentira" (p. 68), Garrido resolve ficar e pede um beijo a ela. Como resposta, Inácia diz que aceita, mas quer algo em troca. Seu pedido é perverso e implacável: "– Olha então... Eu ouvi que você pode mesmo andar ao contrário... Põe mãos no chão, arruma tua perna aleijada na capanga e anda em volta do quintal para eu te ver ainda!(p. 69).

Depois de torturar Garrido utilizando o papagaio, Inácia resolve humilhá-lo evidenciando seu ponto mais vulnerável: a limitação física. A decisão do jovem, mesmo a contragosto, é de acatar o pedido:

> Uma vontade de chorar, de berrar, de rasgar aquela cara de miúda sem pecado da Inácia, a olhar-me quieta, com os grandes olhos de fogo, é que tinha. Mas as mãos não aceitavam chapadas, queriam era só abraçar-lhe, amarrar-lhe no corpo estreito dele, esfomeado, cheio de sede. Com as lágrimas quase a chover, baixou a cabeça, estendeu os braços magros e pôs as largas mãos no chão. (...) (p. 70)

Depois do triste espetáculo, em que "cada passo das mãos era um espinho no coração"(p. 70) do rapaz, ambos, Garrido e Inácia, sentem-se tristes. Mas enquanto o rapaz se enche de ternura pela moça, desculpando suas "malandrices"(p. 70) e sentindo vontade de abraçá-la, ela, num impulso, dá um tapa em seu rosto e o insulta ferozmente:

– Sugaribengo de merda! Filho da mãe aleijado! Sem-pernas da tuji! Pensas que podes-me comprar com brincadeira de macaco, pensas? Tunda! Tunda! Vai'mbora sagüim mulato, seu palhaço!... (p. 71)

A perna coxa de Garrido assume um caráter emblemático na narrativa. De um lado, é a marca aparente da fragilidade do rapaz, que ele, em sua ingenuidade, atribui não à ausência de políticas de saúde coletiva, que poderiam ter evitado a poliomielite, mas à vontade divina: "E só porque sou aleijado, e Deus Nosso Senhor assim é que mandou..." (p. 69). De outro lado, é a limitação explorada por Inácia para externar todo seu incômodo diante de seus próprios sentimentos e da possibilidade de relacionar-se com um rapaz excluído como Garrido. Ao ridicularizar o jovem, Inácia o transforma em objeto, interditando uma possível relação humanizada com ele.

A segunda parte da narrativa se encerra com o afastamento vagaroso e dolorido de Garrido. E, mesmo de longe, ele ainda ouvia os xingamentos de Jacó: "Kam'tuta... sung'o pé... o pé... pé... pé..." (p. 71).

Vale assinalar que o encontro de Garrido e Inácia em muito se assemelha ao encontro de Zeca Santos e Delfina, narrado na estória anterior: ambos se dão sob os signos da ambigüidade e da violência. Nos dois casos, observamos rapazes desempregados, apaixonados e submissos, seduzidos e humilhados por moças que se encontram divididas entre a expressão de um sentimento amoroso verdadeiro e a sua negação, justificada pela perspectiva de ascensão social através do relacionamento com homens portadores de *status* mais elevados. Como veremos, esse papel feminino cumprido por Delfina e Inácia – o de mulheres alienadas e interesseiras – será superado na última estória. Na "Estória da galinha e do ovo", as mulheres, nomeadamente nga Zefa e nga Bina, aprenderão o valor da união e da solidariedade.

A terceira parte da estória narra o encontro da pequena quadrilha de capianguistas – Lomelino Dosreis, Garrido Fernandes e João Miguel Via-Rápida, personagem que ainda não havia sido referida na estória –, para combinar o roubo dos patos. Para a reunião, na quitanda do Amaral, chega primeiro Dosreis e, em seguida, Via-Rápida, que havia fumado "diamba" (maconha). Sabemos, então, que sua alcunha vinha dos tempos em que era ferroviário e trabalhava no Caminho de Ferro de Benguela. Àquela altura, fora responsável pela morte do amigo Félix, pois, num descuido, dirigira a locomotiva contra ele. A culpa decorrente desses "casos antigos"(p. 75) torturava Via-Rápida e era para tentar esquecê-la que ele fumava a droga.

Acontece, porém, que "nesses dias de diamba ninguém que sabia por quê, o João não gostava mais o Garrido; (...) Mas era mesmo a verdade: sempre que Via-Rápida lembrava Félix não gostava a amizade do Garrido e quase escapava passar a luta."(p. 77)

O fato de Garrido ser coxo incomodava Via-Rápida, pois fazia com que se lembrasse do amigo estropiado sob as rodas do trem. Por isso, quando Dosreis falou a ele sobre a participação de Garrido no roubo, ouviu uma negativa como resposta: "Não quero aleijado agarrado nas minhas pernas!" (p. 78). Garrido, que estava chegando, ouve as duras palavras do amigo e se manifesta de maneira inédita:

– Todos me fazem pouco, mas acabou, compadre Dosreis! E você ainda, João Miguel, meu amigo! É a você que eu quero avisar primeiro: você ganhaste raiva de mim, não te fiz mal. Sempre que vou nos serviços, faço como vocês. Não têm culpas para mim. Quando vieste, já m'encontraste com meu compadre Dosreis. Por que agora eu é que saio? É porque sou aleijado, coxo, meio-homem, como você falou? Não admito mais ninguém me faz pouco. Luto, juro que luto! Nem que você me mata com a porrada, não faz mal... Ouviste? Ouviste, João Miguel? (...)

Não tenho medo, fica sabendo. Nem de você nem de nenhum sacana neste musseque... Sukua'! Aleijado, meio-homem! Olha: você é grande, mas não presta; o seu corpo está crescido, mas o coração é pequeno, está raivoso, cheio de porcarias. (p. 79)

O "Garrido novo, levantado"(p. 79), que se mostra cheio de firmeza, surpreende Dosreis e Via-Rápida. A fraqueza de outrora dá lugar à coragem e Garrido continua a enfrentar Via-Rápida, com toda a lucidez, acusando-o de fugir covardemente da realidade:

– És um cobarde, João! Você tem medo da verdade! Você, no seu coração, tens é um ninho de ratos medrosos. Aceita o que sucedeu, vence essa culpa que você tem. Não fica medroso, não foge da diamba, luta com a dor, luta com a vida, não foge, seu cafungas, só sabe pôr chapadas e socos nos outros, nos mais fracos, mas contigo mesmo não podes lutar, tens medo... És um merda! Tenho vergonha de ser mais seu amigo! (p. 80)

As palavras incisivas e cheias de clareza de Garrido desconcertam Via-Rápida, cuja "cabeça pesada, estalava, parecia os ossos eram pequenos para guardar tudo o que estava pensar, tudo o que as falas do Kam'tuta tinha-lhe soltado lá dentro, já ninguém que lhe amarrava mais."(p. 81). Tomado pela raiva, ele ameaça bater em Garrido e o jovem surpreende mais uma vez ao demonstrar uma tranqüilidade inabalável: "– Bate! – falou, cheio de calma, o Garrido."(p. 81). Nesse momento, Dosreis faz uma intervenção apaziguadora: "– Deixa o rapaz, Via, Favor..." (p. 81) – e Via-Rápida, envergonhado, foge pelo areal, seguido por Dosreis.

Depois desse momento em que demonstra tanta força, agindo de maneira mais perspicaz e destemida diante da realidade, Garrido esmorece e desata "a chorar com choro silencioso"(p. 82). É então que o narrador finaliza a terceira parte da estória antecipando um fato que ainda será narrado – o roubo do papagaio Jacó – e situando simultaneamente a prisão de Dosreis: "Na mesma hora que a patrulha dava encontro com o cap'verde Lomelino dos Reis e lhe agarrava com um saco cheio de patos gordos, o Garrido Fernandes Kam'tuta estava a roubar o papagaio Jacó." (p. 82)

Toda a quarta parte da narrativa acompanha os pensamentos e ações de Garrido. Confuso, sozinho e cheio de mágoa, ele reflete principalmente sobre as palavras que Via-Rápida havia dito certa ocasião a propósito de sua intenção de se casar com Inácia. Segundo o malandro, o casamento tinha vantagens e desvantagens, e considerava: "a vida é muito complicada, sonhar só atrasa ou só adianta mesmo quando você põe no sonho essas mesmas complicações e as coisas boas também (...) (p. 83).

A sabedoria explicitada por Via-Rápida através dessas palavras está em consonância com a lição expressa pela "parábola do cajueiro": a consciência plena da realidade, com todas as suas contradições, é essencial para a projeção do futuro que se quer – o "sonho" de que fala o capianguista. Mas Garrido ainda não é capaz de compreender a vida em toda a sua complexidade, daí que, depois de se portar com tanta maturidade diante do amigo que o insultava, acabe por acreditar ingenuamente que o roubo e o assassinato de Jacó resolveriam seus problemas.

Mas, antes de tomar esta decisão – a de matar o papagaio –, Garrido considera vários modos de vingar sua humilhação: pensa em suicidar-se e desiste; pensa em matar Inácia e também desiste. Mas a necessidade de agir o impele:

> Todos esses pensamentos soltos na cabeça pediam-lhe para levantar, não se deixar ficar assim ali deitado à toa, esperando por acaso passasse qualquer coisa. (...) Sim, senhor, lutar. Mas lutar como, então? (...) E se lutasse, lutar com quem, então? (pp. 84-5)

Depois de desconsiderar ainda as hipóteses de lutar contra os amigos Via-Rápida – porque precisava dele para "ajudar, para ser ainda ajudado" (p. 85) – e Dosreis – porque "era seu mais-velho, seu pai quase" (p. 85) -, Garrido finalmente parece chegar a um termo satisfatório:

> Quem era o inimigo? O Jacó? Num de repente viu bem o culpado, o bandido era esse bicho velho e mal-educado, mas depois até desatou a rir. Um homem como ele e o inimigo dele era um bicho, não podia! Mas a verdade é que essa idéia crescia como capim por todos os lados da cabeça e do coração. (p. 86)

Cada vez mais satisfeito com a idéia de aniquilar o bicho, Garrido vê o roubo e o assassinato de Jacó como uma "salvação" (p. 86): provaria sua competência diante dos companheiros, silenciaria os insultos do papagaio e evitaria para sempre que Inácia se engraçasse com ele. E conclui, pensando sobre si mesmo: "(...) Garrido Fernandes, mulato por acaso, por acaso a paralisia é que tinha-lhe estragado a perna, mas na cabeça a esperteza era mais que eles todos, de duas pernas!" (p. 87)

Imaginando-se mais esperto do que todos, Garrido afirma sua profunda ignorância. Ainda insistindo no "acaso" como justificativa para sua exclusão social, o jovem se vê determinado por mundo contingente e acredita que, através de uma atitude individual e isolada, pode transformar sua situação subalterna. A clareza demonstrada por Garrido no enfrentamento com Via-Rápida não se reflete no momento de sua atuação: a alienação social impede que haja coerência entre reflexão e ação.

É interessante perceber que a natureza não favorece o procedimento da personagem, como se não compactuasse com ele: "A noite estava feia. Escura, nem uma estrela que espreitava e a lua dormia escondida no meio do fundo dum cacimbo grosso parecia era mesmo chuva."(p. 87). Feia, escura, sem estrelas nem luar: a noite que acoberta o roubo de Jacó não facilita o percurso do capianguista pelos estreitos caminhos do musseque. Mesmo assim, ele chega ao quintal da casa da Viúva, onde viviam Inácia e o papagaio, e consegue capturar o bicho. Mas, quando está indo embora, pisa sem querer num "redondo mole, gordo, parecia era bicho e essa forma mexeu logo num grande barulho de esteira."(p. 89)

O "redondo" era Inácia, que estava deitada com um homem no quintal. Ela, ao perceber que Garrido levava Jacó, por mais uma vez exercita sua crueldade, dizendo: "– Kam'tuta, Kam'tut'é! Dorme com o Jacó... Faz-lhe um filho!"(p. 90)

Mais uma vez humilhado e furioso, Garrido foge com o bicho. O desfecho frustrante desse "rapto" parece comunicar à própria personagem – e aos leitores da estória – o absurdo da decisão tomada. Submetido que estava a uma perspectiva determinista da realidade e à tirania das próprias paixões, Garrido definitivamente não agiu com sabedoria.

A quinta parte da estória narra a prisão de Garrido pela polícia, sua chegada à cadeia e o encontro com Dosreis, mediado por Xico Futa. Como sabíamos, desde o início da narrativa, Dosreis havia delatado Garrido injustamente como cúmplice no roubo de patos. Quando a polícia foi buscá-lo em casa, ele negou a participação no delito e, para comprovar sua inocência, mostrou o produto de outro furto – o papagaio

Jacó, que ele ainda não havia estrangulado. Sua ingenuidade – livrar-se da responsabilidade de um roubo confessando outro – favoreceu a ação dos policiais: "(...) coração de polícia é de pedra e lhe trouxeram mesmo, até contentes porque se a queixa era um falso, já tinham um caso para justificar."(p. 91)

Já na prisão, Garrido é recebido por Futa (lembremos que Dosreis havia saído da cela para receber uma visita) e outra vez esta personagem atua como um pacificador. Garrido chega "desanimado, com a vontade de chorar, de pelejar com o Dosreis" (p. 91) e, aos poucos, Futa consegue acalmá-lo e reanimá-lo. Acompanhemos as falas e atitudes de Xico Futa que "não desistia nunca quando queria ajudar uma pessoa" (p. 92):

– Oiça então! Com raiva não resolve. (p. 92)

– Oiça então! Um engano pode ser, sucede. (p. 92)

Xico Futa acendeu um cigarro, deu para ele, mas Garrido não quis aceitar (...) (p. 93)

Xico Futa estendeu as compridas pernas pelo chão, acendeu outro cigarro, insistiu para Garrido. (p. 93)

– Oiça então. Já passou a raiva no Lomelino? (p. 94)

Depois de "desarmar" o companheiro, Futa empenha-se em levantar seu moral e para isso exalta a coragem demonstrada pelo jovem ao roubar o papagaio sozinho. A atuação de Futa é certeira, interferindo diretamente nos sentimentos de Garrido:

A voz de Xico Futa era boa como de Lomelino quando queria ser seu pai, ou de João Miguel lhe falava de igual os casos da vida e punha perguntas para o Garrido dizer as idéias certas dele. Rui no Xico e ficou um bocado vaidoso daquele gabanço posto assim por um homem forte. (p. 94)

(...) Xico Futa tinha estragado tudo dentro dele com as palavras, o cigarro e a amizade (...) (p. 94)

Assim, quando Dosreis volta para a cela, trazendo "o pacote das coisas de comer" (p. 94) que sua mulher Emília viera lhe entregar, encontra Garrido um pouco mais tranqüilo e os três companheiros finalmente podem solidarizar-se diante do "feijão d'azeite palma, farinha, peixe frito, banana, pão. Comida de gente de musseque"(p. 95).

A confraternização dos três presos em torno de um símbolo da resistência cultural popular – a comida típica de Angola sintomaticamente preparada por uma mulher caboverdiana – sublinha a importância e a necessidade da união entre todos os africanos para a concretização de uma luta efetiva contra o real agente de sua exclusão social: o colonizador europeu.

Na sexta e última parte da estória, inteiramente transcrita a seguir, o narrador contista abre espaço para que o contador de estórias tome definitivamente a cena:

> Minha estória. Se é bonita, se é feia, os que sabem ler é que dizem. Mas juro que me contaram assim e não admito ninguém que duvida de Dosreis, que tem mulher e dois filhos e rouba patos, não lhe autorizam trabalho honrado; de Garrido Kam'tuta, aleijado de paralisia, feito pouco até por papagaio; de Inácia Domingas, pequena saliente, que está pensar criado de branco é branco – "m'bika a mundele, mundele uê", de Zuzé, auxiliar, que não tem ordem de ser bom; de João Via-Rápida, fumador de diamba para esquecer o que sempre está a lembrar; de Jacó, coitado papagaio de musseque, só lhe ensinam as asneiras e nem tem poleiro nem nada...
> E isto é a verdade, mesmo que os casos nunca tenham passado.(pp. 96-7)

(grifos nossos)

O fechamento da narrativa, que confere um caráter de exemplaridade para os fatos narrados, tem início com um pedido de julgamento estético – e ético – da própria estória. Assim, "os que sabem ler" ocupam o lugar da audiência dos antigos "griots" e são convocados a aderir ou não à narrativa e aos seus ensinamentos. Note-se ainda que a primeira frase recupera as fórmulas cristalizadas que normalmente encerram os "missossos", narrativas que conformam outra das categorias da literatura tradicional angolana identificadas por Héli Chatelain. Na classe dos "missossos", o estudioso inclui as histórias ficcionais que, dando expressão ao pensamento animista, contém elementos sobrenaturais e visam principalmente à recreação dos ouvintes[126]. É Óscar Ribas quem afirma que os missossos geralmente eram finalizados da seguinte maneira: "Já expus (ngateletele) a minha historiazinha. Se é bonita, se é feia, vocês é que sabem."[127]

No fechamento da estória, suas principais personagens – Dosreis, Garrido Kam'tuta, Inácia Domingas, Zuzé, João Via-Rápida e até Jacó – são referidas e qualificadas segundo uma perspectiva extremamente humanizada que considera as dimensões social e psicológica de suas existências, aclarando e justificando sua atuação na narrativa. De todo o conjunto, podemos considerar Inácia e Zuzé como as personagens mais aderidas às normatizações coloniais, observando ainda que o narrador utiliza um provérbio em quimbundo – "m'bika a mundele, mundele uê" – para expressar a ideologia assimilada da moça: "escravo de branco, branco é".

Fica clara aqui a cumplicidade do narrador / "griot" com o drama vivido por essas criaturas, das quais Jacó representa a mais carente: ele é o "coitado" que, completamente "coisificado", sequer tem um poleiro. A condição do papagaio pode ser simbolicamente aproximada a dos angolanos excluídos e alienados que ainda precisariam conscientizar-se sobre a necessidade da luta anticolonial.

Observe-se, ainda, que Xico Futa está ausente da enumeração. Tal fato marca definitivamente a diferença entre essa personagem e as demais, sugerindo, em última instância, a confluência de sua voz à voz do narrador. Daí que, nesse momento, seja possível confirmar a hipótese já esboçada a respeito da identidade do condutor do relato.

---

[126] Sg. Carlos Everdosa, *op.cit.*, p. 9.
[127] *In Missoso. Literatura tradicional angolana.* Luanda: Angolana, 1964, v.1, p. 28.

Por fim, a última frase, assim como a primeira, remete-nos diretamente para o universo da tradição oral. Se pensarmos no caráter didático de muitas das estórias tradicionais, que cumprem a função de transmitir valores éticos, o valor atribuído à verdade na "Estória do ladrão e do papagaio" estaria contido justamente na sugestão de procedimentos importantes para o estabelecimento da harmonia nas relações pessoais e sociais.

Ao afirmar que diz a verdade, "mesmo que esses casos nunca tenham se passado", o narrador / "griot" articula as noções de real e verossímil, fazendo com que os leitores / ouvintes tornem-se testemunhas vivas e ativas da possibilidade de construção de uma nova realidade histórica afinada com as aspirações revolucionárias.

A SOLIDARIEDADE DOS CAPIANGUISTAS

Não é por acaso que a intrincada "Estória do ladrão e do papagaio" ocupa a posição central de *Luuanda*. De fato, além de a narrativa salientar dois valores fundamentais para uma atuação revolucionária – a compreensão histórica dos fatos e a solidariedade –, ela opera uma espécie de passagem entre a primeira estória, em que os protagonistas ainda não despertaram para a necessidade do engajamento na luta contra o colonizador, e a última, em que as personagens vão experienciar o alcance político da prática social solidária.

Nessa estória, os capianguistas Lomelino dos Reis, Garrido Fernandes e Miguel Via-Rápida são personagens profundamente humanizadas. Suas atuações fogem de um esquema maniqueísta, já que os três vivem momentos de força e fraqueza, de grandeza e mesquinhez. E o mais interessante é como cada um acaba por reconhecer a importância da interação com os companheiros, valorizando a alteridade na constituição de suas identidades. Esse processo, que se dá no nível individual, pode ser estendido para o nível coletivo. A presença do caboverdiano Dosreis na quadrilha, bem como o fato de sua mulher, também caboverdiana, ter feito a comida em torno da qual se confraternizam os três presos atestam a interação e a união de todos aqueles que estão submetidos à dominação portuguesa. A autonomia identitária que se reivindica transcende as fronteiras angolanas e diz respeito a outros espaços africanos subjugados por Portugal. A confluência entre o discurso – e a prática – de Xico Futa e o discurso engendrado pelo narrador evidencia-se ao fim da estória. De fato, o caminho não-linear percorrido pelo narrador para explicitar o caso do roubo do papagaio nada mais é do que a busca pelo "fio da vida" proposta por Xico Futa. Ao deslindar a maka que levou Garrido à prisão – sua submissão à Inácia e o posterior desejo de vingança, a briga com Via-Rápida, a não participação no roubo de patos, a delação de Lomelino dos Reis –, o narrador revitaliza a maka tradicional e traz à luz a "raiz dos fatos", explicitando a complexidade e os desafios do povo angolano, o alcance e as limitações de seus anseios, a sua resistência e luta cotidiana.

Ao incorporar na própria elaboração narrativa aspectos importantes das culturas ancestrais africanas – elementos da maka e do missosso que pertencem ao universo da literatura oral – Luandino Vieira faz de sua "Estória do ladrão e do papagaio" uma resposta combativa à postura colonialista, que silenciou violentamente as vozes tradicionais para melhor perpetrar a dominação.

Como podemos depreender das estórias entrelaçadas que explicam a estória principal – o roubo do papagaio –, toda atitude tem uma razão de ser e, ao nos empenharmos em conhecer essas razões – mesmo que elas nos levem a outros princípios –, estaremos de fato aprendendo com a vida que nos cabe escolher. Nesse sentido, a sabedoria de Futa, condensada na "parábola do cajueiro", afirma valores fundamentais para a mobilização popular contra o poder instituído.

"Estória da galinha e do ovo" ou a sabedoria dos monandengues

A última narrativa do livro, intitulada "Estória da galinha e do ovo", é a mais curta das três, possuindo cerca de vinte e quatro páginas. Nela, novamente a voz do contista mescla-se à voz do contador, só que, desta vez, o narrador / "griot" se apresenta já no primeiro parágrafo do texto, afirmando: "A estória da galinha e do ovo. Estes casos passaram no musseque Sambizanga, nesta nossa terra de Luanda"(p. 99). Essa abertura – que recupera a *mise en scène* do contador e as fórmulas fixas de iniciação de estórias – insere o leitor no universo dos "casos" ou das narrativas tradicionais, antecipando as implicações estéticas e éticas dessa inserção. Assim, é sob uma perspectiva também didática que consideramos a imagem inicial da formação das nuvens, elaborada para metaforizar a maka (confusão) que será narrada. Como se percebe, trata-se de uma imagem correlata à imagem do cajueiro, evocada por Xico Futa na estória anterior. Diz o narrador da "Estória da galinha e do ovo":

> Assim como, às vezes, dos lados onde o sol fimba no mar, uma pequena e gorda nuvem negra aparece para correr no céu azul e, na corrida, começa a ficar grande, a estender braços para todos os lados, esses braços a ficarem outros braços e esses ainda outros mais finos, já não tão negros, e todo esse apressado caminhar da nuvem no céu parece os ramos de muitas folhas de muitas cores, algumas secas com o colorido que o sol lhes põe e, no fim mesmo, já ninguém que sabe como nasceram, onde começaram, onde acabam essas malucas filhas da nuvem correndo sobre a cidade, largando água pesada e quente que traziam, rindo compridos e tortos relâmpagos, falando a voz grossa de seus trovões, assim, nessa tarde calma, começou a confusão. (p. 99)

O emaranhado formado pelos braços da nuvem, que vão crescendo, entrelaçando-se e despejando água pesada e quente sobre a cidade de Luanda, assemelha-se ao emaranhado formado pelos galhos do cajueiro aludido por Futa: ambos aparentemente não têm começo nem fim mas, como o fio da vida, precisam ser compreendidos. Vale assinalar como a questão das cores, posta em relevo na elaboração da imagem natural da formação da chuva, é mais uma vez ressaltada, como já o fora na "parábola do cajueiro". Aqui, tem-se a "pequena e gorda nuvem negra" a espraiar-se em braços "já não tão negros" sugerindo, mais uma vez, a incorporação de pessoas com diferentes cores de pele num mesmo e único conjunto social.

Estabelecido, então, o parentesco entre as imagens presentes na segunda e na terceira estórias do livro e, conseqüentemente, entre as próprias estórias, passemos ao enredo da "Estória da galinha e do ovo". O que move as personagens nessa narrativa, que se passa em apenas uma tarde, é a disputa entre duas vizinhas – nga Zefa e nga Bina – pela posse de um ovo. Posto pela galinha Cabíri, que pertencia à nga Zefa, no quintal de nga Bina, que está grávida e tem o marido preso, o ovo é reivindicado por ambas, que alegam seu direito sobre ele. Para opinar no caso, são ouvidas cinco pessoas – vavó Bebeca, sô Zé, Azulinho, sô Vitalino, sô Lemos –, cada uma delas representativa de um segmento característico da composição social do musseque. Todas se mostram incompetentes na resolução da maka e algumas, inclusive, querem levar vantagem com a situação e ficar com o ovo.

A par dessas personagens adultas que se envolvem no conflito, duas personagens infantis são centrais no desenrolar da estória: os "monandengues" ou "monas" (crianças) Beto, filho de nga Zefa, e seu amigo mais velho Xico. São essas crianças, que haviam aprendido com vavô Petelu a imitar as falas dos animais, que primeiro vêem Cabíri presa no quintal de nga Bina.

Aliás, o início da ação narrativa flagra Beto em movimento: nga Zefa arrasta o filho, obrigando-o a dizer se era verdade que havia visto a ave no terreno da vizinha. O menino, ameaçado, confirma o fato, enquanto recorda "casos já antigos"(p. 100) passados entre o pai e a mãe, quando esta reclamava que o bicho ultimamente andava freqüentando o quintal vizinho, incentivado pela própria nga Bina, que lhe oferecia milho e capim. Miguel João, o marido, contemporizava a situação: "– Deixa, Zefa, pópilas! – apaziguava Miguel. – A senhora está concebida então, homem dela preso e você ainda quer pelejar? Não tens razão!" (p. 100)

Observe-se aqui a posição pacificadora do homem, capaz de considerar a condição de nga Bina e compreender as suas atitudes. Contrapondo-se a essa perspectiva, a narrativa expõe a posição mais arraigada – e oportunista – de nga Zefa que, mesmo temendo que a galinha ficasse definitivamente no quintal da vizinha, aprazia-se com o fato de o bicho comer a comida alheia e botar ovos no seu próprio quintal: "Mesmo que no coração tinha medo, a galinha ia se habituar lá, pensava o bicho comia bem e, afinal, o ovo vinha-lhe pôr de manhã na capoeira pequena do fundo do quintal dela..."(p. 101) "Mas", nas palavras do próprio narrador, "nessa tarde o azar saiu"(p.101). A galinha passara toda a manhã passeando e cantando, como se procurasse o local ideal para botar seu ovo. Na perspectiva de nga Zefa, a ave "queria lhe fazer pouco" e sua garganta "cantava, dizendo: ...ngala ngó ku kakela / ká... ká... ká... kakela, kakela..."(p. 101). Note-se que a reprodução do som produzido pela galinha não apenas confere uma dimensão oralizante à narrativa, como também assume uma significação importante ao expressar uma fala em quimbundo que pode ser traduzida por "estava apenas a cacarejar". O canto da ave, que será registrado mais uma vez durante a estória, assumirá outros sentidos que serão, então, decodificados por Beto e Xico.

São os dois meninos também que irão acompanhar a agonia do bicho, tentando garantir seu bem-estar durante todo o tempo da briga entre as mulheres. Logo depois de avisarem nga Zefa sobre a prisão de Cabíri por nga Bina, ambos assistem à luta corporal entre elas e "só quando as vizinhas desapartaram é que saíram. A Cabíri estava tapada pelo cesto grande mas lhe deixava ver parecia era um preso no meio das grades." (pp. 101-2.)

O olhar atencioso das crianças sobre a galinha permite-nos enxergá-la como um "preso no meio das grades". Essa imagem, que remete aos tantos presos políticos do regime colonial, sugere um sentido negativo à atitude de nga Bina, ela própria responsável pela prisão do animal.

Diante das agressões físicas e dos insultos trocados pelas duas mulheres – "Passou luta de arranhar, segurar cabelos, insultos de ladrona, cabra, feiticeira"(p. 101) –, a mais-velha Bebeca resolve interferir na situação recomendando calma para a sua resolução:

– Calma então! A cabeça fala, o coração ouve! Pra quê então, se insultar assim? Todas que estão falar no mesmo tempo, ninguém que percebe mesmo. Fala cada qual, a gente vê quem tem a razão dela. Somos pessoas, sukua', não somos bichos! (pp. 102-3)

A sabedoria demonstrada pela velha, condensada num provérbio que postula a prevalência da razão sobre a emoção – "A cabeça fala, o coração ouve" – é insuficiente para pôr fim à maka. Desse modo, depois de organizar uma espécie de depoimento em que cada mulher expõe suas razões, vavó conclui:

– Minhas amigas, a cobra enrolou no muringue! Se pego o muringue a cobra morde; se mato a cobra, o muringue parte!... Você, Zefa, tem razão: galinha é sua, ovo da barriga dela é seu! Mas Bina também tem razão dela: ovo foi posto no quintal dela, galinha comia milho dela... O melhor perguntarmos ainda no sô Zé... Ele é branco! (p. 105)

Ao se valer de um linguajar proverbial, que tradicionalmente representa costumes e modos de ser socialmente estáveis, vavó Bebeca acaba por atestar a ineficácia desses aforismos para a resolução de impasses presentes. Por expressar "a fixidez do discurso e do mundo",[128] nas palavras de Antonio Candido, os provérbios, na estória em questão, não contribuem para a avaliação e o julgamento maka, o que sinalizaria, em última instância, a necessidade de uma ressignificação da tradição em função de novas demandas históricas. E quando a mais-velha atribui a sô Zé – tão somente por ele ser homem e branco – maiores condições de opinar sobre o caso, sua alienação se avulta ainda mais. O comerciante, homem trapaceiro, não tem dúvidas ao postular sua posse sobre o ovo, alegando ainda não ter recebido pagamento pelo milho que alimentara Cabíri:

– Ouve lá! – falou em nga Bina, e a cara dela apagou logo-logo o riso, ficou séria, só a mão continuava fazer festas na barriga. – Esse milho que deste na Cabíri... é daquele que te vendi ontem?
– Isso mesmo, sô Zé! Ainda bem, o senhor sabe...
– Ah, sim!? O milho que te fiei ontem? E dizes que o ovo é teu? Não tens vergonha?...

---

[128] "O mundo-provérbio". In *O discurso e a cidade*, op. cit., p. 115.

Pôs a mão magra no ombro de vavó e, com riso mau, a fazer pouco, falou devagar:

– Dona Bebeca, o ovo é meu! Diga-lhes para me darem o ovo. O milho ainda não foi pago!... (p. 106)

Diante do disparate proferido pelo "homem branco", as mulheres enxotam-no dali e Cabíri, que tinha se assustado com o barulho da discussão, começa a cantar novamente. Ao ouvi-la, Xico e Beto desatam a rir, já que "eles sabiam bem as palavras, velho Petelu tinha-lhes ensinado"(p.107). Vavó irrita-se com as risadas e ironiza a atitude dos monas que diziam compreender a voz do bicho:

– Oh! Já sei os bichos falam com os malucos. E que é que está dizer?... Está dizer quem que é dono do ovo?...

– Cadavez, vavó!... Sô Petelu é que percebe bem, ele m'ensinou!

– Vavó Bebeca sorriu; os seus olhos brilharam e, para afastar um pouco essa zanga que estava em todas as caras, continuou a provocar o mona:

– Então, está dizer é o quê? Se calhar está falar o ovo...

Aí Beto saiu do esconderijo da mandioqueira e nem deixou Xico começar, ele é que adiantou:

– A galinha fala assim, vavó:

Ngêxile kua ngana Zefa
Ngala ngó ku kakela
Ka... ka... ka... kakela, kakela...

E então Xico, voz dele parecia era caniço, juntou no amigo e os dois começaram cantar imitando mesmo a Cabíri, a galinha estava burra, mexendo a cabeça, ouvindo assim a sua igual a falar mas nada que via.

... ngêjile kua ngana Bina
Ala kiá ku kuata
kua... kua... kua... kuata, kuata!

E começaram fingir eram galinhas a bicar o milho no chão, vavó é que lhes ralhou para calarem, nga Zefa veio mesmo dar berrida no Beto, e os dois amigos saíram fora do quintal. (p. 107-8)

Essa passagem ilustra muito bem o papel atribuído à sabedoria tradicional africana no contexto revolucionário recriado pela narrativa. Vavó Bebeca é uma mais-velha que, naquele momento, não utiliza de sua suposta sabedoria para interferir na realidade. Ao contrário, ela desdenha do conhecimento adquirido pelas crianças com outro mais-velho, vavô Petelu. O resultado dessa atitude é a desconsideração da mensagem expressa pela própria galinha que, segundo os meninos, cantava algo como:

> Vim para casa da senhora Zefa estava apenas a cacarejar ka... ka... ka... kakela, kakela...
> ... vim para casa da senhora Bina
> estão já a agarrar!

O significado do canto da ave é ambíguo e sua interpretação vai depender da leitura feita do último verso. Se o pronome "a", relacionado ao verbo "agarrar", for referido à nga Bina, teremos uma espécie de descrição dos acontecimentos que todos estão a acompanhar: Bina, acusada de roubo, foi "agarrada" e seu ato deve ser julgado. Porém, se esse mesmo pronome for referido à própria galinha (que, neste caso, estaria falando de si mesma em terceira pessoa), um sentido menos óbvio – e até premonitório – é veiculado: muitos são aqueles que pretendem "agarrar" o bicho para si, como já ficou comprovado com a atuação de sô Zé e ficará ainda mais patente com a intervenção de outras personagens na estória.

Assim, quando vavó e nga Zefa interditam o que poderia ser a contribuição dos monandengues para a resolução da maka – o alerta sobre os interesses inescrupulosos manifestados em relação à galinha e ao ovo –, o que parece estar em jogo é o aproveitamento – ou não – de um saber ancestral em função da harmonia e do bem-estar dos próprios angolanos. É como se a estória nos mostrasse que a sabedoria dos antigos só é proveitosa se utilizada também com sabedoria pelos homens do presente.

Logo em seguida, Xico volta da rua dizendo que Azulinho se aproximava, e as mulheres se tranqüilizam imaginando que o fim da maka estava próximo. Azulinho era um estudante de dezesseis anos, que usava um uniforme azul (daí seu apelido) e era popular por reproduzir um conhecimento completamente ocidentalizado: "tanto faz é latim, tanto faz é matemática, tanto faz é religião, ninguém que duvidava: Azulinho sabia" (p. 109). A postura do rapaz diante das mulheres e a ineficácia de sua intervenção no caso confirmam a inutilidade do saber puramente retórico ostentado por ele, que age demonstrando uma verdadeira alienação em relação à própria vida:

> (...) via-se na cara dele estava ainda atrapalhado no meio de tantas mulheres, muitas eram só meninas mesmo, e a barriga inchada e redonda de nga Bina, na frente dele, fazia-lhe estender as mãos sem querer, parecia tinha medo a mulher ia lhe tocar com aquela parte do corpo.(p. 109)

A descrição da cena acima aproxima-se da comicidade. O moço, perturbado pela presença das mulheres, algumas tão novas quanto ele, demonstra "medo" de ser tocado pela barriga da grávida, o que aponta para o seu distanciamento dos fenômenos naturais e vitais presentes no cotidiano de cada um de nós. Também suas palavras, repletas de referências bíblicas, refletem a artificialidade de sua relação com o mundo:

> – Eu vos digo, senhora! A justiça é cega e tem uma espada... (p. 109)
> – Vós tentais-me com a lisonja! E, como Jesus Cristo aos escribas, eu vos digo: não me tenteis! E peço-vos que me mostrem o ovo, como Ele pediu a moeda... (p. 109)
> – Nem a imagem de César, nem a imagem de Deus! (p. 110)
> – Nem a marca da tua galinha, Zefa; nem a marca do teu milho, Bina! Não posso dar a César o que é de César, nem a Deus o que é de Deus. Só mesmo padre Júlio é que vai falar a verdade. Assim... eu levo o ovo, vavó Bebeca! (p. 110)

A saída proposta por Azulinho mais uma vez pressupõe a rapinagem do ovo. Sob a alegação de que não tinha condições de proceder o julgamento, o jovem diz que irá levar o ovo ao padre que o tutora, o que, na prática, significaria que as mulheres ficariam sem ele. Quando nga Zefa se manifesta, impedindo a atitude de Azulinho, a resposta do rapaz frisa todo o preconceito, fundado em uma moral religiosa ocidental, que ele possui contra as mulheres: "– Pecadoras! Queriam me tentar! As mulheres são o Diabo..."(p. 110).

A próxima pessoa a se aproximar do grupo é sô Vitalino. Descendo de um "maximbombo" (ônibus), o velho, dono de várias cubatas daquele lado do musseque, vinha cobrar os aluguéis. Nga Mília, mulher que, apesar de casada, era constantemente assediada por ele, foi logo deixando o grupo. Para tentar pôr fim ao conflito e "salvar" nga Mília, cujo marido ferroviário estava em viagem, vavó Bebeca resolve consultá-lo sobre a posse do ovo. Sô Vitalino, então, declara cinicamente que a cubata onde mora nga Bina é sua e, conseqüentemente, o ovo também. E quando a mulher argumenta que havia pago o aluguel, o velho defende a posse de sua propriedade: "– É verdade, minha filha, pagaste! Mas renda não é cubata, não é quintal! Esses são sempre meus, mesmo que você paga, percebe?"(p. 113) E conclui: "– Vocês têm cada uma!... Não interessa, o ovo é meu! Foi posto na cubata que é minha! Melhor vou chamar o meu amigo da polícia..."(p. 113).

A posição do velho alude a uma série de disposições características do colonialismo: o direito à propriedade privada, o poder autoritário e arbitrário de quem a possui e o aparato coercitivo da polícia a garantir essa posse e esse poder. Essa ordem das coisas – sustentáculo da norma que balizava as relações sociais – favorecia a exploração dos colonizados e os alijava das possibilidades de mobilidade social.

Mas as mulheres não dão crédito às palavras de sô Vitalino. Vavó Bebeca e nga Bina "vieram mesmo empurrar-lhe na rua, metade na brincadeira, metade a sério"(p. 114) e ele segue seu caminho rumo à cubata de nga Mília. Nesse momento, o narrador faz uma pequena pausa na ação narrativa e abre espaço para a descrição do pôr do sol que se anunciava, frisando sua cor avermelhada: "Já eram mais que cinco horas, o sol mudava sua cor branca e amarela. Começava ficar vermelho, dessa cor que pinta o céu e as nuvens e as folhas dos paus, quando vai dormir no meio do mar, deixando a noite para as estrelas e a lua."(p. 114).

A estória caminha para o fim. A última pessoa a ser consultada sobre o caso é sô Artur Lemos, ex-funcionário do cartório, também morador do musseque. A narrativa o flagra no instante em que sua mulher, Rosália, enxota-o de casa, já que ela era prostituta e, com o cair da noite, tinha de se livrar do marido para receber os fregueses. Sô Lemos, que era fisicamente doente e também alcoólatra, tentava ganhar a vida valendo-se de seus conhecimentos sobre legislação, herança dos tempos em que trabalhava no "notário":

> (...) Sô Lemos metia as mãos nos bolsos das calças amarrotadas e puxando sua perna esquerda atacada de doença, gorda parecia imbondeiro, arrastava os quedes pela areia e ia procurar pelas quitandas casos e confusões para descobrir ainda um trabalho de ganhar para o abafado e os cigarros. É que a vida dele era tratar de macas. (...) (p. 115)

É interessante notar que sô Lemos é admirado pela mulher, que valorizava sua inteligência e dizia para as amigas que o ridicularizavam: "– Homem como ele, vocês não encontram! Têm mas é raiva! É verdade o corpo está podre, não serve. Mas a cabeça é boa, a sabedoria dele ninguém que tem!"(p. 115). Porém, essa sabedoria de que fala Rosália nada mais é do que uma obsessão por títulos, requerimentos, declarações e recibos, ou seja, por quaisquer documentos capazes de institucionalizar as transações mais simples e corriqueiras. Daí que, por repetir em todas as situações – "– Fazemos um vintecinco linhas, é caso arrumado!"(p. 116) –, seu apelido fosse "vintecinco linhas". Observemos algumas das falas de sô Lemos, quando vavó Bebeca e as duas mulheres expuseram-lhe o caso em questão:

> – Pelos vistos, e ouvida a relatora e as partes, trata-se de litígio de propriedade com bases consuetudinárias... (p. 116)
> – Tem título de propriedade? (...) Título, dona! Título de propriedade! Recibo que prova que a galinha é sua! (p. 116)
> – Pois, é! Como é que as pessoas querem fazer uso da justiça, se nem arranjam os documentos que precisam? (p. 117)

– E a senhora, pode mostrar o recibo do milho? Não? Então como é eu vou dizer quem tem razão? Como? Sem documentos, sem provas nem nada? (p. 117)
– Não sei, dona! Sem processo para julgar não pode-se saber a justiça, senhora! Fazemos os requerimentos... (p. 117)
– (...) Preciso cinco escudos cada uma para papel! (p. 117)
– Oiçam ainda! Eu levo o ovo, levo-lhe no juiz meu amigo e ele fala a sentença... (p. 117)

A posição de sô Lemos é clara: justiça, para ele, é sinônimo de burocracia e, de preferência, deve lhe render alguns trocados para beber com os amigos. No fim, como fizeram os outros consultados, a proposta de sô Lemos foi a de levar o ovo embora. Derrotado pelo riso das mulheres, que se divertiam com o seu palavrório inútil, ele é empurrado por vavó e sai xingando os meninos Beto e Xico, que faziam piada da situação. Mantido o impasse e com o tardar da hora, as mulheres opinam, então, que "o melhor era esperar os homens quando voltassem no serviço, para resolver"(p. 118).

Observe-se a postura passiva e submissa demonstrada pelas mulheres. De fato, elas parecem não se sentir capazes de resolver a maka sozinhas, atribuindo a outros a competência para fazê-lo. Essa atitude de subordinação parece-nos algo que já é – e será ainda mais – questionado com o desfecho da narrativa, conforme apontaremos mais adiante. Nesse ínterim, a briga entre nga Zefa e nga Bina – que lembrara que seu homem estava preso e, portanto não poderia defendê-la – recomeça com socos e insultos. Todos se envolvem no conflito e o barulho aumenta:

(...) No meio da luta já ninguém que sabia quem estava segurar, parecia a peleja era mesmo de toda a gente, só se ouviam gritos, lamentos, asneiras, tudo misturado com o cantar da galinha assustada, os risos dos monandengues, o vento nas folhas das mandioqueiras e aquele barulho que o musseque começa a crescer quando a noite avança e as pessoas de trabalhar na Baixa voltam nas suas cubatas. Por isso ninguém que deu conta a chegada da patrulha.(p. 119)

Enquanto as mulheres se debatiam numa grande algazarra, a polícia chega despercebida, surpreendendo o grupo. A truculência do sargento que "começou aos socos nas costas"(p. 119) e dos dois soldados que o acompanhavam e "mostravam os cassetetes brancos, ameaçando e rindo"(p. 119) traduz-se também no xingamento dirigido ao grupo: "– Bando de vacas! Que raio de coisa é esta? Eh!? O que é que sucedeu?"(p. 119).

Com a intimidação provocada pelos policiais, as mulheres se esquivam: "(...) as caras de todas não diziam nada, estavam olhar no chão, o ar, o canto onde Beto e Xico não tinham saído com o cesto, os dois soldados rodeando todo o grupo"(p. 119). A oposição estabelecida entre a "ausência" das mulheres, que emudecem e desviam seus olhares, e a "presença" das crianças, que "não tinham saído com o cesto", demarca a combatividade demonstrada pelas últimas, prenunciando o enfrentamento que se seguirá. Pedindo desculpas pela algazarra, vavó coloca o sargento a par do conflito e ele, então, agarrando a ave pelas asas, diz:

> – Como vocês não chegaram a nenhuma conclusão sobre a galinha e o ovo, eu resolvo... (...)
> – Vocês estavam a alterar a ordem pública, neste quintal, desordeiras! Estavam reunidas mais de duas pessoas, isso é proibido! E, além do mais, com essa mania de julgarem os vossos casos, tentavam subtrair a justiça aos tribunais competentes! A galinha vai comigo, apreendida, e vocês toca a dispersar! Vamos! Circulem, circulem para casa! (pp. 120-1)

Foi aí "que sucedeu aquilo que parecia feitiço e baralhou toda a gente enquanto não descobriram a verdade"(p. 121). Beto e Xico, indignados porque os policiais iriam levar Cabíri "assim à toa"(p. 121), decidem: "Temos de lhes atacar com a nossa técnica!..." (p. 121). E seu ataque foi realmente prodigioso: Beto se afasta do grupo e entoa o cantar "novo, bonito e confiante" (p. 122) do galo utilizado para "cambular" as galinhas, ou seja, para atrair as aves. O resultado é que Cabíri desvencilha-se das mãos do sargento e foge dali:

> E, então, sucedeu: Cabíri espetou com forças as unhas dela no braço do sargento, arranhou fundo, fez toda a força nas asas e as pessoas, batendo pal-

mas, uatobando e rindo, fazendo pouco, viram a gorda galinha sair a voar por cima do quintal, direita e leve, com depressa, parecia era ainda pássaro de voar todas as horas. E como cinco e meia já eram, e o céu azul não tinha nem uma nuvem daquele lado sobre o mar, também azul e brilhante, quando todos quiseram seguir Cabíri no vôo dela na direção do sol, só viram, de repente, o bicho ficar num corpo preto no meio, vermelho dos lados e, depois desaparecer na fogueira dos raios do sol... (p. 122)

A descrição da cena é bastante pictórica e carregada de simbologia. A silhueta preta da ave a contrastar com o vermelho do sol num vôo rumo à liberdade evoca a ação dos angolanos na conquista de sua libertação. Observe-se ainda a importância do conhecimento ancestral – transmitido por vavó Petelu às crianças – para a liberdade de Cabíri. Re-significada estrategicamente em função de uma demanda presente, a sabedoria tradicional é a chave que possibilita a permanência da galinha no musseque, assegurando o direito dos moradores sobre ela.

Depois dessa fuga espetacular, os policias deixam o local desapontados e a solução da maka finalmente aflora. Com o consentimento de nga Zefa, que estava envergonhada e também orgulhosa de seu mona, vavó Bebeca entrega o ovo para nga Bina. Na cena final da narrativa, podemos observar toda a satisfação da jovem mãe:

De ovo na mão, Bina sorria. O vento veio devagar e, cheio de cuidados e amizade, soprou-lhe o vestido gasto contra o corpo novo. Mergulhando no mar, o sol punha pequenas escamas vermelhas lá embaixo nas ondas mansas da Baía. Diante de toda a gente e nos olhos admirados e monandengues de miúdo Xico, a barriga redonda e rija de nga Bina, debaixo do vestido, parecia era um ovo grande, grande... (p. 123)

O vagar do vento, a amenidade do sol e a mansidão do mar demonstram a solidariedade da natureza com a protagonista. A força de sua imagem carregando dois ovos – um nas mãos e outro na barriga –, símbolos de vidas novas que se anunciavam, atesta o acerto na solução de um impasse que parecia insolúvel. A justiça é alcançada graças à intervenção das crianças que conseguem fazer com que o ovo alimente aquela que está gestando um novo angolano, metáfora de um futuro mais desejável para Angola. E as reticências que encerram o parágrafo traduzem justamente esse porvir que precisa ser conquistado.

Para arrematar a narrativa, o narrador / "griot" mais uma vez atualiza a forma oral cristalizada do missosso, pedindo o julgamento da estória pelos leitores e atestando a sua verdade:

Minha estória.
Se é bonita, se é feia, vocês é que sabem. Eu só juro que não falei mentira e estes casos se passaram nesta nossa terra de Luanda.(p. 123)

Como já vimos, a avaliação estética exigida dos leitores é também uma avaliação ética. Julgar a estória "bonita" significa concordar com os valores que ela veicula e, em última instância, interiorizá-los e colocá-los em prática. Já o contrário significa a não adesão à ideologia que sustenta a narrativa, a negação daquilo que ela propõe – e que já havia sido anunciado na segunda estória: a ressignificação da tradição, a compreensão histórica dos fatos e a solidariedade entre os angolanos como forma de fortalecimento na luta contra os representantes do colonialismo.

Mais uma vez, a "verdade" da estória afirma exatamente aquilo que é necessário para a conquista da liberdade e da justiça na "nossa terra de Luanda". Trata-se, assim, não da afirmação de realidades sedimentadas, mas da possibilidade de construção de uma nova realidade histórica.

A SABEDORIA DOS MONANDENGUES

Salta aos olhos a dimensão didática implicada na "Estória da galinha e do ovo". Vinculada diretamente às narrativas tradicionais – haja vista seu intróito e seu fechamento –, a estória parece construir um ensinamento linha após linha. E é sob essa perspectiva que podemos entender o fato de as personagens centrais serem mulheres e crianças. Indivíduos socialmente mais frágeis do que os homens, elas também devem incorporar a ética revolucionária, aprendendo a como lidar com as próprias diferenças e articulando-se contra os agentes da exclusão, que representam o poder autoritário e opressor do colonialismo.

Assim, reconhecendo-se como sujeitos históricos – em concordância com os ensinamentos contidos na "parábola do cajueiro" – as mulheres e os monas adquirem grande importância no cenário revolucionário recriado por *Luuanda*. Essas mulheres que, independentemente de seus homens (lembremos que muitos estão presos, como é o caso do marido de nga Bina), precisam demonstrar força e capacidade de união, aprendem com a prática do diálogo e com a sabedoria das crianças o valor da solidariedade. O maior aliado das protagonistas na verdadeira luta pela justiça é justamente o saber tradicional. Colocados em função de uma situação bastante prática, os conhecimentos transmitidos pelo mais-velho Petelu são revitalizados pelos monandengues e acabam por ser essenciais na resolução da "maka" (mais uma vez, significando "narrativa" e "conflito") em favor das mulheres e, no limite, em favor de todos os habitantes do musseque. Desse modo, a atualização e a circulação da sabedoria tradicional são defendidas pela obra como estratégias de combate.

A imagem do ovo, que contém o gérmen da geração e simbolicamente pode ser associada ao renascimento, à renovação e até a gênese de um novo mundo, é emblemática da figuração pretendida pela narrativa. E, se considerarmos ainda a resposta dos pensadores escolásticos sobre a precedência do ovo ou da galinha – "a galinha está no ovo, o ovo está na galinha"(Silésius)[129] –, poderíamos pensar em estabelecer um paralelo entre esse postulado e a constituição da nação angolana. Assim como na relação ovo / galinha a dualidade está potencialmente contida na unidade, a ambivalência cultural essencial que marca a formação da sociedade angolana (tradição / modernidade) poderia se harmonizar na unidade de uma Angola livre e igualitária. Afinal, não é exatamente isso que a própria elaboração de *Luuanda*, que articula aspectos da tradição oral africana e da tradição escrita européia, concretiza em termos narrativos?

---

[129] *In* CHEVALIER, J. e GHEERBRANT, A. *Dicionário de símbolos*. Rio de Janeiro: José Olympio, 1994.

Para finalizar, vale dizer que não apenas na obra de Luandino Vieira, mas também em outras obras de autores angolanos comprometidos com a causa da libertação nacional, os mais jovens têm lugar de destaque, como portadores de uma sabedoria necessária para a construção de um futuro mais igualitário. Só a título de exemplo, lembremos do romance *Yaka*, escrito por Pepetela em 1983. Nessa obra, o jovem Joel – bisneto do colono Alexandre Semedo e integrante do exército do MPLA – é responsável pela decodificação da estátua Yaka junto ao bisavô, favorecendo a sua percepção da necessidade de pôr fim ao colonialismo e transformar a sociedade angolana.

Em tempos de luta revolucionária, uma parcela significativa da literatura angolana socialmente engajada valorizou os mais novos como seres pioneiros capazes de semear a certeza da vitória revolucionária, como os preparadores dos caminhos que levariam a um porvir mais desejável.[130]

A SUPERAÇÃO DO IMPASSE: A PERSPECTIVA UTÓPICA DE LUANDINO VIEIRA

A elaboração literária de *Luuanda* deixa entrever uma perspectiva utópica da realidade. Concebida num momento histórico revolucionário, a obra sinaliza a consolidação paulatina do processo de resistência popular que se opõe ao poder colonial, sugerindo caminhos para a transformação efetiva da sociedade angolana. Suas estórias atestam que o amadurecimento dos sujeitos, que devem assumir o seu papel combativo, é condição fundamental para a conquista da independência e para a construção de uma nova Angola.

Nesse sentido, a prática literária de Luandino Vieira, corporificada nas três narrativas do livro, aproximar-se-ia da concepção de "utopia concreta" desenvolvida por Ernst Bloch principalmente em sua obra *Das Prinzip Hoffnung (O princípio esperança)*, escrita entre 1938 e 1948.

---

[130] Tania Macêdo explicita essa idéia em sua tese de doutoramento intitulada *Da fronteira do asfalto aos caminhos da liberdade (imagens do musseque na literatura angolana contemporânea)*, op. cit., pp. 167-170.

Numa linha marxista, o filósofo alemão desenvolve seu conceito de utopia a partir do sentido ontológico do "ainda-não-ser", redefinindo o conceito de "ser" como "modo de possibilidade para frente". Dessa maneira, ao combinar uma concepção materialista da história e as potencialidades imanentes ao sujeito, espécie de força dinâmica que o projeta para o futuro, Bloch vislumbra a "realização progressiva da utopia marxiana da sociedade sem classes, que aposta na transformação da vida capitalista alienada em autodeterminação humana real, em auto-realização e em emancipação social individual."[131]

Arno Münster, um dos maiores intérpretes da filosofia blochiana, ao circunscrever os sentidos do "espírito utópico" no pensamento de Bloch, verifica a relação estabelecida entre o conceito de utopia e o de "esperança crítica", o que visaria

à negação de todas as relações humanas baseadas na alienação e na dominação, e a articulação desta esperança com o projeto (utópico) de uma revolução ética, devendo completar o objetivo de uma revolução das estruturas econômicas da sociedade. Por fim, o "espírito utópico" implica uma reformulação da questão ética, não no sentido de uma "ética normativa" tradicional, mas no sentido da reivindicação da realização de uma nova prática humana e moral enquanto síntese de uma nova concepção ética das relações inter-humanas que abrange não somente os ideais de igualdade e de fraternidade sintetizados pela Revolução Francesa, mas também os objetivos de uma revolução socialista.[132]

Parece-nos claro que o imaginário social configurado em *Luuanda* vai ao encontro da formulação de uma "revolução ética", capaz de concretizar o projeto utópico de um país livre e justo. No ideal dessa nova nação socialista, o descompasso entre norma e conduta – tão significativo no contexto colonial, que interditava o exercício da cidadania para os próprios angolanos – seria equacionado, já que as normas sociais que regulariam a conduta dos cidadãos estariam em conformidade com suas necessidades e aspirações.

---

[131] Sg. MÜNSTER, Arno. *Utopia, messianismo e apocalipse nas primeiras obras de Ernst Bloch*. São Paulo: Edunesp, 1997, p. 15.
[132] In Ernst Bloch – *Filosofia da práxis e utopia concreta*. São Paulo: Edunesp, 1993, p. 19.

A utopia libertária que perpassa e sustenta *Luuanda* pode ser apreendida em vários aspectos da elaboração das estórias, todas organizadas por um narrador onisciente: na aprendizagem empreendida pelos protagonistas, na progressão temporal sugerida pelo encadeamento das narrativas e na ampliação paulatina da voz do "griot" a ritualizar o texto escrito.

Na primeira narrativa, a única em que a voz do "griot" não se faz presente e que certamente por isso não é nomeada como "estória" pelo narrador, Zeca Santos e sua avó não sabem como reagir contra a exclusão a que estão submetidos. Sem consciência política, ambos se deixam envolver pelos sentimentos de fracasso e impotência. A velha, ligada ao passado, e o moço, desiludido com o presente, não sabem como agir para construir um futuro livre da violência e da opressão.

Na "Estória do ladrão e do papagaio", Xico Futa é o porta-voz de ensinamentos preciosos para os outros presos e para os leitores da estória: segundo a sua "parábola do cajueiro", é essencial perseguir o fio da vida – fio das histórias pessoais e coletivas – para que constituamos nossa identidade como sujeitos conscientes. No final da narrativa, a confraternização entre os capianguistas presos afirma a solidariedade tão necessária para o enfrentamento da luta e é aí que o narrador/"griot" vai se manifestar pela primeira vez. Sua fala, fundamentalmente, pede um posicionamento dos leitores. A estória deve ser julgada como bonita ou feia e nesse ponto entrelaçam-se definitivamente a dimensão estética e a dimensão ética da narrativa.

A terceira estória, que já começa com a voz do "griot" anunciando-a como "caso", valoriza o caráter revolucionário da ação dos monandengues que, valendo-se de conhecimentos tradicionais, salvam a galinha de cair em mãos inimigas e ensinam as mulheres a agir de maneira mais consciente e coerente com os objetivos da luta contra a opressão colonialista. Temos, então, a utilização da sabedoria dos mais-velhos em função de uma causa bastante objetiva, representativa da luta que deve ser travada para a conquista da liberdade. As gerações mais novas, representadas por Beto e Xico, põem em prática o "exercício da compreensão" explicitado por Xico Futa.

A progressão temporal sugerida pela ordenação das narrativas diz muito do sentido geral do livro. Nele, passado, presente e futuro se dispõem cronologicamente, perfazendo uma trajetória que anuncia novos tempos. De Vavó Xíxi à criança gestada por Bina, o fio da vida trançado pelo escritor é percorrido também pelos leitores. Desse modo, um percurso que diz respeito à construção de um saber ou de uma ética revolucionária pode ser depreendido da leitura encadeada das três narrativas do livro. Daí podermos aproximar o aprendizado realizado pelos protagonistas daquele empreendido pelos heróis do "romance de aprendizagem" identificado por Georg Lukács. Vale lembrar que a última estória se encerra com o pôr do sol. Aliás, o poente – referido por três vezes durante a narrativa – é bastante significativo em sua elaboração. Para além dos sentidos evocados por seu tom avermelhado – a paixão revolucionária, o sangue derramado na luta pela liberdade e até a cor característica das bandeiras dos partidos comunistas –, é possível pensar que o cair do dia metaforiza o final de um ciclo, de um tempo de opressão que deve se encerrar. Desse modo, a estória sinaliza que, depois da morte do tempo colonial, um novo dia – vidas novas, novos tempos – surgirá.

Em *O princípio esperança*, Bloch discorre sobre a relação existente entre a juventude dos sujeitos e a "juventude da história", ambas configurando-se como uma página ainda não aberta da vida:

(...)a boa juventude sempre vai atrás das melodias de seus sonhos e de seus livros. Ela espera encontrá-los, conhece o vagar cego através do campo e da cidade, espera pela liberdade que se estende à sua frente. Ela consiste numa ânsia de *sair de algo*, num olhar para fora do cárcere da coação exterior que parece mofado, mas também de sair da própria imaturidade. A ânsia pela vida adulta cresce, porém ela a imagina como algo inalterado. No entanto, se a juventude coincidir com uma época revolucionária, portanto, com a época de uma guinada... ela entenderá muito bem o que significa *sonho para frente*.[133]

---

[133] BLOCH, E. *Das Prinzip Hoffnung* (v. I). Frankfurt: Suhrkamp, s/d., p. 132-3 (tradução de Arno Münster, publicada em *Utopia, messianismo e apocalipse nas primeiras obras de Ernst Bloch*, op. cit., p. 28).

Impossível aqui não trazer à tona o final de "Malagueta, Perus e Bacanaço", o conto que finaliza o livro de João Antônio. Ele se encerra justamente ao amanhecer, flagrando os três malandros cabisbaixos, sonados, completamente destituídos de esperança. O vermelho da aurora – que por alguns instantes chegou a encantar o jovem Perus – tem seu brilho ofuscado pela dureza da realidade, significando que mais um dia, como todos os outros, repetir-se-á, reproduzindo a segregação e a violência cotidianas. A utopia presente em *Luuanda* e a melancolia presente em *Malagueta, Perus e Bacanaço* contrapõem-se, assim, também na configuração temporal e na perspectiva de futuro que marcam o desfecho das duas obras.

Aliás, no que diz respeito à noção de futuro, importa destacar que Bloch o concebe sob duas ópticas distintas. A primeira refere-se ao "futuro inautêntico", aquele que não traz nenhuma perspectiva de transformação qualitativa ligada à vontade coletiva, ou seja, é a expectativa do "chegará aquilo que deve chegar". Já o "futuro autêntico", ao contrário, é produto da imaginação utópica, uma realidade forjada a partir do agir / atuar orientado por uma imagem do desejo:

> (...)o futuro de espécie autêntica, aberto ao processo, é pois hermeneuticamente fechado e totalmente estranho a toda contemplação pura. Só um pensamento orientado para a transformação do mundo e instruído para a vontade de transformação diz respeito ao futuro.[134]

As perspectivas do "futuro inautêntico" e do "futuro autêntico" podem ser detectadas respectivamente ao final dos livros de João Antônio e de Luandino Vieira. Enquanto a proposta estético-ideológica forjada pelo escritor brasileiro reitera a carência dos protagonistas e atesta a inalteração de sua condição, a proposta do escritor angolano aposta na transformação da realidade vivida pelas personagens a partir de sua conscientização e de sua conduta revolucionária.

---

[134] BLOCH, E. Le principe esperánce (v.I). Paris: Gallimard, 1976, p. 15 (tradução de Hélder Garmes).

Em termos mais formais, o engajamento da linguagem literária recriada em *Luuanda* se dá através da mistura entre o português e o quimbundo e também através da inscrição universalizante da palavra oral, recuperada ritualisticamente para ampliar o alcance dos ensinamentos contidos em cada narrativa. Dessa maneira, o diálogo estabelecido entre os modos da cultura oral e os modos da cultura letrada realiza a superação, em termos do discurso literário, da dicotomia existente entre tradição e modernidade. Em termos sociais, tal síntese cultural pode ser pensada como a superação da realidade de opressão típica do colonialismo. Afinal, ao ressignificar os valores e as práticas culturais tradicionais angolanas e afirmar um saber fundamentalmente ético, a obra articula passado e presente em função de uma experiência futura mais desejável.

Aparentando-se com os casos tradicionais, as duas últimas estórias do livro de Luandino Vieira transmitem valores essenciais para o bem-estar coletivo e exigem um posicionamento crítico de quem se dispõe a conhecê-las. Nesse sentido, apresentam uma dimensão utilitária que as aproximam do "conselho", identificado por Walter Benjamin, em seu célebre ensaio sobre o lugar do narrador na modernidade, com a transmissão de uma experiência intercambiável.[135]

Ao discorrer sobre a extinção da tradição oral, que veicularia "o conselho tecido na substância viva da existência", afirma Benjamin: "aconselhar é menos responder a uma pergunta que fazer uma sugestão sobre a continuação de uma história que está sendo narrada."[136] Não seria justamente esse o papel exercido por Xico Futa e também pelo conjunto das estórias de *Luuanda*? Não seria essa a função das reticências que finalizam a ação narrativa da "Estória da galinha e do ovo"?

Embora profundamente arraigada na história angolana pré-independência, a escrita literária de *Luuanda* permanece viva e atual como reflexão sobre contradições e impasses que, se estão presentes no plano social, estão também profundamente cravados nas subjetividades dos protagonistas das narrativas e, em alguma medida, de cada leitor.

---

[135] "O narrador. Considerações sobre a obra de Nikolai Leskov". *In Obras escolhidas: magia e técnica, arte e política, op. cit.*, pp. 197-8.

[136] *Idem*, p. 200.

Para além de sugerir a afirmação de uma ética revolucionária fundamental para a superação dos impasses inerentes à condição marginal na Luanda do início dos anos 60, o "otimismo militante" de Luandino Vieira, que conserva uma distância significativa face ao pessimismo histórico de João Antônio, aposta nas possibilidades e nas potências imanentes ao homem, sujeito literariamente concebido como livre e capaz de concretizar utopias sociais.

Conclusão

Compromisso ético e resistência

> Pois é bem esta a finalidade última da arte: recuperar este mundo, mostrando-o tal como ele é, mas como se tivesse origem na liberdade humana.
>
> (Jean-Paul Sartre)

SE CONSIDERAMOS *Malagueta, Perus e Bacanaço* e *Luuanda* como obras representativas dos projetos literários levados a cabo por João Antônio e por Luandino Vieira – e é essa nossa hipótese de leitura – podemos depreender do conjunto de suas narrativas um modo de compreender e ficcionalizar a realidade característico de cada escritor. E essa maneira particularizada de conceber literariamente o mundo diz muito das inquietações e das aspirações de ambos.

Ao criarem personagens que buscam se equilibrar entre os pólos da ordem e da desordem, os dois autores fixam um dos grandes impasses que caracterizam a formação das sociedades brasileira e angolana, ambas organizadas a partir de um código moral inautêntico: o descompasso entre a norma institucionalizada e a conduta do corpo social que, de algum modo, vivencia-a como ilegítima.

A minuciosa apropriação do cenário urbano paulistano e luandense empreendida pelos textos em meados do século passado contribui decisivamente para a caracterização desse desajuste, já que os conflitos e as contradições sofridos pelas personagens simultaneamente condicionados pelo espaço por onde elas circulam e projetados nele. Vale dizer que, no caso específico de *Luuanda*, verifica-se uma cumplicidade entre os elementos naturais e os protagonistas. Politizada, a natureza que se manifesta nos musseques auxilia a reflexão e a ação dos colonizados que se contrapõem à norma colonial. No espaço simbólico – e solidário – da periferia luandense, desenham-se os contornos do projeto de uma nova Angola.

Ao atribuirmos uma organicidade e uma contigüidade aos contos que compõem os volumes concebidos por João Antônio e por Luandino Vieira, consideramos oportuna uma aproximação entre os seus protagonistas e as personagens características das formas do "romantismo da desilusão" e do "romance de aprendizagem" discutidos por Georg Lukács em *A Teoria do romance*. Essas mesmas organicidade e contigüidade favorecem a constatação de que os sentidos decorrentes da prevalência da "ética da malandragem" ao final do livro do autor brasileiro distancia-se – e muito – dos sentidos decorrentes da construção paulatina de uma "ética revolucionária" na obra do autor angolano.

Perseguindo os escombros de um Brasil marcado pela modernização conservadora, os contos de *Malagueta, Perus e Bacanaço* revelam o cotidiano tedioso e desencantado de homens alienados. Para os melancólicos protagonistas das narrativas, sejam eles "otários", soldados ou malandros, não há espaço para o sonho ou a para a esperança. Nesse contexto, a "ética da malandragem" surge como resultado da fragmentação de um código moral, pautado sobretudo na ética do trabalho, que se encontra em profunda crise, contrariando o exercício da liberdade como "possibilidade objetiva inscrita no mundo". Nessas histórias, o passado é rememorado de maneira nostálgica e as experiências acumuladas pelas personagens são estéreis, incapazes de mobilizar o presente ou de gerar aspirações de um futuro qualitativamente diferente.

Em contrapartida, a aprendizagem subjacente às experiências vividas pelos protagonistas das estórias de *Luuanda* – enunciada por Xico Futa e consubstanciada na sabedoria que orienta a ação das crianças da última narrativa – move-os em direção a um futuro mais desejável, impulsionado pelo desejo de emancipação e de reconstrução de Angola. Daí que, nessas estórias, o passado seja resgatado sob um viés crítico, como herança que, ressignificada, pode favorecer a luta contra o colonialismo e a consolidação de uma nova sociedade.

Se compararmos especialmente as narrativas "Malagueta, Perus e Bacanaço" e "Estória do ladrão e do papagaio" que, coincidentemente, apresentam personagens transgressoras da ordem em três momentos distintos da vida – na juventude, na idade adulta e na velhice –, ficam evidentes as perspectivas melancólica e utópica que modulam os dois textos. Depois de vivenciarem toda a degradação do submundo paulistano, os três malandros concebidos por João Antônio finalizam sua jornada noturna completamente desiludidos, e o final da narrativa afirma tão somente a manutenção de sua miséria.

Já na ficção angolana, apesar de presos, Xico Futa, Lomelino dos Reis e Garrido Fernandes exercitam a compreensão e a solidariedade, o que aponta para a conquista de um futuro mais humanizado para todos. Se aproximadas, as imagens finais dos malandros brasileiros pedindo "três cafés fiados" no bar Celestino e a dos africanos saboreando conjuntamente a "comida de gente de musseque" na cadeia são bastante representativas de seus sentimentos – de carência e de satisfação – ao término das histórias.

Note-se ainda que outras duas imagens, presentes nessas mesmas narrativas, são emblemáticas da perspectiva a partir da qual a condição marginal vivida pelas personagens é ficcionalizada: a imagem do cajueiro e a imagem do jogo de sinuca[137]. A primeira – alegoria do indestrutível "fio da vida" que, segundo Futa, deve ser perseguido – projeta o movimento dos excluídos para conquistar sua liberdade. "Pensar no cajueiro", ou seja, conhecer a própria história de opressão e de resistência, é condição fundamental para que os colonizados adquiram a

---

[137] Essas duas imagens já foram aproximadas e discutidas por Tania Macêdo em seu ensaio "Malandragens transoceânicas: uma leitura de narrativas de João Antônio e Luandino Vieira". In *Abrindo caminhos, op. cit.*, pp. 542-8.

consciência necessária para se unirem e se tornarem sujeitos capazes de interferir na realidade.

Já a imagem do jogo de sinuca afirma justamente o contrário: a reificação das consciências que, submetidas a uma ética essencialmente individualista, são incapazes de se integrar num projeto coletivo. Metáfora das chances circunstanciais e dos riscos cotidianos que os pobres têm que enfrentar, o jogo baseia-se em regras implacáveis como as da própria vida de exclusão e consagra perdedores e vencedores a partir de habilidades individuais e da sorte.

Assim, o conluio momentâneo dos três parceiros que tentam vencer o vertiginoso "jogo de vida" – sob o olhar desconfiado do ex-policial Lima – é uma tentativa efêmera de garantir a "vitória" sobre os outros jogadores – tão miseráveis quanto eles. As trapaças no jogo configuram-se como uma transgressão de caráter conservador, que não visa ao bem-estar coletivo. Lembremos que, logo depois da partida, os malandros começam a se "estranhar", afirmando os limites de uma conduta pautada pela alienação e pelo oportunismo.

Em termos da elaboração discursiva, cumpre ainda ressaltar a forte presença da ironia nos textos engendrados pelos dois autores. Demolidora da ordem, a ironia é um procedimento que favorece o desmascaramento do desajuste vivido pelas personagens que se encontram apartadas da norma e promove uma reversão das figuras de autoridade. E, importa dizer, a ironia também contribui para a formulação das perspectivas melancólica e utópica que orientam o conjunto das narrativas de cada livro.

Em *Malagueta, Perus e Bacanaço*, o discurso irônico aponta para a tragicidade do confronto existente entre a subjetividade dos "otários" e o mundo burguês, entre a atividade dos malandros e o submundo por onde eles se movem, e mesmo do confronto que se dá entre as próprias personagens. Combinando-se quase sempre com a amargura, a ironia assume um tom dramático e acentua a melancolia decorrente das inúteis deambulações dos protagonistas.

Em *Luuanda*, a ironia associa-se ao humor, fazendo com que, mesmo nas situações mais difíceis, personagens e leitores possam rir da realidade. Porta-voz do impasse, a ironia dessacraliza as normas impostas pelo colonialismo e funciona como arma para que os protagonistas – aos quais o humor confere superioridade moral sobre os opressores – resistam à violência institucionalizada e combatam os desmandos do poder.

A recriação do discurso dos excluídos, realizada através do amálgama entre língua culta e língua oral, é marca constitutiva das obras de João Antônio e de Luandino Vieira. Em seus textos, a mobilidade do ponto de vista do narrador, que adere à perspectiva dos protagonistas e cede espaço para a expressão de suas vozes, favorece a apreensão da complexidade de sua dimensão humana. Trata-se, com efeito, de uma aproximação entre o universo da cultura erudita e o universo da cultura popular que, fundidos num estilo espontâneo, desvendam a realidade dos marginalizados.

Do ponto de vista lingüístico, os recursos expressivos utilizados pelos escritores são basicamente os mesmos. Ambos se valem das repetições, das elipses, das assonâncias, das aliterações, das rimas, das enumerações, dos diminutivos e dos provérbios para estilizar a visão de mundo tanto dos habitantes da periferia paulistana como dos habitantes dos musseques luandenses. No caso de *Malagueta, Perus e Bacanaço*, verifica-se, ainda, a contundente absorção da gíria como diferencial da fala marginal e, no caso de *Luuanda*, a fundamental incorporação do léxico e da sintaxe do quimbundo que singulariza a linguagem praticada pelos mussequeiros de Luanda.

Nas duas obras, a negação da tradição lingüística – entendida como a utilização de um vocabulário erudito e de uma sintaxe normativa – afirma-se simultaneamente como um ato de contestação da norma imposta, cuja aplicação tem sido historicamente autoritária, intolerante e repressiva, e como um gesto solidário que, através da inclusão do outro pela linguagem, veicula aspirações de justiça e de igualdade social.

É essencial destacar que, ao lado da mescla lingüística elaborada por Luandino Vieira, também o seu trabalho de apropriação de procedimentos típicos de narrativas orais africanas – como as makas e os missossos – é responsável, no nível da estruturação formal de *Luuanda*, pela superação do impasse gerado pela condição colonial. O modo como o autor mistura o português e o quimbundo, criando uma expressão que incorpora a dicção e o imaginário popular, e o modo como ele introduz paulatinamente a voz do narrador / "griot" (lembremos que são ritualizados o final da segunda estória e o início e o final da terceira), a marcar o caráter de exemplaridade da duas últimas narrativas e a exigir um posicionamento ético dos leitores, estabelece, em termos discursivos, a possibilidade de ultrapassar as cisões provocadas pela situação de dominação portuguesa.

Sem escamotear as contradições inerentes ao sistema colonial, a "síntese" entre os modos da cultura letrada e os modos da cultura oral empreendida pelo autor angolano aposta na superação da crise social calcada na exclusão dos africanos colonizados. Ao sugerir a institucionalização de um novo código moral, definido por valores – direitos e deveres – mais autênticos para os angolanos, Luandino Vieira afirma uma ética revolucionária e insere a escritura de *Luuanda* num movimento maior que o une a outros escritores de sua geração, também empenhados em legitimar os referenciais autóctones para a afirmação de uma produção cultural nacionalista.

"Evocar" significa tornar algo presente pelo exercício da memória e / ou da imaginação. Nesse sentido, o fato de os dois autores empreenderem uma "evocação da marginalidade" em suas obras revela que eles assumem com convicção o papel do escritor como consciência crítica da sociedade. Assim, o sentido de resistência e a amplitude simbólica de narrativas que, a partir das margens, estabelecem uma crítica profunda da organização social brasileira e angolana, deixam entrever um mesmo compromisso ético com os excluídos.

Ao promoverem, através de escolhas temáticas e formais, o questionamento dos valores que sustentam a tensão entre norma e conduta em contextos sociais autoritários e segregadores, João Antônio e Luandino Vieira fazem da resistência um processo inerente à escrita literária. Segundo Alfredo Bosi, a resistência, conceito originariamente ético, que pode ser transladado para a esfera ficcional, deve ser concebida como

um movimento interno do foco narrativo, uma luz que ilumina o nó inextricável que ata o sujeito a seu contexto existencial e histórico. Momento negativo de um processo dialético no qual o sujeito, em vez de reproduzir mecanicamente os esquemas das interações onde se insere, dá um salto para uma posição de distância e, deste ângulo, se vê a si mesmo e reconhece e põe em crise os laços apertados que o prendem à teia das instituições.[139]

A despeito da perspectiva melancólica – próxima da desenvolvida por Walter Benjamin – e da perspectiva utópica – convergente com a apresentada por Ernst Bloch –, que matizam a reelaboração literária das realidades brasileira e angolana, *Malagueta, Perus e Bacanaço* e *Luuanda* afirmam uma profunda convicção no poder da palavra. Ambas as obras apostam num diálogo cúmplice com o leitor, capaz de desaliená-lo e conscientizá-lo sobre o valor essencial do exercício da cidadania. "Como disse Walter Benjamin, os oprimidos sabem do que se trata..."[140]

---

[139] In *O ornitorrinco, op. cit.*, p.131.
[140] "Narrativa e resistência". In *Literatura e resistência*. São Paulo: Companhia das Letras, 2002, p. 134.

BIBLIOGRAFIA

DE JOÃO ANTÔNIO (EM ORDEM DE PUBLICAÇÃO)

Malagueta, Perus e Bacanaço. Rio de Janeiro: Civilização Brasileira, 1976. (1ª edição: 1963).
Leão de chácara. Rio de Janeiro: Civilização Brasileira, 1975. (1ª edição).
Malhação do Judas Carioca. Rio de Janeiro: Civilização Brasileira, 1976. (1ª edição: 1975).
Casa de Loucos. Rio de Janeiro: Rocco, 1994. (1ª edição: 1976).
Calvário e porres do pingente Afonso Henriques de Lima Barreto. Rio de Janeiro: Civilização Brasileira, 1977. (1ª edição).
Lambões de caçarola (Trabalhadores do Brasil!). Porto Alegre: L&PM, 1977. (1ª edição).
Ô Copacabana! Rio de Janeiro: Civilização Brasileira, 1978. (1ª edição).
Dedo-duro (& Meninão do caixote). São Paulo: Círculo do livro, s/d. (1ª edição: 1981).
Literatura comentada – Noel Rosa. São Paulo: Nova cultural, 1988. (1ª edição: 1981).
Meninão do caixote. São Paulo: Atual, 1991. (1ª edição: 1983).
Dez contos escolhidos. Brasília: Horizonte; INL, 1983. (1ª edição).

Abraçado ao meu rancor. Rio de Janeiro: Guanabara, 1986. (1ª edição).
Os melhores contos: João Antônio. (seleção de Antônio Hohlfeldt). São Paulo: Global, 1997. (1ª edição: 1986).
Zicartola e que tudo mais vá pro inferno. São Paulo: Scipione, 1991. (1ª edição).
Guardador. Rio de Janeiro: Civilização Brasileira, 1994. (1ª edição: 1992).
Um herói sem paradeiro. São Paulo: Atual, 1993. (1ª edição).
Afinação na arte de chutar tampinhas. Belo Horizonte: Formato, 1993. (1ª edição).
Dama do Encantado. São Paulo: Nova Alexandria, 1996. (1ª edição).
Patuléia: gentes da rua. São Paulo: Ática, 1996. (1ª edição).
Sete vezes rua. São Paulo: Scipione, 1996. (1ª edição).

DE JOSÉ LUANDINO VIEIRA (EM ORDEM DE PUBLICAÇÃO EM PORTUGUÊS)

A cidade e a infância (contos). Lisboa: Edições 70, 1997. (1ª edição: 1960).
Luuanda (estórias). São Paulo: Ática, 1990. (1ª edição: 1964).
A vida verdadeira de Domingos Xavier (romance). São Paulo: Ática, s/d. (1ª edição: 1974).
Velhas estórias (estórias). Lisboa: Edições 70, 1985. (1ª edição: 1974).
No antigamente, na vida (estórias). Lisboa: Edições 70, 1987. (1ª edição: 1974).
Vidas novas (estórias). Lisboa: Edições 70, 1997. (1ª edição: 1975).
Nós, os do Makulusu (romance). São Paulo: Ática, 1991. (1ª edição: 1975).
Macandumba (estórias). Lisboa: Edições 70, 1997. (1ª edição: 1978).
João Vêncio: os seus amores (romance). Lisboa: Edições 70, 1987. (1ª edição: 1979).
Lourentinho, Dona Antônia de Sousa Neto & Eu (estórias). Lisboa: Edições 70, 1981. (1ª edição).
Kapapa (estória). Lisboa: Expo 98, 1998. (1ª edição).
Nosso musseque (romance). Luanda: Editorial Nzila, 2003. (1ª edição).

ENTREVISTAS

"Para mim o leitor é um parceiro que eu vou procurar." Entrevista de João Antônio publicada como prefácio à edição do conto "Malagueta, Perus e Bacanaço". São Paulo: Ática, 1998, pp. 3-9.

"Um escritor confessa-se...". Entrevista de Luandino Vieira publicada no *Jornal de Letras, Artes e Idéias* (Lisboa) de 9/5/80, pp. 10-1.

Sobre João Antônio

AGUIAR, Flávio. "Evocação de João Antônio ou do purgatório ao inferno". *In Remate de males*. Revista do Departamento de Teoria Literária – IEL / UNICAMP. Campinas, 19, 105-120, 1999.

ARÊAS, Vilma. "Chorinhos de um retratista (improviso)". *In Remate de males*. Revista do Departamento de Teoria Literária – IEL / UNICAMP. Campinas, 19,121-137, 1999.

BARBOSA, João Alexandre. "A prosa de uma consciência". *In Dama do encantado*. São Paulo: Nova Alexandria, 1996.

BOSI, Alfredo. "Um boêmio entre duas cidades." *In João Antônio. Abraçado ao meu rancor*. Rio de Janeiro: Guanabara, 1986.

CANDIDO, Antonio. "Na noite enxovalhada". *In Remate de males*. Revista do Departamento de Teoria Literária – IEL / UNICAMP. Campinas, 19, 83-8, 1999.

CHIAPPINI, Ligia. "O Brasil de João Antônio e a sinuca dos pingentes". *In* CHIAPPINI, L., DIMAS, A., e ZILLY, B. (orgs.) *Brasil, país do passado?* São Paulo: Edusp; Boitempo, 2000.

HOHLFELDT, Antônio. "Pra lá de Bagdá". *In Os melhores contos: João Antônio*. São Paulo: Global, 1997.

LACERDA, Rodrigo. "O primeiro amor de João Antônio". *In Malagueta, Perus e Bacanaço*. São Paulo: CosacNaify, 2004.

LAURITO, Ilka Brunhilde. "João Antônio: o inédito". *In Remate de males*. Revista do Departamento de Teoria Literária – IEL / UNICAMP. Campinas, 19, 25-53, 1999.

MACÊDO, Tania. "João Antônio, cronista dos pesadelos de São Paulo". *In Revista da Biblioteca Mário de Andrade*. São Paulo, 57, 41-6, 1999.

_____. "Malandragens nas literaturas do Brasil e de Angola". *In* CHAVES, R. e MACÊDO, T. *Literaturas em movimento: hibridismo cultural e exercício crítico*. São Paulo: Arte & Ciência, 2003.

_____. "Malandragens transoceânicas: uma leitura de narrativas de João Antônio e Luandino Vieira". *In Abrindo caminhos* (coord. CANIATO, B. e MINÉ, E.). São Paulo: Área de Estudos Comparados de Literaturas de Língua Portuguesa (Coleção Via Atlântica nº 2), 2002.

ORNELLAS, Clara Ávila. *O conto na obra de João Antônio: uma poética da exclusão*. Tese de doutoramento apresentada à FFLCH / USP em 2004.

PEREIRA, Jane Christina. *Estudo crítico da bibliografia sobre João Antônio (1963-1976)*. Dissertação de mestrado apresentada à FLC / UNESP / ASSIS em 2001.

POLINÉSIO, Júlia M. "O conto sócio-documental: João Antônio". *In O conto e as classes subalternas*. São Paulo: Annablume, 1994.
PRADO, Antonio Arnoni. "Lima Barreto personagem de João Antônio". *In Remate de males*. Revista do Departamento de Teoria Literária – IEL / UNICAMP. Campinas, 19, 147-167, 1999.

Sobre Luandino Vieira

BARROS, Liliane Batista. *O sertão e o musseque: um estudo comparativo entre Sagarana e Luuanda*. Dissertação de mestrado apresentada à FFLCH / USP em 2002.
CHAVES, Rita. "José Luandino Vieira: consciência nacional e desassossego". *In Revista de Letras*. São Paulo, 40, 77-98, 2000.
_____. "José Luandino Vieira: o verbo em liberdade". *In A formação do romance angolano*. São Paulo: Área de Estudos Comparados de Literaturas de Língua Portuguesa / USP (Coleção Via Atlântica nº1), 1999.
GONÇALVES, Virgínia Maria. *Os arquétipos e a ruptura dos estereótipos na produção literária de Luandino Vieira*. Tese de doutoramento apresentada à FFLCH / USP em 1986.
LABAN, Michel. *Angola – Encontro com escritores*. Porto: Fundação Eng. António de Almeida, 1991.
_____. et alli. *Luandino. José Luandino Vieira e a sua obra*. Lisboa: Edições 70, 1980.
FERREIRA, Manuel. "A libertação do espaço agredido através da linguagem". (prefácio). *In A cidade e a infância*. Lisboa: Edições 70, 1997.
MACÊDO, Tania. *Da inconfidência à revolução (trajetória artística de José Luandino Vieira)*. Dissertação de mestrado apresentada à FFLCH / USP em 1984.
_____. *Da fronteira do asfalto aos caminhos da liberdade – imagens do musseque na literatura angolana contemporânea*. Tese de doutoramento apresentada à FFLCH / USP em 1990.
_____. "Os rios e seus (dis)cursos em Rosa, Luandino e Mia Couto." *In Angola e Brasil: estudos comparados*. São Paulo: Arte & Ciência, 2002.
_____. "Cantos do sertão e do musseque". *In Angola e Brasil: estudos comparados*. São Paulo: Arte & Ciência, 2002.
SANTILLI, Maria Aparecida. "Luandino Vieira e sua *Luuanda*". *In Africanidade*. São Paulo: Ática, 1985.

SANTILLI, Maria Aparecida. "João Guimarães Rosa e José Luandino Vieira, criadores de linguagens". In *Paralelas e tangentes entre literaturas de língua portuguesa.* São Paulo: Arte & Ciência, 2003.

SECCO, Carmen Lucia Tindó. "Luandino Vieira e Mia Couto: intertextualidades...". In *A magia das letras africanas.* Rio de Janeiro: ABE Graph Editora; Barroso Produções Editoriais, 2003.

_____. "O mito da criação em Luandino e Guimarães". In *A magia das letras africanas.* Rio de Janeiro: ABE Graph Editora; Barroso Produções Editoriais, 2003.

SEPÚLVEDA, Lenirce. "Luandino Vieira: paixão e arte de escre(vi)ver". In Sepúlveda, M. C. e SALGADO, T. (orgs.). *África & Brasil: letras em laços.* Rio de Janeiro: Atlântica, 2000.

BIBLIOGRAFIA GERAL

ABDALA JR., Benjamin. *Literatura, História e Política.* São Paulo: Ática, 1989.

_____. *De vôos e ilhas. Literatura e comunitarismos.* São Paulo: Ateliê Editorial, 2003.

_____. *Fronteiras múltiplas, identidades plurais. Um ensaio sobre mestiçagem e hibridismo cultural.* São Paulo: SENAC, 2002.

_____. (org.) *Margens da cultura: mestiçagem, hibridismo & outras misturas.* São Paulo: Boitempo, 2004.

ALMEIDA, Manuel Antônio de. *Memórias de um sargento de milícias.* São Paulo: Ática, 1997.

ANDRADE, Carlos Drummond. *A rosa do povo.* Rio de Janeiro: Record, 1991.

ANDRADE, Costa. *Literatura angolana – opiniões.* Lisboa: UEA/ Edições 70, 1980.

BAKHTIN, Mikhail. *Questões de literatura e de estética.* São Paulo: Hucitec, 1993.

_____. (VOLOCHINOV). *Marxismo e filosofia de linguagem.* São Paulo: Hucitec, 1995.

BARRETO, Lima. *Triste fim de Policarpo Quaresma.* São Paulo: Ática, 1995.

BENJAMIN, Walter. *Obras escolhidas. Magia e técnica, arte e política* (v.1). São Paulo: Brasiliense, 1993.

_____. *Obras escolhidas. Charles Baudelaire: um lírico no auge do capitalismo* (v.3). São Paulo: Brasiliense, 1989.

BLOCH, Ernst. *Le principe espérance*. Paris: Gallimard, 1976.

BORNHEIM, Gerd. "O sujeito e a norma". In *Ética* (org. Adauto Novaes). São Paulo: Companhia das Letras; Secretaria Municipal de Cultura, 1992.

BOSI, Alfredo. *Dialética da colonização*. São Paulo: Companhia das Letras, 1992.

_____. *História concisa da Literatura Brasileira*. São Paulo: Cultrix, 1989.

_____. (org.). *O conto brasileiro contemporâneo*. São Paulo: Cultrix, 1997.

_____. *Céu, inferno. Ensaios de crítica literária e ideologia*. São Paulo: Ática, 1988.

_____. *Literatura e resistência*. São Paulo: Companhia das Letras, 2002.

CANDIDO, Antonio. *A educação pela noite e outros ensaios*. São Paulo: Ática, 1989.

_____. *et alli. A personagem de ficção*. São Paulo: Perspectiva, 1976.

_____. *Literatura e sociedade*. São Paulo: Companhia Editora Nacional, 1976.

_____. *O discurso e a cidade*. São Paulo: Duas cidades, 1993.

_____. *Vários escritos*. São Paulo: Duas cidades, 1995.

_____. "A culpa dos reis: mando e transgressão no Ricardo II". In *Ética* (org. Adauto Novaes). São Paulo: Companhia das Letras; Secretaria Municipal de Cultura, 1992.

CARONE, Modesto. "Anotações sobre o conto". In *Boa companhia: contos*. São Paulo: Companhia das Letras, 2003.

CARVALHO, Ruy Duarte de. *A câmara, a escrita e a coisa dita (fitas, textos e palestras)*. Luanda: INALD, 1997.

CARVALHO, Sílvio de Almeida. *Angola: nação e literatura (1975 – 1985)*. Tese de doutoramento apresentada à FFLCH / USP em 1994.

CHAUÍ, Marilena. *Brasil: mito fundador e sociedade autoritária*. São Paulo: Fundação Perseu Abramo, 2000.

_____. *Conformismo e resistência: aspectos da cultura popular no Brasil*. São Paulo: Brasiliense, 1986.

_____. *Convite à Filosofia*. São Paulo: Ática, 2003.

CHAVES, Rita. *A formação do romance angolano*. São Paulo: Área de Estudos Comparados de Literaturas de Língua Portuguesa / USP (Coleção Via Atlântica nº 1), 1999.

_____. "A literatura brasileira no imaginário nacionalista africano: invenção e utopias". *In* CHAVES, R., MACÊDO, T., e SECCO, C. (orgs.). *Brasil / África: como se o mar fosse mentira*. Maputo: Imprensa universitária, 2003.

_____. "Angola e Moçambique nos anos 60: a periferia no centro do território poético". *In* CHAVES, R. e MACÊDO, T. (orgs.). *Literaturas em movimento: hibridismo cultural e exercício crítico*. São Paulo: Arte e Ciência, 2003.

CHAVES, Rita. "Pepetela: romance e utopia na história de Angola". *In Revista Via Atlântica*. São Paulo, 2, 216-232, 1999.

CHEVALIER, J. e GHEERBRANT, A. *Dicionário de símbolos*. Rio de Janeiro: José Olympio, 1994.

CHIAPPINI, L., DIMAS, A., e ZILLY, B. (orgs.). *Brasil, país do passado?* São Paulo: Edusp; Boitempo, 2000.

CORREIA, Pedro Pezarat. *Descolonização de Angola*. Lisboa: Editorial Inquérito, 1991.

COSTA, Jurandir Freire. *Razões públicas, emoções privadas*. Rio de Janeiro: Rocco, 1999.

COUTINHO, Carlos Nélson. "O significado de Lima Barreto na literatura brasileira". *In Realismo & anti-realismo na literatura brasileira*. Rio de Janeiro: Paz e Terra, 1974.

COUTINHO, Eduardo F. e CARVALHAL, Tania F. *Literatura comparada – textos fundadores*. Rio de Janeiro: Rocco, 1994.

DAMATTA, Roberto. *Carnavais, malandros e heróis: para uma sociologia do dilema brasileiro*. Rio de Janeiro: Rocco, 1997.

EAGLETON, Terry. *Teoria da literatura: uma introdução*. São Paulo: Martins Fontes, 1997.

EVERDOSA, Carlos. *Roteiro da literatura angolana*. Lisboa: UEA / Edições 70, 1979.

FANON, Franz. *Em defesa da revolução africana*. Lisboa: Sá da Costa, 1980.

_____. *Os condenados da terra*. Rio de Janeiro: Paz e Terra, 1979.

FERNANDES, Florestan. *A revolução burguesa no Brasil. Ensaio de interpretação sociológica*. Rio de Janeiro: Zahar Editores, 1975.

FERRO, Marc. *História das colonizações: das conquistas às independências, séculos XIII a XX*. São Paulo: Companhia das Letras, 1996.

FREUD, Sigmund. "Luto e malencolia". *In Revista Novos Estudos Cebrap*. São Paulo, 32, 128-142, 1992.

GOTLIB, Nádia Batella. *Teoria do conto*. São Paulo: Ática, 1990.

GOTO, Roberto. *Malandragem revisitada*. Campinas: Pontes, 1988.

GUILLÉN, Claudio. *Entre lo uno y lo diverso. Introducción a la literatura comparada*. Barcelona: Editorial Crítica, 1985.

HAMILTON, Russell. *Literatura africana. Literatura necessária. Vol. I – Angola*. Lisboa: Edições 70, 1981.

_____. "A literatura dos PALOP e a teoria pós-colonial". *In Revista Via Atlântica*. São Paulo: 3, 12-22, 1999.

HAMPATÉ BÂ, A. "A tradição viva". In KI-ZERBO, J. (coord.). *Metodologia e pré-história da África, História geral da África*. São Paulo: Ática / UNESCO, v.I, 1982.

HARDMAN, Francisco Foot (org.). *Morte e progresso: cultura brasileira como apagamento de rastros*. São Paulo: Edunesp, 1998.

HOLANDA, Sérgio Buarque de. *Raízes do Brasil*. Rio de Janeiro: José Olympio, 1993.

HUXLEY, Aldous. *Contraponto*. Porto Alegre: Editora Globo, 1993.

JAMESON, Fredric. *O inconsciente político*. São Paulo: Ática, 1992.

KONDER, Leandro. *A questão da ideologia*. São Paulo: Companhia das Letras, 2002.

_____. *Os sofrimentos do homem burguês*. São Paulo: SENAC, 2000.

_____. *Walter Benjamin: o marxismo da melancolia*. Rio de Janeiro: Civilização Brasileira, 1999.

LAGES, Susana Kampff. *Walter Benjamin: tradução e melancolia*. São Paulo: Edusp, 2002.

LEÃO, Ângela Vaz (org.). *Contatos e ressonâncias. Literaturas africanas de língua portuguesa*. Belo Horizonte: PUC Minas, 2003.

LUKÁCS, Georg. *A Teoria do romance*. São Paulo: Duas Cidades; Ed. 34, 2000.

MACÊDO, Tania. *Angola e Brasil. Estudos comparados*. São Paulo: Área de Estudos Comparados de Literaturas de Língua Portuguesa / USP (Coleção Via Atlântica nº 3), 2002.

_____. "Visões do mar na literatura angolana contemporânea". In *Revista Via Atlântica*. São Paulo, 3, 48-57, 1999.

MAINGUENEAU, Dominique. *O contexto da obra literária*. São Paulo: Martins Fontes, 2001.

MANNHEIM, Karl. *Ideologia e utopia*. Rio de Janeiro: Guanabara, 1986.

MARGARIDO, Alfredo. *Estudos sobre literaturas das nações africanas de língua portuguesa*. Lisboa: A regra do jogo, 1980.

MATA, Inocência. *Literatura angolana: silêncios e falas de uma voz inquieta*. Lisboa: Mar Além, 2001.

MATOS, Olgária. *O iluminismo visionário: Benjamin leitor de Descartes e Kant*. São Paulo: Brasiliense, 1993.

MELO NETO. João Cabral de. *Antologia poética*. Rio de Janeiro: José Olympio, 1975.

MEMMI, Albert. *Retrato do colonizado precedido pelo retrato do colonizador*. Rio de Janeiro: Paz e Terra, 1989.

MENESES, Adélia Bezerra de. *Figuras do feminino na canção de Chico Buarque*. São Paulo: Ateliê Editorial; Boitempo, 2000.

MOURÃO, Fernando. *A sociedade angolana através da literatura*. São Paulo, Ática, 1978.

MÜNSTER, A. *Ernst Bloch: filosofia da práxis e utopia concreta*. São Paulo: Edunesp, 1993.

_____. *Utopia, messianismo e apocalipse nas primeiras obras de Ernst Bloch*. São Paulo: Edunesp, 1997.

NESTROVSKI, A. e SELIGMANN-SILVA, M. (org.). *Catástrofe e representação*. São Paulo: Escuta, 2000.

NITRINI, Sandra. *Literatura comparada. História, teoria e crítica*. São Paulo: Edusp, 1997.

OLIVEIRA, Francisco de. *Crítica à razão dualista / O ornitorrinco*. São Paulo: Boitempo, 2003.

PADILHA, Laura Cavalcante. *Entre voz e letra: o lugar da ancestralidade na ficção angolana do século XX*. Niterói: EDUFF, 1995.

_____. *Novos pactos, outras ficções: ensaios sobre literaturas afro-luso-brasileiras*. Porto Alegre: EDIPUCRS, 2002.

PEPETELA. *Luandando*. Porto: Elf Aquitaine Angola, 1990.

_____. *Yaka*. São Paulo: Ática, 1984.

PRADO JR., Caio. *Formação do Brasil contemporâneo: colônia*. São Paulo: Brasiliense; Publifolha, 2000.

RAMOS, Graciliano. *Vidas secas*. Rio de Janeiro: Record, 1999.

REIS, Carlos e LOPES, Ana Cristina M. *Dicionário de teoria da narrativa*. São Paulo: Ática, 1988.

REIS, Zenir Campos. "O mundo do trabalho e seus avessos: a questão literária". *In* BOSI, A. (org.). *Cultura brasileira: temas e situações*. São Paulo: Ática, 1987.

Retrato do Brasil (da Monarquia do Estado Militar). São Paulo: Política Editora, 1984.

RIBAS, Óscar. *Dicionário de regionalismos angolanos*. Matosinhos: Contemporânea, 1994.

_____. *Missosso. Literatura tradicional angolana* (v.1). Luanda: Angolana, 1964.

RUI, Manuel. *Sim, camarada*. Cuba: Ediciones cubanas / UEA, 1985.

SANTIAGO, Silviano. *Uma literatura nos trópicos*. São Paulo: Ática, 1985.

SANTILLI, Maria Aparecida. *Africanidade*. São Paulo: Ática, 1985.

_____. *Estórias africanas*. São Paulo: Ática, 1985.

SANTILLI, Maria Aparecida. *Paralelas e tangentes entre literaturas de língua portuguesa*. São Paulo: Arte & Ciência, 2003.
SARAMAGO, José. *Levantado do chão*. Rio de Janeiro: Bertrand Brasil, 1993.
SARTRE, Jean-Paul. *Que é a literatura?* São Paulo: Ática, 1999.
SCHWARZ, Roberto (org.). *Os pobres na literatura brasileira*. São Paulo: Brasiliense, 1983.
_____. *Que horas são?* São Paulo: Companhia das Letras, 1987.
_____. *Duas meninas*. São Paulo: Companhia das Letras, 1997.
SECCO, Carmen Lucia Tindó. *A magia das letras africanas*. Rio de Janeiro: ABE Graph Editora; Barroso Produções Editoriais, 2003.
SERRANO, Carlos. *Angola: nasce uma nação – um estudo sobre a construção da identidade nacional*. Tese de doutoramento apresentada à FFLCH / USP em 1988.
STEIN, Ernildo. *Órfãos de utopia – a melancolia da esquerda*. Porto Alegre: Editora da Universidade / UFRGS, 1996.
TRIGO, Salvato. *Ensaios de literatura comparada afro-luso-brasileira*. Lisboa: Vega, s/d.
VANSINA, J. "A tradição oral e sua metodologia". *In* KI-ZERBO, J. (coord.). *Metodologia e pré-história da África, História geral da África*. São Paulo: Ática / UNESCO, v.I, 1982.

Agradecimentos

Este trabalho foi apresentado como tese de doutoramento à Faculdade de Filosofia, Letras e Ciências Humanas da Universidade de São Paulo em abril de 2005. Para a realização da pesquisa, contei com o apoio de muitas pessoas, às quais agradeço sinceramente: Benjamin Abdala Jr., orientador generoso que, desde o início dos anos 90, ensina-me a acalentar utopias; Rita Chaves, que me apresentou os encantos de Angola (e depois de Moçambique), e é grande mestra e amiga; Tania Macêdo, pela sabedoria e solidariedade a adoçar o cotidiano; Sandra Vasconcelos e Flávio Aguiar, primeiros e pacientes orientadores, ainda no final da graduação.

Aos professores que compuseram a banca examinadora, Maria Nazareth Soares Fonseca, Sílvio Renato Jorge, Rita Chaves e Tania Macêdo, agradeço pela interlocução generosa e pela confiança que depositaram nas minhas leituras literárias.

Aos amigos da pós-graduação em Estudos Comparados de Literaturas de Língua Portuguesa, Cláudia, Hélder e Nataniel, agradeço pelo companheirismo nas aulas, nos congressos e em tantos outros encontros.

Durante o percurso pude contar ainda com gratas presenças: a da Giselle, animando calorosas discussões sobre literatura e engajamento; a da Roberta, primeiro e duradouro encontro em São Paulo; e as presenças do Ricardo, Hivy, Jefferson, Cândido, Alexandre, Ebe, Emília, Gislane, Reinaldo, Gláucia, Jaime, Renata, George. A todos, e também a Beth, amiga de tantas travessias, agradeço pela amizade.

Obrigada também aos meus pais, Esmália e Vítor, e à Cárita, ao Ciro e à Taciana, sempre incentivadores. E aos meus avós, Ida e Reinaldo, pela inspiração constante.

Finalmente devo dizer um muito obrigada todo especial ao Ivan, companheiro amoroso, que sempre foi capaz de transformar os desafios, pessoais e acadêmicos, em puro encantamento. E à Beatriz que, na singeleza dos seus onze anos, é só ternura e compreensão.

Agradeço ainda a CAPES, pela bolsa concedida para a realização da tese, e a Fapesp pela concessão de auxílio para a sua publicação.

ESTE LIVRO FOI IMPRESSO PELA PROL GRÁFICA NO VERÃO DE 2008 EM
CORPO MINION 10,5 ENTRELINHA 14.